पौराणिक परम्परा
में
स्त्रियों का साम्पत्तिक अधिकार

पौराणिक परम्परा
में
स्त्रियों का साम्पत्तिक अधिकार

डॉ. हर्ष कुमार
आचार्य एवं विभागाध्यक्ष
प्राचीन इतिहास, संस्कृति एवं पुरातत्व विभाग
इलाहाबाद विश्वविद्यालय
प्रयागराज

लोकभारती प्रकाशन

लोकभारती प्रकाशन
पहली मंजिल, दरबारी बिल्डिंग, महात्मा गांधी मार्ग
प्रयागराज-211 001
वेबसाइट : www.lokbhartiprakashan.com
ईमेल : info@lokbhartiprakashan.com

शाखाएँ : 1-बी, नेताजी सुभाष मार्ग, दरियागंज
नई दिल्ली-110 002
अशोक राजपथ, साइंस कॉलेज के सामने
पटना-800 006
1, अनमोल सोराबजी संतुक लेन, मरीन लाइंस
मुम्बई-400002

पहला संस्करण : 2023

आस्था पेपर कन्वर्टर
प्रयागराज द्वारा मुद्रित

PAURANIK PARAMPARA ME STRIYON
KA SAMPATTIK ADHIKAR
by Dr. Harsh Kumar

ISBN : 978-93-93603-77-7

मूल्य : ₹ 650

सुरलोकवासी माँ
श्रीमती कलावती
के
श्रीचरणों
में

अनुक्रम

भूमिका

इसमें कोई सन्देह नहीं है कि प्राच्य विद्या के प्रारम्भिक स्तर से लेकर आज तक सामान्य रूप से स्त्रियों की सामाजिक स्थिति एवं विशेषतया उनकी साम्पत्तिक विषयक स्थिति पर अनेक विद्वानों ने शोध लेखों एवं शोध कृतियों से विषय के महत्त्व को स्पष्टता प्रदान की है। पुरातन प्राच्य विद्या के संज्ञापक एवं सन्निदर्शक के रूप में पौराणिक वाङ्मय का महत्त्व संशयरहित है। इसके बहुआयामी विषयों की समीक्षा से यह सुस्पष्ट हो जाता है कि प्राचीन भारतीय इतिहास लेखन में पुराणों की उपदेयता संशयरहित है। पुराणों ने अपनी लेखन शैली में वैदिक परम्परा के साथ नवीन विचारों एवं मान्यताओं का समन्वयन बड़ी कुशलता से किया है। पुराणों के अध्ययनक्रम में पौराणिक मान्यताओं में स्त्रियों के साम्पत्तिक अधिकारों के विवरणों ने मुझे सदैव आकर्षित किया था क्योंकि इनमें स्त्रियों के सम्पत्ति सम्बन्धी अधिकारों में विकास की प्रवृत्ति एवं उदारभावना का दर्शन होता है। प्रायः यह जिज्ञासा रही है कि जहाँ स्मृति एवं पुराण के प्रतिपाद्य सिद्धान्त परस्पर भिन्न थे, वहाँ दोनों में किसे प्रमाणिक माना जाता था? अपरार्क के सन्दर्भ से डेटेट का यह सुझाव रहा है कि ऐसी स्थिति में स्मृतियों की अपेक्षा पुराणों को अधिक प्रमाणिक माना जाता था। पुराण लोकग्रन्थ है तथा इनमें विवेचित विषय आम-भावना के अधिक निकट थे। प्रारम्भ में मैंने प्रारम्भिक पुराणों एवं महाकालीन परम्परा में स्त्रियों के साम्पत्तिक अधिकारों पर एक शोध पत्र लिखा था। कालान्तर में उत्तरवर्ती पुराणों में स्त्रियों के साम्पत्तिक अधिकारों पर एक दूसरा शोध पत्र प्रकाशित हुआ। इन्हीं शोध पत्रों ने मुझे प्राचीन भारत में स्त्रियों के साम्पत्तिक अधिकारों की ओर आकर्षित किया जिसका परिणाम प्रस्तुत गन्थ है।

इस पुस्तक लेखन संरचना का उद्देश्य प्राचीन भारत में स्त्रियों के साम्पत्तिक अधिकारों की एक व्यापक समीक्षा को पौराणिक परम्पराओं की मान्यताओं के परिप्रेक्ष्य में प्रस्तुत करना है। इसके लिए 'स्त्रीधन' की अवधारणा के शैशवकाल से लेकर पूर्वमध्यकाल तक के विकास का क्रमानुगत उल्लेख एवं

विश्लेषण का प्रयास किया गया है। इस विश्लेषण में तत्सम्बन्धी मूल साक्ष्यों को ही मुख्यतः आधार बनाया गया है। यह ग्रन्थ विभिन्न आवश्यक तथ्यों पर सतर्कतापूर्वक विचार करके सम्बन्धित साक्ष्यों के ऐतिहासिक क्रम को व्यवस्थित करके नारी के साम्पत्तिक अधिकारों को सम्बोधित करती है। स्त्री के साम्पत्तिक अधिकार के विकास के अनुशीलन में यह विश्लेषण आवश्यक हो जाता है कि इसमें क्षेत्रीय प्रथाओं और मान्यताओं के पनपने का सुयोग किन परिस्थितियों से सम्भव हो सका था। वैदिक परम्परा को उत्तरकाल में व्यवस्थापकों और विशेषकर पुराणकारों ने किस कुशलता से तत्कालीन परिवर्द्धनों के साथ संगत कर उसे तिरोहित नहीं होने दिया, इसे समीक्षित करने का प्रयास किया गया है। इस बिन्दु पर भी प्रकाश डालने की चेष्टा की गई है कि विदेशियों के आक्रमण-संक्रमण जन्य सामाजिक उद्वेलन से स्त्रियों की दशा एवं उनके साम्पत्तिक अधिकारों पर कहाँ तक प्रभाव पड़ा था? इसके अतिरिक्त इस ग्रन्थ में कुछ एक महत्त्वपूर्ण तथ्यों की पड़ताल करने का प्रयास किया गया है। यथा-नियोग प्रथा के प्रति व्यवस्थापकों की मान्यता-अमान्यता का स्वरूप क्या था? साम्पत्तिक अधिकार को परिवार में सीमित एवं सुरक्षित करने में इस प्रथा का क्या योगदान था? कब और किन परिस्थितियों में यह प्रथा तिरोहित हो गई। विधवा को साम्पत्तिक अधिकार देने मे व्यावहारिक कठिनाइयाँ क्या थी? उन्हें दूर करने के लिए व्यवस्थापकों ने कौन-सी नीति अपनायी थी। स्त्रीधन के प्रति व्यवस्थापकों का दृष्टिकोण क्या था? इसकी परिभाषा में भिन्न-भिन्न स्तरों पर क्या परिवर्तन हुए, सभ्रातक एवं अभ्रातक पुत्रियों के सन्दर्भ में साम्पत्तिक अधिकार के प्रति व्यवस्थापकों की प्रवृत्ति क्या थी? साम्पत्तिक अधिकार प्रदान करने में पुत्री, माता, पत्नी, पितामही, मातामही में किसे प्राथमिकता दी जाती थी। आलोचित कालावधि से सम्बन्धित व्यवस्थापकों की व्यवस्थापनाओं के स्वरूप पर भी विचार करने का प्रयास किया गया है। विशेषतया इस दृष्टि से कि कहाँ रुढ़िगत सिद्धान्तों को अपनाया गया था और कहाँ अतीतकालीन सिद्धान्तों की पूरी तरह से अवहेलना कर समकालीन आवश्यकताओं की दृष्टि से नवीन व्यवस्थापनाओं का प्रतिपादन किया गया है।

प्रस्तुत ग्रन्थ के निबन्धन एवं समापन में अपने सभी आचार्यों का आभार स्वीकार करता हूँ, जिन्होंने मुझे अपने अमूल्य सुझावों द्वारा समय-समय पर प्रेरणा एवं स्फूर्ति प्रदान की है। विशेषतः मैं अपने मार्गदर्शक सुरलोकवासी प्रो. एस.एन. राय के प्रति अपनी हार्दिक कृतज्ञता ज्ञापित करता हूँ जिन्होंने मुझे अज्ञात से ज्ञात की ओर अग्रसर होने की प्रेरणा दी तथा 'वादे वादे जायते

तत्त्वबोधः' जैसी सदुक्तियों में आस्था रखने के लिए प्रेरित किया। युग युगान्त से स्थापित भारतीय परम्परा में आस्थावान होने के कारण मैं प्रस्तुत ग्रन्थ के पूर्ण होने में सुरलोकवासी प्रातः स्मरणीय अपने पितामह मुंशी सत्यनारायण, पितामही श्रीमती रामकुमारी, पिता श्री त्रिभुवननाथ, माता श्रीमती कलावती एवं भ्रातः श्री सन्तोष कुमार के अदृश्य आशीर्वाद एवं पुण्य प्रकर्ष का योगदान मानने में गौरवान्वित हूँ। मैं अपनी अर्धांगिनी डॉ. निहारिका कुमार, पुत्री त्रिशा नाथ एवं पुत्र प्रचेत हर्ष के स्नेह एवं सहयोग को यहाँ प्रसंगित करना चाहता हूँ। बहन सरिता, विनीता, भांजी वासवी करुणाकर एवं बहनोई कृष्ण करुणाकर की शुभकामनाओं को भी विस्मृत नहीं किया सकता है। साथ ही मैं लोकभारती प्रकाशन समूह के श्री आमोद महेश्वरी जी, श्री रमेश ग्रोवर जी एवं इस ग्रन्थ के कम्पोजीटर श्री संगमलाल जी का भी आभारी हूँ, जिनके सहयोग से यह ग्रन्थ आप सुधीजनों तक पहुँच पा रहा है। अन्त में मैं अपनी विवेक सीमा, अनुभव सीमा एवं अनुशीलन क्षमता सीमा को निवेदित करते हुए देवाधिदेव भगवान शिव एवं हनुमान जी से यही प्रार्थना करता हूँ कि प्रस्तुत ग्रन्थ प्राच्य विद्या के जिज्ञासुओं की पिपासा-शान्ति में सहायक हो।

15 अगस्त, 2023 **डॉ. हर्ष कुमार**

क्या वैदिक समाज पितृसत्तात्मक था ?

वैदिक युगीन स्त्रियों की स्थिति की जो गवेषणा पी.वी. काणे, ए.एस. अल्टेकर आदि विद्वानों की है, उसमें यह स्पष्ट हो जाता है कि पूर्ववैदिक काल में स्त्रियों की सामाजिक स्थिति प्राय: पुरुषों की समस्तरीय थी। इन्हें धार्मिक एवं शैक्षिक क्षेत्रों में जिस महनीय गौरव पर आसीन किया गया था, उसके निदर्शन उत्तरकालीन स्तरों पर नहीं मिलते। धार्मिक परिसर में इनका विशेष महत्त्व था। सम्बन्धित वैदिक मन्त्र यह स्पष्ट कर देते हैं कि पत्नी-विहीन जीवन अपूर्ण माना जाता था। धार्मिक क्रिया-कलापों की सार्थकता तभी सम्भव मानी जाती थी, जबकि पत्नी का संवास, सहवास अथवा सहयोग मिलता रहे।[1] प्रस्तुत प्रसंग में ऋग्वेद का वह महत्त्वपूर्ण सूक्त उल्लेखनीय है, जिसमें सपत्नीक अग्नि की आराधना करने का विधान प्राप्त होता है।[2] यह प्राचीन विधान कालान्तर में तिरोहित नहीं हो सका था। उदाहरणार्थ वाजसनेय शाखा के ब्राह्मण ग्रन्थ, तैत्तिरीय ब्राह्मण का कथन है कि पति-पत्नी का संयोग सत्कर्म की पूर्ति का कारक है, जिसके कारण वे यज्ञ की धुरी में आबद्ध होते हैं।[3] प्रसंगत: यह उल्लेखनीय है कि इस वैदिक अवधारणा का समुवृंहण स्मार्त-पौराणिक परम्परा में भी हुआ था। इसकी प्रचलनशीलता का परिचायक साक्ष्य मनुस्मृति के उस विशेष स्थल में सन्निबद्ध है, जिसके अनुसार स्त्री का यज्ञ पति के साथ सफल होता है।[4] पत्नी शब्द की पाणिनीय व्याख्या के अनुसार स्त्री को पत्नी की संज्ञा उसी स्थिति में मिलती है, जब कि वह पति के यज्ञानुष्ठान की संवासिनी बनती है।[5] प्रस्तुत परम्परा-परीवाह का विशेष परिचय पौराणिक स्थलों में प्राप्त होता है, जिनमें अतीत के निदर्शन समावेशित किए गए हैं। वायु एवं ब्रह्मांड पुराणों में निर्देशित है कि जिस समय नैमिषारण्य में यज्ञ सम्पन्न हो रहा था, स्वयं तप यजमान बने थे तथा इला ने पत्नी के रूप में सहभागिता की थी।[6] वायु एवं ब्रह्मांड पुराणों में पृथ्वी का उद्धार करनेवाले वराह को यज्ञ का रूपक माना गया है। ऐसे अवसर पर उनकी पत्नी छाया भी उनके साथ विद्यमान थीं।[7]

वस्तुतः समग्र वैदिक वाङ्मय एक ऐसे सामाजिक भाव-भूमि का चित्रांकन करता है, जिसमें स्त्री के साम्पत्तिक अधिकार से सम्बन्धित स्थल अल्पांशतः अथवा स्वल्पांशतः प्राप्त होते हैं। उदाहरणार्थ अथर्ववेद के एक मन्त्र में वीर पुत्र की प्राप्ति के निमित्त प्रार्थना की गई है, जिसका व्यवहार गर्भाधान संस्कार के अवसर पर किया जाता था।[8] इसके विपरीत उन स्थलों की प्रचुरता दिखाई देती है, जिनमें स्त्री का स्वरूपांकन सर्जना- शक्ति, सामाजिक समुन्नयन एवं सन्तुलन के मूल के रूप में किया जाता था। तैत्तिरीय ब्राह्मण में निबन्धित है कि एकाकी पुरुष अपूर्ण है, उसकी पूर्णता की सम्भावना पत्नी के संयोग से साकार बनती है।[9] इसी आशय को अधिक स्पष्ट करते हुए तैत्तिरीय संहिता में आख्यात है कि वस्तुतः सन्तान-उत्पत्ति के द्वारा ही मुनष्य उस ऋण से मुक्त होता है, जिसे पितृ-ऋण की संज्ञा दी जाती है। प्रस्तुत अवधारणा के आदर्श की प्रतिष्ठा के प्रमाण स्मार्त-पौराणिक परम्परा में भी प्राप्त होते हैं। मनुस्मृति में पुरुष की पूर्णता की सार्थकता पत्नी एवं सन्तानों के साथ मानी गई है।[10] पौराणिक परम्परा में विष्णुपुराण के उस आदर्श का उल्लेख किया जा सकता है, जिसके अनुसार सन्तान-विस्तार की दृष्टि से विवाह करना अपेक्षित माना गया है, तथा ऐसा भी उल्लिखित किया गया है कि इस आदर्श की उपेक्षा करने से मनुष्य निस्तेज हो जाता है।[11] इस आदर्श के प्रमापक अनेक साक्ष्य भी स्मार्त-पौराणिक परम्परा में उपलब्ध होते हैं। इसकी अभिव्यंजना उस विशेष संस्कार से होती है, जिसे ऋतु-उपगम, गर्भाधान अथवा निषेक की संज्ञा मिली थी। ऋतु-उपगम एवं गर्भाधान संस्कार के अवसर पर पराक्रमी पुत्र पाने की कामना की जाती थी।[12] देवावृध ने तेजस्वी पुत्र की अभिलाषा से गर्भाधान सम्पन्न किया था।[13] इसी प्रकार कश्यप ने भी तेजस्वी पुत्र पाने के उद्देश्य से दिति के साथ गर्भाधान संस्कार किया था।[14] वैखानस स्मार्त सूत्र में इसी को निषेक की संज्ञा प्रदान की गई है।[15] व्यावहारिक दृष्टि से इसी क्रिया को पुंसवन संस्कार कहा गया है, जिसका शाब्दिक अर्थ ही पुत्र-सन्तति की अभिलाषा को पूर्ण करनेवाला संस्कार होता है। राजबली पांडेय के अनुसार यह प्रवृत्ति उस पुरातन परम्परा का अवशेष है, जब कि युद्धार्थ पुरुषों की आवश्यकता रहती थी तथा प्रत्येक युद्ध में पुरुष संख्या में कमी आ जाती थी।[16]

उक्त अनेक स्थलों का परिशीलन जब ऐतिहासिक मापदंड से किया जाता है तो यह सुव्यक्त हो जाता है कि वैदिक वाङ्मय के स्थल अथवा वैदिक परम्परा को समावेशित करनेवाले स्मार्त-पौराणिक स्थल एक ऐसे समाज को प्रत्यक्ष करते हैं, जो पुरुष प्रधान है, जिसमें वर्चस्व पिता का है।

इस प्रसंग में पी. एच. प्रभु ने ऋग्वेद तथा उससे सम्बन्धित ऐतरेय ब्राह्मण के महत्त्वपूर्ण स्थलों की ओर ध्यान आकर्षित किया है, जो गवेषणार्थ एवं विचारार्थं महत्त्वपूर्ण प्रतीत होते हैं। ऋग्वेद के दो छन्दों से यह सुस्पष्ट हो जाता है कि पिता के आदेश का पालन पुत्र को निर्विरोध एवं निरन्तर करना पड़ता था।[17] प्रभु द्वारा उद्धृत ऐतरेय ब्राह्मण में उस शुन:शेप का प्रसंग आता है, जिसे उसके पिता ने विक्रय कर दिया था।[18] चौथे छन्द में उस ऋज्वाश्व का सन्दर्भ मिलता है, जिसे उसके पिता ने अन्धा होने के लिए विवश किया था।[19] किन्तु वस्तुस्थिति यह है कि इन्हीं प्रसंगों में ऐसे कृत्यों को घृणा की दृष्टि से देखा गया है। यही कारण है कि कीथ और मैकडानेल ने ऐसा सुझाव रखा है कि ऐसे ऐकान्तिक और छिटपुट प्रसंगों को गम्भीरता के साथ नहीं ग्रहण किया जा सकता है।[20] प्रभु की समीक्षा के अनुसार साक्ष्यों की ऐसी स्थिति के कारण यह निश्चित करना दुष्कर हो जाता है कि वैदिक युग में पुत्र के ऊपर पिता का वर्चस्व किस सीमा तक और कहाँ तक था?[21] प्राय: समीक्षकों की ऐसी अवधारणा रही है कि वैदिक समाज पितृमूलक अथवा पितृ सत्तात्मक था। इसके समर्थन में पिता के वर्चस्व को संज्ञापित करने के लिए उक्त दोनों वैदिक कथानकों को बार-बार उदाहृत किया जाता है। इसके साथ-साथ गवेषकों ने प्राय: इस बात पर भी बल दिया है कि प्राचीन विश्व के अन्य पितृमूलक सामाजिक व्यवस्था में भी पुत्र-जन्म को पुत्री-जन्म की अपेक्षा वरीयता दी जाती थी। जैसा कि अल्टेकर ने विवेचित किया है कि प्राथमिक सभ्यताएँ युद्ध-प्रधान थीं, अतएव स्वभावत: एवं सहज रूप में उस स्तर पर पुत्र-जन्म अभिनन्दनीय एवं पुत्री-जन्म खेद जनक माना जाता था।[२२] भारत में यह परम्परा वैदिक युग से चली आ रही थी, यद्यपि इसके प्रमाण उस स्तर से मिलने लगते हैं जिसे इंडो-ईरानियन युग की संज्ञा दी जाती है।[23] प्राचीन ईरान में पुत्री की अपेक्षा पुत्र को अधिक वरेण्य माना जाता था। यही स्थिति वैदिक भारत में थी, जिसके निदर्शनार्थ अल्टेकर ने अथर्ववेद के दो मन्त्रों का उल्लेख किया है।[24] इनमें ऐसी आभिचारिक एवं मान्त्रिक क्रियाओं का सन्निवेश है, जिनका प्रयोग पुत्र के जन्मार्थं किया जाता था, तथा जिनका विनियोग पुत्री-जन्म के निषेधार्थ किया जाता था। इस सन्दर्भ में वी.डब्ल्यू. करम्बेलकर ने हमारा ध्यान ऋग्वेद (10.72.8), मैत्रायणीय संहिता (2.6.12) शतपथ ब्राह्मण (13.1.3.2), वाजसनेय संहिता (21.5) तथा अथर्ववेद (6.81.2, 8.9.21, 7.6.2) की ओर आकर्षित किया है।[25] इनमें अदिति का चित्रांकन एक ऐसी माता के रूप में हुआ है, जो पुत्र की अभिलाषा करती है। इनकी

अभिलाषा के संवर्द्धनार्थ त्वष्ट्रा ने परिहस्त नामक हस्त वलय का निर्माण किया। इससे गर्भाधान की क्रिया को बल मिला। वनस्पति-जगत से शमी अश्वत्थ को सृजनार्थ आदर्श युग्म के रूप में सजाया गया। अनुमती एवं सिनीवाली ने गर्भ में पुत्र की संरचना किया, तथा पुत्र-जन्म को सुनिश्चित करने के लिए विविध आभिचारिक क्रियाओं को प्रयोग में लाया गया। करम्बेलकर[26] ने विषय के विस्तारार्थ ऋग्वेद (6.28.5, 8.33.17, 10.95.15) तैत्तिरीय संहिता (6.5.8.2, 6.8.2), मैत्रायणीय संहिता (1.10.11.16) काठक संहिता (21.1) ऐतरेय ब्राह्मण (3.22), तथा आपस्तम्बश्रौतसूत्र (11.15.20) जैसे वैदिक ग्रन्थों के प्रसंगों की समीक्षा किया है। इनमें स्त्रियों के प्रति अनुदार विचार व्यक्त किए गए है। इन्हें मानसिक कर्कशता एवं वैचारिक संकीर्णता का द्योतक माना गया है। इन्हें धनलोलुपता के प्रतीक के रूप में चित्रित किया गया है।

यद्यपि उक्त वैदिक स्थलों में स्त्री के प्रति अनुदार विचार प्रकट किए गए हैं, तथा इनसे यह अभिव्यक्त होता है कि कन्या का जन्म अभिनन्दनीय नहीं माना जाता था। किन्तु ऐसे भी वैदिक स्थल हैं, जो यह प्रमाणित कर देते हैं कि यह स्थिति सर्वत: एवं सर्वांशत: नहीं थी। कुमारसम्भव (6.63) के 'कन्येयं कुल जीवितम्' जैसे कथन के आधार पर अल्टेकर ने ऐसा प्रस्तावित किया है कि सुसंस्कृत परिवारों में कन्या-जन्म का स्वागत किया जाता था।[27] इस सन्दर्भ में प्रस्तुत विद्वान ने संयुक्त निकाय (3.2,6) का उद्धरण प्रस्तुत किया है, जिसमें व्युत्पन्न बुद्धि एवं अनुशासित कन्या को पुत्र की अपेक्षा अधिक वरेण्य माना गया है। इसमें सन्देह नहीं कि अल्टेकर के इस सुझाव का समर्थन वैदिक स्थलों से ही हो जाता है। इस प्रसंग में पुरातन औपनिषदिक ग्रन्थ बृहदारण्यक उपनिषद् का उल्लेख किया जा सकता है, जो अपने मूल रूप में वक्ष्यमाण है:

'अथ य इच्छेद् दुहिता मे पंडिता जायेत,
तिलौदनै पाचयित्वा अश्नीयाता मिति' (4.4.18)

प्रसंगित उद्धरण में उस विशेष क्रिया अथवा संस्कार का उल्लेख है। तिलौदन का पकवान विदुषी कन्या के जन्मार्थ भक्षणोपयोगी बताया गया है। पंडित कन्या से वेद-पारंगत विदुषी का बोध होता है। प्रस्तुत स्थल पर अपने भाष्य में शंकराचार्य ने 'पांडित्यम्' का तात्पर्य 'गृहतन्त्र विषय' से माना है। इस भाष्य से असहमत होते हुए अल्टेकर ने ऐसी स्थापना किया है कि शंकर ने अपने समय की मान्यता को ध्यान में रखते हुए ऐसी व्याख्या

किया है, क्योंकि शंकर के युग अर्थात् पूर्वमध्यकाल में वेदाध्ययन पर स्त्रियों का अधिकार नहीं माना जाता था। अपने मत को अधिक विवृत करते हुए अल्टेकर ने ऐसी भी स्थापना किया है कि पुत्र की अभिलाषा से सम्पन्न किए जानेवाले पुंसवन नामक संस्कार की गुरुता के कारण यह संस्कार प्रचलित नहीं हो सका, तथापि इससे यह सुव्यक्त हो जाता है कि सुसंस्कृत माता-पिता कन्या-जन्म को पुत्र-जन्म की ही भाँति स्पृहणीय मानते थे।[28] इन वैदिक साक्ष्यों के समर्थन में वैदिक परम्परा को समावेशित करनेवाले पुराणों के कतिपय महत्त्वपूर्ण उद्धरणों का उल्लेख किया जा सकता है। विष्णु, वायु, ब्रह्मांड और मत्स्य जैसे पुरातन पुराण ब्रह्मा की पुत्री शतरूपा के विषय में ऐसा आख्यापित करते हैं कि उसके व्यक्तित्व में ब्रह्मा का अर्धांश प्रतिष्ठित था।[29] मारिषा नामक कन्या को रत्न की कोटि में रखते हुए ऐसा विष्णु पुराण में कहा गया है कि उसका संवर्द्धन स्वयं राजा सोम ने अपनी किरणों से किया था।[30] मत्स्य पुराण में ऐसा निरूपित है कि शीलसम्पन्न कन्या दस पुत्रों के समान है।[31] प्रसंगतः यह उल्लेखनीय है कि कालिदास ने भी कुमार सम्भवम् (पंचम सर्ग) में तपश्चर्या निरत पार्वती के शील की प्रशंसा करते हुए ऐसा कहा है कि उस उदार दर्शन वाली पार्वती का शील तपस्वियों के उपदेश का विषय बन बैठा था।[32]

आलोचित विषय के सम्यक अनुशीलनार्थ ऋग्वेद के उस स्थल विशेष की समीक्षा की जा सकती है, जिसे सामान्यतया विवाह-सूक्त की संज्ञा दी जाती है। संहिता के दशम मंडल में सन्दर्भित होने के कारण इसकी उत्तरकालीनता सुव्यक्त हो जाती है।[33] प्रस्तुत सूक्त में दो श्लोक हैं, तथा इनकी पुनरावृत्ति अथर्ववेद में भी प्राप्त होती है।[34] प्रस्तुत सूक्त की पांडित्य-पूर्ण समीक्षा सर गुरुदास बनर्जी ने किया था, तथा इसके आधार पर ऐसा निष्कर्ष निकाला था, कि विश्व की किसी भी अन्य प्राचीन संस्कृति में स्त्री-धन को इतनी मान्यता नहीं मिली थी, जितना कि भारतवर्ष में।[35] उक्त दोनों श्लोकों से ऐसा अभिव्यक्त होता है कि विवाह के अवसर पर कन्या के साथ उसके उपहारों को वर के घर प्रेषित किया जाता था। जैसा कि करम्बेलकर ने गवेषित किया है कि आलोचित सूक्त का पुनरावर्तन अथर्ववेद के अतिरिक्त मैत्रायणीय संहिता (2.2.7, 4.2.12), काठक-संहिता (11.3) तथा तैत्तिरीय ब्राह्मण (2.3.10.1) में भी हुआ है।[36] ग्रन्थोक्त विवरण इस प्रकार है : सवितृ की कन्या सूर्या का परिणय-सम्बन्ध अश्विनों ने सोम के साथ सम्पन्न कराया। कहा गया है कि इस अवसर पर अग्नि को प्रज्वलित किया गया,

परिण-सन्नियोक्ता अश्विनों एवं उनके सहयोगियों को आमन्त्रित किया गया, इनके आने पर अग्नि का आधान किया गया, कन्या (सूर्या) ने अग्नि के ऊपर इन्धन रखा, उसे स्नान कराया गया, स्नान-क्रिया के कारण उसके आर्द्र वस्त्रों को वन्य-वनस्पति पर लपेट दिया गया, केश-प्रसाधन के उपरान्त उसे नवीन वस्त्र पहनाया गया, घर के बाहर लाकर उसके ललाट पर सुवर्ण-खंड बाँधा गया, गोमय में पाषाण-खंड संस्थापित किया गया, कन्या उस पर पाँव रखती है तथा उस पर अनाज बिखेरती है, इसके उपरान्त वर को एक मंचिका पर आसीन किया जाता है। इसके उपरान्त कन्या / नववधू को बैलों से जुते हुए रथ में बैठाया जाता है, तथा उसे श्वसुर गृह के लिए प्रस्थान कराया जाता है। रथारूढ़ वधू के सामने ब्राह्मण-शिशु को बैठाया जाता है। ब्राह्मण-पुत्र को बैठाने के पीछे पुत्र-सन्तान पाने की भावना सन्निहित रहती थीं।[37] ऋग्वेद के उक्त श्लोक में प्रसंगित 'सूर्यायाः वहतुः' को समीक्षा का विषय बनाया जाता है। लानमैन ने इसका अर्थ वधू को ले जानेवाला रथ माना है।[38] इसी अर्थ को करम्बेलकर ने भी अपनाया है किन्तु सायण ने इसका समीकरण उन उपहारों के साथ किया है, जो वधू को विवाह के अवसर पर मिलता था।[39] इसी अर्थ को काणे ने मान्यता प्रदान किया है। प्रकारान्तर से इन्हीं उपहारों को स्त्री-धन की कोटि में रखा जा सकता है। अतिथि-इष्टि के परिच्छेद में तैत्तिरीय संहिता के एक महत्त्वपूर्ण स्थल की ओर काणे ने हमारा ध्यान आकर्षित किया है। संहिता के आलोचित स्थल में ऐसा आख्यात है कि गृहस्थी के रथ को यजमान की पत्नी खींचती है, क्योंकि वह गृहतन्त्र के पाष्णीं भाग की स्वामिनी होती है।[40] पाष्णीं भाग के लिए उक्त संहिता में 'पारीणह्य' शब्द का व्यवहार किया गया है। विषय-विवेचकों ने इस शब्द की विशेष व्याख्या करने का प्रयास किया है। इस सन्दर्भ में मनुस्मृति (9.11) का स्थल उद्धृत किया गया है स्मृतिकार ने 'पारीणह्य' शब्द के आलोक में ऐसा व्याख्यापित किया है कि गृहतन्त्र के सम्भार का सन्निरीक्षण पत्नी का आवश्यक दायित्व था। शबर स्वामिन् के अनुसार जैमिनि ने तैत्तिरीय संहिता के इसी स्थल को सन्दर्भित करते हुए ऐसी स्थापना किया है कि स्त्रियों को कुछ व्यक्तिगत सम्पत्ति के अधिकार की मान्यता को स्वीकृति प्रदान की गई थी।[41] इस प्रसंग में मनुस्मृति के टीकाकार मेधातिथि का मत विशेषतया उल्लेखनीय है।

तैत्तिरीय संहिता के उक्त स्थल के व्याख्यापनार्थ मेधातिथि ने मनुस्मृति के उस स्थल को उद्धृत किया है, जिसके अनुसार स्त्री का अपना कोई भी धन नहीं रहता, वह जो कुछ अर्जित करती है उस पर स्वत्व एवं स्वामित्व पति

का होता है।[42] मनुस्मृति के इस स्थल की अभिव्यंजना को स्पष्ट करते हुए काणे ने ऐसा सुझाव रखा है कि धर्मशास्त्र का यहाँ तात्पर्य यह नहीं है कि स्त्री का सम्पत्ति पर कोई अधिकार ही नहीं होता। प्रत्युत इसका यह अर्थ है कि यद्यपि स्त्री सम्पत्ति की अधिकारिणी बन सकती है, तथापि वह मनमाने ढंग से उसका विनियोग नहीं कर सकती है।[43] अपने सुझाव के समर्थनार्थ काणे ने मेधातिथि की निम्नोक्त व्याख्या को उदाहृत किया है "न स्त्रीभिः स्वातन्त्र्येण यत्र क्वचिद्धधनं विनियोक्तव्यम्" अर्थात् स्त्रियों ऐसे धन का विनियोग जहाँ चाहें वहाँ स्वतन्त्रता के साथ नहीं कर सकती हैं। काणे ने आलोचित स्थल की व्याख्या एक दूसरे ढंग से भी किया है। इनके अनुसार भारतीय इतिहास के प्राथमिक स्तरों पर स्त्रियों का स्वत्व वस्तुतः उन उपहारों पर था, जिसे वे विवाह के अवसर पर प्राप्त करती थीं, जिनमें बहुमूल्य, वस्त्र, अलंकार तथा गृहतन्त्र के उपकरणों को सम्मिलित किया जा सकता है।[44] इन प्रारम्भिक स्तरों की वस्तुस्थिति का संकेत प्राचीन धर्मसूत्रों से प्राप्त होता है। अपने पूर्ववर्ती आचार्यों के मत को व्याख्यापित करते हुए आपस्तम्ब ने ऐसी स्थापना किया है कि अलंकार अथवा ऐसी सम्पत्ति जो माता-पिता और भाइयों से उपलब्ध होती है, इन पर स्त्री का स्वामित्व रहता है।[45] इसी सन्दर्भ में बौधायन ने परम्परा के अनुसार कन्या को माता से उपलब्ध होनेवाले अलंकारों का उल्लेख किया है।[46] इसी सन्दर्भ में वशिष्ठ ने जो व्याख्या की है वह अपने मूल रूप में इस प्रकार है, "मातुः पारिणेयं स्त्रियो विभजेरन्"।[47] आलोचित स्थल में "पारिणेय" शब्द महत्त्वपूर्ण है, जिसका अर्थ होता है परिणय के समय माता से मिला हुआ धन। इस प्रंसग में काणे ने दायभाग (4.15, पृष्ठ 82) तथा विवाहचन्द्र (पृष्ठ 75) को सन्दर्भित किया है[48], जिन्होंने वशिष्ठ के "पारिणेय" को "पारिणाय्य" में शब्दान्तरित कर इसका तात्पर्य "परिणयनलब्धं धनं" अथवा "विवाहकालीनं" माना है। इसके अतिरिक्त प्रस्तुत विद्वान् ने आपस्तम्ब के उक्त स्थल को चंडेश्वर के विवादरत्नाकर के आलोक में स्पष्ट करने का प्रयास किया है। आपस्तम्ब का आलोचित स्थल अपने मूल रूप में इस प्रकार है। "अंलकारो भार्याया ज्ञातिधनं चौके" (2.6.14.9)। विवादरत्नाकर (पृष्ठ 521) में इसकी व्याख्या करते हुए कहा गया है "ज्ञातिधनं चेति विवाहे यद् धनं यौतकाख्यं लब्धं तदपि भार्याया एव।" अर्थात् ज्ञातिधन का तात्पर्य उस सम्पत्ति से है, जिसे "यौतक" की संज्ञा दी जाती है, तथा इस पर अधिकार भार्या का होता है।

प्रस्तुत विषय के सम्यक अनुशीलनार्थ, यह विचार कर लेना आवश्यक प्रतीत होता है कि भारतीय समाज का प्रारूप, विशेषतया वैदिक काल एवं

वैदिक परम्परा के निर्वाहक उत्तरकालीन स्तर पर, सभी साक्ष्यों के सांगोपांग अध्ययन के अनुसार क्या और किस प्रकार था, तथा इसका प्रभाव स्त्री के साम्पत्य अधिकार पर किस सीमा तक पड़ा था? सामान्यतया वैदिक समाज को पितृ-प्रधान, पितृमूल अथवा पितृ-सत्तात्मक माना गया है। किन्तु अभी तक विद्वानों ने इस अवधारणा को सुस्पष्ट करने का प्रयास नहीं किया है कि इसे सर्वतः और सर्वांशतः पितृ-प्रधान माना जाए अथवा परिस्थिति, परिवेश एवं परिसर की अनेकता एवं अनेकांशता के आलोक में कोई अतिरिक्त नाम भी दिया जा सकता है। इस प्रसंग में वैदिक देवमंडल के स्वरूप की समीक्षा की जा सकती है, जिसमें वैदिक ऋषियों ने भौतिक धरातल को प्रतिच्छायित करने का प्रयास किया था। विवेचन की दृष्टि से यहाँ उस वैदिक देवता को सन्दर्भित किया जा सकता है, जिसे वैदिक मन्त्रों में "द्यौस" की संज्ञा प्रदान किया है। इसमें सन्देह नहीं कि आकाशीय देवताओं में सबसे पुराने देवता द्यौस हैं, जिनकी पुरातनता की अवधारणा, इंडो-यूरोपियन काल तक मानी जा सकती है। इनका समीकरण, यूनानी देवता जियस के साथ किया जा सकता है। इनके स्वरूप में पितृत्व का सन्निधान माना जाता था। किन्तु इनके स्वरूप का परिचिन्तन ऐकान्तिक रूप में नहीं किया गया था। बहुधा इन्हें पृथ्वी के साथ संयुक्त कर युगल देवता को 'द्यावापृथिवी' की संज्ञा दी गई थी। कहीं-कहीं वैदिक ऋषियों ने पृथ्वी को स्वतन्त्र रूप में परिकल्पित कर अपने आप को पृथ्वी का पुत्र माना है। (माता भूमिः पुत्रोऽहं पृथिव्याः)। उक्त वैदिक वाक्य से मातृ-प्रधान के सत्ता की अभिव्यंजना निकलती है। इस सन्दर्भ में ऋग्वेद (15.5.84) तथा अथर्ववेद (12.1) के मन्त्र विशेषतया महत्त्वपूर्ण माने जाते हैं, जिनमें मातृदेवता के रूप में परिकल्पित पृथ्वी के गौरव की उद्भावना की गई है। इसी प्रसंग में ऋवेद (8.56.11, 10.72.8, 8.9.15.1.72 9) वाजसनेय संहिता (21.5) तथा अथर्ववेद (7.6) का सन्दर्भ दिया जा सकता है, जिसमें अदिति देवता की महनीयता की उद्भावना करते हुए, ऋत का संरक्षक माना गया है तथा शक्ति की प्रतीक, ह्रास का अविषय, परमविस्तृत तथा संरक्षिका के रूप में परिकल्पित किया गया है। वस्तुतः वैदिक देवता, सम्बन्धित देवी के संवास एवं संयोग के बिना अपूर्ण है, तथा इन्द्र, रुद्र, सूर्य और वरुण जैसे देवताओं को क्रमशः इन्द्राणी, रुद्राणी, सूर्या एवं वरुणानी जैसी देवियों के साथ संयुक्त किया गया है। ऋग्वैदिक ऋषि यदि एक ओर द्यौस को अपना पिता मानता है, तो दूसरी ओर अदिति को अपनी माता मानते हुए दोनों को अनुकम्पशील होने की प्रार्थना करता है।[49]

प्रस्तुत वैदिक परम्परा का स्पष्ट प्रभाव स्मार्त-पौराणिक परम्परा पर दिखाई देता है। उदाहरणार्थ विष्णुस्मृति में पृथ्वी, लक्ष्मी से कहती हैं कि वे सदा विष्णु के साथ सन्निहित रहती हैं।[50] विष्णुपुराण में ऐसा आख्यात है कि विष्णु और लक्ष्मी में वही सम्बन्ध है, जो अर्थ और वाणी में, न्याय और नीति में, बोध और बुद्धि में, स्रष्टा एवं सृष्टि में, काम और इच्छा में, समुद्र एवं तरंग इत्यादि अनेक स्त्री-बोधक एवं पुरुष-बोधक शब्दों में माना जाता है।[51] रघुवंश में कालिदास ने पार्वती एवं परमेश्वर को वैसे ही परस्पर सम्पृक्त माना है, जैसे वाणी और कर्म परस्पर सम्पृक्त रहते हैं। युगल देवता को इन्होंने जगत के "पितरौ" की संज्ञा प्रदान किया है।[52] रघुवंश के उक्त श्लोक की व्याख्या करते हुए कालिदास के महाकाव्यों के सुविदित भाष्यकर्ता मल्लिनाथ ने पितरौ शब्द में माता एवं पिता दोनों का समाहार माना है। मल्लिनाथ की सम्बन्धित व्याख्या अपने मूल रूप में इस प्रकार है, "माता पितरौ पितरौ मातर पितरौ प्रसून जनयितौरौ।" वस्तुतः यह व्याख्या अमरकोष की है, जिसे मल्लिनाथ ने सन्दर्भित भी किया है। व्याकरण की दृष्टि से "पितरौ" शब्द एकशेष द्वन्द के अन्तर्गत आता है। ("पिता मात्रा" इति द्वन्द्वैकशेषः मल्लिनाथ) पौराणिक परम्परा में नारी की प्रतिष्ठा जननी के रूप में स्वीकार की गई है। विष्णु पुराण के स्थलों में समस्त संस्कार के रक्षक श्रीकृष्ण को अपने गर्भ में धारण करनेवाली देवकी को देवी की संज्ञा दी गई है, जिसमें जगत् के भावी मंगल की आशाओं का सन्निधान था।[53] वायु एवं ब्रह्मांड पुराणों में कश्यप की पत्नियों को "महाभागाः" शब्द से विशेषित करते हुए कहा गया है कि इन सभी में सम्पूर्ण लोक का मातृत्व प्रतिष्ठित था।[54] मत्स्य पुराण में उमा को जगत्-जननी कहा गया है, जिनके गर्भ में कार्तिकेय के रूप में संसार का सौभाग्य समाहित था।[55] इसके अतिरिक्त पौराणिक पंक्तियों में माता एवं मातृवचन के गौरव को भी उद्भाषित किया गया है। विष्णुपुराण में वर्णन आता है कि कृष्ण द्वैपायन को उनकी माता ने विचित्र वीर्य की पत्नी और भ्रजिष्या के संयोग से सन्तान-जननार्थ आदेश दिया था। यद्यपि शास्त्र की दृष्टि से यह कार्य अप्रशस्त था तथापि "माता का वचन अनतिक्रमणीय है" यह ध्यान में रखते हुए उन्हें इस कार्य को करना पड़ा।[56] वायु एवं ब्रह्मांड पुराणों में माता की रक्षा करना धर्म-प्रेरित कर्तव्य बताया गया है।[57] मत्स्य पुराण की व्यवस्थापना के अनुसार गर्भ धारण एवं परिपोषण करने से माता का स्थान श्रेष्ठ है। पतित होने पर भी उसके गौरव का ह्रास नहीं होता। अतएव उसका परित्याग किसी भी दशा में उचित नहीं है।[58] वैदिक परम्परा एवं स्मार्त परम्परा, इन दोनों में

ऐसे साक्ष्य निरूपित किए जा सकते हैं, जो स्त्रियों की अवध्यता को सुव्यक्त कर देते हैं। शतपथ ब्राह्मण की व्यवस्थापना के अनुसार स्त्री साक्षात् लक्ष्मी है, अतएव उसका वध करना उचित नहीं है।[59] वस्तुतः पौराणिक व्यवस्थापना के परिवेश में जहाँ कहीं स्त्री-वध का प्रसंग मिलता है, उसे शास्त्रीय मान्यता नहीं दी गई है। इसका सर्वाधिक ज्वलन्त उदाहरण परशुराम का है। ब्रह्मांड पुराण में परशुराम के विषय में आख्यात है कि उन्होंने पिता के आदेश के अनुपालनार्थ अपनी माता का वध किया था। साक्ष्यान्तरों से कथानक को निरूपित करते हुए अल्टेकर ऐसा सुझाव रखते हैं कि इस क्रिया को सार्वजनीन प्रचलन का संकेत नहीं माना जा सकता है, वस्तुतः इसे पितृ-भक्ति की प्रतिष्ठा के प्रति-निधापक ऐकान्तिक उदाहरण के रूप में ही ग्रहण कर सकते हैं।[60] अल्टेकर के इस सुझाव का समर्थन स्वयं ब्रह्मांड पुराण की पंक्तियों के द्वारा किया जा सकता है। इनसे पता चलता है कि सामाजिक एवं धार्मिक दृष्टि से इस कुकृत्य का घोर विरोध हुआ था। जिस समय परशुराम तपश्चर्या में तल्लीन थे, ऋषियों ने उन्हें धिक्कारते हुए ऐसा कहा था कि गुरु, स्त्री और ब्राह्मण की हत्या के पाप का शमन किसी भी ढंग से, यहाँ तक कि तपश्चर्या से भी नहीं हो सकता है।[61] दूसरा निदर्शन भृगु पत्नी का है, जिनका वध देवासुर-संग्राम में विष्णु ने किया था। इसका अभिलेखन करते हुए वायुपुराण में निबन्धित है कि इस पातक कर्म के परिणाम में विष्णु को दैवी स्तर से च्युत होकर मानवीय स्तर पर आना पड़ा था।[62] पौराणिक परम्परा में ऐसे सन्दर्भ भी आते हैं, जहाँ कन्या को पुत्र की अपेक्षा अधिक वरेण्य माना गया है। इस सन्दर्भ में मत्स्य पुराण में "शील" शब्द पर विशेष बल दिया गया है तथा ऐसा कहा है कि शील-सम्पन्न कन्या दस पुत्रों के बराबर मानी जा सकती है।[63] कालिदास के कुमारसम्भव (पंचम सर्ग) में तपश्चर्या-रत पार्वती के "शील" की भूरि-भूरि प्रशंसा करते हुए ऐसा कहा गया है कि उस "उदारदर्शना" का "शील" तपस्वियों के लिए भी उपदेश का कारण बन बैठा था। कन्या के प्रति उदार विचारों की अभिव्यंजना पुराण एवं पुराणेतर ग्रन्थों में अनेकत्र उद्भावित की गई है। मद्राधिपति अश्वपति के विषय में मत्स्यपुराण में ऐसा आख्यापित किया गया है कि सावित्री नामक कन्या उन्हें, उनकी भक्ति से प्रसन्न देवी के वरदान के फलस्वरूप मिली थी।[64] गृहस्थ-विषयक सदाचार के सन्दर्भ में विष्णुपुराण में विहित है कि स्वयं भोजन करने के पूर्व गृहस्थ को गृह-वासिनी विवाहित कन्याओं को रुचिकर भोजन कराना अपेक्षित है।[65] पुराणेतर ग्रन्थों में कालिदास के अभिज्ञान-शाकुन्तल को निदर्शित किया जा सकता है कि

"स्नेह" के कारण ऋषि कण्व पति-गृह को प्रस्थित शकुन्तला के वियोग के कारण अतीव दु:खी थे, तथा यह विचार उनके मन में सहज उजागर हो गया था कि अन्य गृहाश्रमी कन्या-विश्लेष से कितना दु:खी होते होंगे।[66] इसी ग्रन्थ से पता चलता है कि शकुन्तला के भावी अमंगल के शमनार्थ उन्होंने सोमतीर्थ की यात्रा की थी।[67]

उक्त विवरण से सम्भवत: यह स्पष्ट हो जाता है कि जिस परिस्थिति, परिवेश एवं परिसर में प्राचीन भारतीय मान्यताओं का विकास हुआ, उसे आलोक में रखते हुए सहसा यह नहीं कहा जा सकता कि वैदिक समाज एवं वेदोत्तर समाज में पितृ-प्रधान तत्त्वों की प्रधानता थी। यदि एक ओर पितृ-प्रधान तत्त्वों के सन्निवेशन के लक्षण दिखाई देते हैं, तो दूसरी ओर मातृ-प्रधान तत्त्वों के ताना-बाना की प्रचुरता दिखाई देती है। यदि इसे मातृसत्तोन्मुख पितृसत्तात्मक समाज का नाम दिया जाए, तो सम्भवत: ऐसा सुझाव विषय की प्रासंगिकता एवं वस्तुनिष्ठता से विप्रकृष्ट नहीं माना जा सकता है। इस सन्दर्भ में विषय-विवेचकों के कतिपय सुझाव प्रस्तुत किए जा सकते हैं:

1. अल्टेकर ने मूलत: वैदिक समाज को पितृसत्तात्मक मानते हुए, ऐसा विवेचित किया है कि वैदिक समाज में स्त्रियों को जंगम-सम्पत्ति के रूप में ग्रहण किया जाता था, तथा इन्हें उपायन का विषय माना जाता था। इस सन्दर्भ में अल्टेकर ने ऋग्वेद के एक महत्त्वपूर्ण सूक्त को सन्दर्भित किया है। प्रस्तुत सूक्त में तथा समस्तरीय अन्य सूक्तों में कन्योपहार देनेवाले उदारचेताओं का गुणानुवाद किया गया है।[68] इसी प्रसंग में अल्टेकर ने ऋग्वेद के द्यूत-सूक्त का उल्लेख किया है, जिसमें जुआड़ी द्वारा अपनी पत्नी की बाजी लगाए जाने का सन्दर्भ मिलता है।[69] वस्तुस्थिति की यथार्थता पर यदि विचार किया जाए तो प्रतीत होगा कि उक्त उदाहरण ऐकान्तिक एवं एकांगी है। स्वयं ऋग्वेद में सामान्यतया द्यूत-क्रीड़ा की निन्दा की गई है। ऋग्वेद (1, 41.9) की व्याख्या करते हुए निरुक्तकार (3.16) ने द्यूत-क्रीड़ा की भर्त्सना किया है। ऋग्वेद (7.86. 6) में विभीदक वृक्ष का उल्लेख किया गया है, जिससे द्यूत में प्रयुक्त होनेवाला पासा बनता था। इसे पाप का स्रोत बताया गया है। मनुस्मृति, (9.221-222, 224-226) में द्यूत-क्रीड़ा का विस्तृत वर्णन करते हुए राजा के लिए ऐसी क्रीड़ाओं पर प्रतिबन्ध लगाने का आदेश दिया गया है। इसके अतिरिक्त मनुस्मृति में द्यूत-क्रीडा राजाओं के लिए चारित्रिक अवगुण माना गया है।[70] समानार्थक विवरण विष्णुस्मृति में भी मिलता है।[71] कौटिल्य ने भी नल और युधिष्ठिर का उदाहरण देते हुए द्यूत को राजा के लिए हेय बताया

है।[72] प्रसंगतः यह उल्लेखनीय है कि ऋग्वेद के उक्त द्यूत-सूक्त में जुए में अपनी पत्नी के नष्ट होने पर जुआड़ी भी पश्चात्ताप करता है। इसी प्रसंग की प्रतिच्छाया उत्तरकालीन शूद्रक-रचित मृच्छकटिक नाटक में मिलती है, जहाँ जुआड़ी जुए में अपनी पत्नी को खो जाने पर पश्चात्ताप करता है।[73]

2. अल्टेकर ने इस विषय के विवेचनार्थ विश्व की अन्य प्राचीन संस्कृतियों का उल्लेख किया है, जो पितृसत्तात्मक थीं, तथा जिनमें स्त्रियों को विक्रय का विषय बनाया गया था। इन संस्कृतियों में ऐसी स्थिति सुदीर्घ काल तक चलती रही, तथा स्त्रियों के साम्पत्य अधिकार को समाज ने किसी प्रकार की मान्यता नहीं दिया था। उनकी गतिविधि के नियमन एवं नियन्त्रण की केन्द्रीभूत सत्ता पति अथवा पिता में निहित थी, तथा ऐसी स्थिति में उन्हें बहुधा एवं बहुशः क्रय-विक्रय का विषय बनना पड़ता था। इस सन्दर्भ में जार्ज के "स्टोरी आफ वोमन" एवं एवू मूलर लियर के "फेमिली" जैसे ग्रन्थों के आधार पर अल्टेकर ने जिन[74] प्राचीनकों की ओर हमारा ध्यान आकर्षित किया है, वे इस प्रकार हैं, ट्युटानिक जाति में यह प्रथा काफी समय तक चलती रही, रोम-सत्ता को फ्रिजियन प्रायः कर के रूप में अपनी पुत्रियों का उपहार देते रहे, स्वयं रोम के निवासियों में प्रारम्भिक स्तरों पर यह प्रथा चलती रही, वे प्रायः अपनी पत्नी को विक्रय का विषय बनाते थे, रोम में यह प्रथा ईसा की प्रारम्भिक शताब्दियों में ही बन्द हो सकी, इसके पूर्व उसे पति के बन्धन में रहना पड़ता था, वे स्वतन्त्र रूप में सम्पत्ति का अर्जन अथवा संचय नहीं कर सकती थीं, सामन्त-कालीन यूरोप में उन्हें सम्पत्ति रखने का आंशिक अधिकार अवश्य मिला था, पर ऐसा अधिकार व्यावहारिक दृष्टि से नाममात्र के लिए था। वे वस्तुतः शासकों एवं प्रशासकों के नियमन में कठपुतली की भाँति रहती थीं, वस्तुतः भूमि-अनुदान सैन्य-सेवा के लिए मिलता था, जिसके लिए स्त्रियाँ अयोग्य पाई गई थीं, पता चलता है कि सम्राट, सामन्तों एवं सूरमाओं की पुत्रियों अथवा विधवाओं को अपने अन्तःपुर में पत्नीवत रख लेता था। ऐसी स्थिति में तत्कालीन स्त्रियाँ भोग, विक्रय एवं उपहार की मात्र सामग्री मानी जाती थीं। अल्टेकर के अनुसार प्राचीन भारत की समस्तरीय स्थिति थी, जबकि साम्पत्य अधिकार की बात तो दूर रही, उन्हें सम्पत्ति का ही अंग माना जाता था। भारत में स्त्रियों की स्थिति के अवमूल्यानार्थ अल्टेकर ने ऋग्वेद के विवाह-सूक्त के अतिरिक्त महाभारत एवं रामायण के प्रसंगों को प्रस्तुत किया है।[74] महाभारत में धृतराष्ट्र के विषय में कहा गया है कि उन्होंने सौ की संख्या में बन्दी दासियों को श्रीकृष्ण के उपहारार्थ प्रस्तावित किया था।[76] पर, इसमें सन्देह नहीं है कि

ऐसी प्रथाओं के विरोध में प्रतिक्रियाओं का भी सूत्रपात हो चुका था। महाभारत की द्रौपदी अपनी स्वतन्त्रता के पक्ष में यह कौतूहलपूर्ण प्रश्न करती है कि क्या युधिष्ठिर उस समय स्वतन्त्र थे, जब उन्होंने जुए में उसकी बाजी लगाई थी।[77] अल्टेकर के अनुसार यह मानकर चला जाता था कि पति को पत्नी पर पूर्ण अधिकार प्राप्त है, अतएव रामायण के हरिश्चन्द्र और महाभारत के युधिष्ठिर ने अपनी पत्नियों के विक्रयार्थ प्रयास किया था। स्मरणीय है कि रामायण की सीता उपालम्भ के रूप में राम से कहती हैं कि इनका व्यवहार उस नट के समान है, जो अपनी पत्नी को दूसरे को देने (बेचने) के लिए तैयार हो जाता है। रामायण की मूल पंक्ति है ''शैलूष इव माम् राम परेभ्यो दातुमिच्छसि।'' सम्भवतः वी.एम. आप्टे की यह अवधारणा वस्तुस्थिति के सन्निकर्ष में है कि भारत में (विशेषतया वैदिक काल में) कन्या-विक्रय के प्रमाण अवश्य मिलते हैं, किन्तु इस क्रिया को निन्दित माना जाता था।[78] वैदिक ग्रन्थ शतपथ-ब्राह्मण की व्यवस्थापना के अनुसार पत्नी, पति का अर्द्धभाग है जिससे संयुक्त होकर वह पूर्णता को प्राप्त करता है।[79] इस वैदिक परम्परा के उत्तरकालीन निर्वहन के निदर्शनार्थ भास के प्रतिमानाटक ग्रन्थ के दो उद्धरण प्रस्तावित किए जा सकते हैं। वनवास के लिए उद्यत सीता को राम की शरीरार्द्ध की संज्ञा दी गई है।[80] बनवास करनेवाले सीता, राम और लक्ष्मण के विषय में विलाप करते हुए दशरथ कहते हैं कि सूर्य की भाँति राम गए, दिवस की भाँति लक्ष्मण ने उनका अनुगमन किया तथा सूर्य एवं दिवस की अवसान बेला में सीता नहीं दिखाई दे रही है।[81] कालिदास-विरचित कुमार सम्भव (पंचम सर्ग) का एक प्रसंग उल्लेखनीय है, जहाँ ब्रह्मचारी वेष में स्थित शंकर पार्वती से कहते हैं कि पार्वती उनके संचित तप का अर्द्धांश लेकर अपनी मनोकामना पूरी कर सकती हैं, "तदर्द्धभागेन लभस्व कांक्षितम्"। इस प्रकार अल्टेकर द्वारा प्रस्तावित अन्य संस्कृतियों के साथ भारत का समस्तरीयता से सम्बन्धित मत को स्वीकार करने में कठिनाई दिखाई देती है। साक्ष्यों की समग्रता की दृष्टि से देखा जाए, तो प्रतीत होगा कि यद्यपि ऐसे विकीर्णक साक्ष्य मिल जाते हैं जिनसे कि स्त्रियों के विक्रय एवं साम्पत्य अनाधिकार की परिस्थिति समक्षीकृत होती है, किन्तु विश्वसनीयता एवं प्रामाणिकता के प्रमापक उन साक्ष्यों को भी निरूपित किया जा सकता है, जिनसे विपरीत स्थिति भी चित्रांकित हो जाती है।

3. स्त्रियों की दशा वैदिक युग में क्या एवं किस प्रकार की थी? इस सन्दर्भ में पी. एच. प्रभु का मत है कि कम-से-कम शिक्षा की दृष्टि से उनकी स्थिति पुरुषों की समस्तरीय थी। दार्शनिक तत्त्वों के विचार एवं विमर्श में वे पूरा

भाग लेती थीं तथा पुरुषों के समान ही तपश्चर्या में निरत रहती थीं।[82] ऋग्वेद के मन्त्रों में प्राय: दम्पति शब्द का व्यवहार हुआ है[83], जिसका अर्थ होता है गृही और गृहस्वामिनी। श्रौत यज्ञों में सबसे महत्त्वपूर्ण कार्य सोम-घर्षण होता था। इस घर्षण-क्रिया को पति एवं पत्नी एक साथ करते थे। इसे द्रव का रूप देकर दूध में मिलाकर इसके द्वारा अग्नि हवन की क्रिया सम्पन्न की जाती थी। शतपथ ब्राह्मण के स्थलों से स्पष्ट होता है कि गृह-विषयक कार्यों के दायित्व एवं संचालन में दोनों का समान योगदान रहता था। यज्ञीय वेदी पर संक्रमण के पूर्व यजमान अपनी पत्नी को सह संक्रमणार्थ आहूत करता था, तथा ऐसा कहता था कि इस तरह की क्रिया से दोनों का स्वर्ग सह-गमन सम्भव बन जाता है।[84] श्रौत यज्ञों में दूसरी महत्त्वपूर्ण क्रिया होती थी मन्त्रों का उच्चारण करना, जो शतपथ ब्राह्मण की व्यवस्थापना के अनुसार यजमान की पत्नी सम्पन्न करती थी।[85] वैदिक वाङ्मय में ऐसी अनेक कन्याओं/ स्त्रियों के नाम आते हैं, जिन्हें "मन्त्रदृष्टी" आदि शब्दों से सन्दर्भित किया गया है। उदाहरण के लिए विश्ववारा का उल्लेख किया जा सकता है, जो अत्रि ऋषि के गोत्र से सम्बन्धित थी, तथा जिसे ऋग्वेद में ब्रह्मवादिनी एवं मन्त्रद्रष्टी जैसे शब्दों से सन्दर्भित किया गया है। इसके अतिरिक्त विश्ववारा को ऋग्वेद के एक विशेष सूक्त का रचयिता भी माना गया है।[86] नृप असंग की पत्नी शाश्वती को ऋग्वेद में एक दार्शनिक के रूप में प्रासंगिक किया गया है।[87] संहिता में दार्शनिक के लिए मूल शब्द ब्रह्मवादिनी सन्दर्भित है । अपाला को ब्रह्मवादिनी एवं मन्त्रद्रष्ट्री कहा गया है।[88] इन्द्र की पत्नी इन्द्राणी को मन्त्रद्रष्ट्री की संज्ञा दी गई है।[89] सिकता एवं निवावरी के विषय में सूचना मिलती है कि इन दोनों ने एक विशेष सूक्त के दस श्लोकों की रचना किया था।[90] प्रस्तुत आशय का संज्ञापक सबसे महत्त्वपूर्ण स्थल ऋग्वेद का वह वर्णन है, जिसके अनुसार बृहस्पति ने अपनी पत्नी जुहू को छोड़कर तपश्चरणार्थ वनवास लिया था। ऋग्वेद में वर्णित आख्यान के अनुसार देवताओं ने बृहस्पति को समझाया कि पत्नी को छोड़कर तप:साधना उचित नहीं है।[91] इस प्रसंग में अल्टेकर का यह सुझाव महत्त्वपूर्ण प्रतीत होता है कि अध्यात्म-विद्या के विकास का अवसर उन कन्याओं को नहीं मिल पाता होगा जो अल्पायु में ही परिणीत हो जाती थीं, तथापि यह अनुमान अतीव समीचीन है कि सभ्य एवं सुसंस्कृत परिवार की कन्याएँ, विशेषतया ऋषि कन्या एवं आचार्य-कन्या अधिक समय तक ब्रह्मचर्य-व्रत का पालन करती थीं। बाल्यकाल एवं प्रदानकाल के अन्तर्वर्ती काल में वे ब्रह्मचर्य-व्रत अर्थात् ब्रह्मविद्या के विकास के अनुपालन द्वारा वे

अपने जीवन की पूर्वपीठिका को सुयोग्य बनाती थीं।[92] अथर्ववेद में विहित है कि ब्रह्मचर्य के पालन से ही कन्याओं को युवा पति मिलता है।[93] इस वैदिक परम्परा द्वारा प्रतिच्छायित स्थल पौराणिक परम्पराओं में प्राप्त होते हैं। उमा[94], पीवरी[95] तथा धर्मव्रता[96] के विषय में क्रमशः मत्स्यपुराण एवं वायु पुराण ऐसा आख्यापित करते हैं कि तपस्या एवं योगसाधना के द्वारा इन्होंने सुयोग्य पति पाने में सफलता प्राप्त किया था। इसी प्रकार पौराणिक परम्परा उन कन्याओं से भी परिचित हैं, जिन्हें ब्रह्मवादिनी की संज्ञा मिली थी। इस सन्दर्भ में वायु एवं ब्रह्मांड पुराण अपर्णा, एकपर्णा तथा एकपाठला का उल्लेख करते हैं।[97] विष्णु पुराण ने मेना एवं धारिणी का प्रसंग दिया है।[98] संनति एवं शतरूपा का उल्लेख मत्स्य पुराण ने किया है।[99]

इस प्रकार साक्ष्यों की समग्रता की दृष्टि से उक्त अनेक साक्ष्य-सापेक्ष-विवरणों के आधार पर सम्भवतः ऐसे सुझाव को रखने में कोई हानि नहीं दिखाई देती है कि प्राचीन भारतीय वैदिक समाज को सर्वतः विश्व की अन्य प्राचीन पितृसत्तात्मक संस्कृतियों का समस्तरीय नहीं माना जा सकता है। इसे केवल आपाततः पितृसत्तात्मक समाज की संज्ञा दे सकते हैं। अभिव्यक्ततः यह मातृसत्तोन्मुख पितृ-सत्तात्मक समाज था, जिसमें दम्पति अथवा दाम्पत्य जीवन की प्रधानता थी, जिसमें पति और पत्नी के सहयोग को प्रमुख स्थान दिया गया था, तथा जिसकी धुरी मातृ प्रधानता थी तथा जिसकी विस्तारक परिधि की क्रियाशीलता पितृ-सत्ता पर आधारित थी। यह भी उल्लेखनीय है कि कन्या-विक्रय अथवा भार्या-विक्रय अथवा उपायन के रूप में कन्या को सन्दर्भित करनेवाले साक्ष्यों का स्वरूप एकांगी एवं विकीर्णक है।

सन्दर्भ-निर्देश

1. प्रस्तुत विवेचन के लिए द्रष्टव्य, ए०एस० अल्टेकर, दिपोजीशन आफ वीमेन इन हिन्दु सिविलाइजेशन, बनारस 1956, द्वितीय संस्करण पी.वी. काणे हिस्ट्री आफ धर्मशास्त्र, भाग 2, खंड 1, भाग 3, पूना, 1953, पी.एच. प्रभु, हिन्दू सोशल आर्गनाइजेशन, बाम्बे 1963.
2. ऋग्वेद 1.72.5.
3. सपत्नीपत्या...यज्ञस्य युक्तो धुर्याव भुताम्। तैत्तिरीय ब्राह्मण, 1.6.5.
4. मनुस्मृति, 5.155.
5. अष्टाध्यायी, 4.1, 33.
6. वायुपुराण, 2.6 ब्रह्मांडपुराण, 1.1.6.

7. वायुपुराण, 6.22.23 ब्रह्मांडपुराण, 1.5.19.
8. अथर्ववेद, 3.23.2.
9. अथो अद्रो वा एष आत्मनः यत्पत्नी, तैत्तिरीय ब्राह्मण, 2.9.4-7.
10. प्रजया पितृभ्य...तैत्तिरीय संहिता, 6.3.10.5.
11. सान्तानिकादयो वा ते याच्यमाना निराकृताः ...येनासि विगतप्रभः, विष्णुपुराण, 5.38.38.
12. विष्णुपुराण, 1.21.33-34.
13. वायुपुराण, 96.12 ब्रह्मांड पुराण, 3.71.12.
14. मत्स्य पुराण, 7.36.
15. ऋती संगमनम् निषेकमित्याहुः। वैखानस स्मार्तसूत्र 6.2। अय निषेका दिसंस्कारान् व्याख्यास्यामः । तत्रैव, 1.1 विशेष विवरण के लिए द्रष्टव्य पी.वी. काणे, हिस्ट्री ऑफ धर्मशास्त्र, भाग 2, खंड 1, पृष्ठ 195.
16. राजबली पांडेय, हिन्दू संस्कार, पृष्ठ 63-64.
17. ऋग्वेद, 4. 17. 17. 8.86.4. विशेष विवरण के लिए द्रष्टव्य, पी. एच. प्रभु, तत्रैव, पृष्ठ 250.
18. ऐतरेय ब्राह्मण 7.12. पी. एच. प्रभु तत्रैव
19. ऋग्वेद 1.116, 117.17 वैदिक इंडेक्स, भाग 1, पृ. 526, पी. एच. प्रभु तत्रैव।
20. वैदिक इंडेक्स, 1, पृष्ठ 526.
21. पी. एच. प्रभु तत्रैव।
22. ए.एस. अल्टेकर, दि पोजीशन ऑफ वीमेन इन हिन्दु सिवलाइजेशन, पृष्ठ 3.
23. अल्टेकर, तत्रैव, गाइगर, सिविलाइजेशन ऑफ दि ईस्टर्न ईरानियन्स, पृष्ठ 53-54.
24. अल्टेकर, तत्रैव, अथर्ववेद, 3.23, 7.11.
25. वी. डब्ल्यू. करम्बेलकर, दि अथर्ववेदिक सिविलाइजेशन, पृष्ठ 67.
26. तत्रैव, पृष्ठ 69.
27. अल्टेकर, तत्रैव, पृष्ठ 4.
28. तत्रैव, पृष्ठांक 3-4.
29. ततो ब्रह्मात्मसम्भूतं शतरूपां तां नारी...। विष्णुपुराण, 1.7.17
    अर्धेन नारी सा शतरूपा व्यजायत । वायुपुराण, 10.8
    अर्धेन नारी सा तस्य शतरूपा व्यजायत । ब्रह्मांडपुराण, 2.9.33
    या सा देहार्धसम्भूता... शतरूपा...। मत्स्यपुराण, 4.24
30. रत्नभूता च कन्येयं वार्क्षेयी वरवर्णिनी।
    भविष्यं जानता पूर्वं मया गोभिर्विवर्द्धिता।। विष्णुपुराण, 1.15.7

31 दशपुत्रसमा कन्या या न स्याच्छीलवर्जिता । मत्स्यपुराण, 154.157

32. यदुच्यते पार्वति पापवृत्तये न रूपभित्यव्यभिचारि तद्वचः। तथाहि ते शीलमुदारर्शने तपस्विनामप्युपदेशतां गतम् ।। कुमारसम्भव, पंचम सर्ग

33. दशम मंडल की उत्तरकालीनता से सम्बन्धित टिप्पणियों के लिए द्रष्टव्य बी.के. घोष, वेदिक एज, पृष्ठांक 339-341, पी०वी० काणे, हिस्ट्री आफ धर्मशास्त्र, भाग 5, खंड 2, पृष्ठ 1432, वी.एस. घाटे, लेक्चर्स आन ऋग्वेद, पृष्ठ 169-170.

34. ऋग्वेद, 10.85, अथर्ववेद, 14.85.13.38.

35. सर गुरुदास बनर्जी, मैरेज एंड स्त्रीधन, पृष्ठ 370.

36. करम्बेलकर, तत्रैव पृष्ठ 64.

37. अथर्ववेद, 14.1.59, 60. 2.22, 23.

38. लानमैन, हर्वर्ड ओरियंटल सिरीज, भाग 8, पृष्ठ 753.

39. सायण की व्याख्या के लिए द्रष्टव्य, काणे, तत्रैव, भाग 5, खंड 2. 39. पृष्ठ 770.

40. पत्न्यन्वारभते पत्नी हि पारीणह्यस्येशे । तैत्तिरीय संहिता, 6.2.1.1

41. स्वदत्तां दर्शयति । जैमिनि, पूर्वमीमांसा सूत्र 6. 1. 16.
पत्नी वै पारिणय्यस्थेष्टे यत्यैव गतमनुमतं क्रियते । शबर

42. असति वा स्त्रीणां स्वाम्ये पत्न्यैवानुगमन क्रियते पत्नी परिणह्यस्येशे इत्यादयो श्रुतयो निरालंबनाः स्युः । अत्रोच्यते। पारतन्त्र्याभिधानमेतत् । असत्यां भर्त्रानुज्ञायां न स्त्रीभिः स्वातन्त्र्येण यत्र क्वचिद्धनं विनियोक्तव्यम् ।। मनुस्मृति 8.416 पर मेधातिथि का भाष्य।

43. काणे तत्रैव, भाग 5, खंड 2, पृष्ठ 771, मनुस्मृति के प्रस्तुत स्थल की व्याख्या करते हुए जार्ज बूॅलर ने मेधातिथि के अतिरिक्त गोवर्द्धनाचार्य, कुल्लूकभट्ट एवं राघवभट्ट के भाष्यों को भी प्रस्तावित किया है, जिन्होंने मेधातिथि की समानार्थक व्याख्या किया है। सेक्रेड बुक्स आफ दि ईस्ट, भाग 25, पृष्ठ 326. उल्लेखनीय है कि मनुस्मृति की प्रस्तुत व्याख्या की समानार्थक सूचना मत्स्य पुराण से भी मिलती है, जिसके विवरणार्थं द्रष्टव्य, सिद्धेश्वरी नारायण राय, पौराणिक धर्म एवं समाज, इलाहाबाद, 1968, पृष्ठ 278.

44. काणे, तत्रैव, भाग 5, खंड 2, पृष्ठ 77.

45. अलंकारों भार्याया ज्ञातिधनं चैके। आपस्तम्ब धर्मसूत्र, 2.6.14.9. काणे के अनुसार (इस वर्णन से ऐसा लगता है कि) आपस्तम्ब की प्रस्तुत व्यवस्था के प्रति सहमति नहीं है, काणे, तत्रैव, भाग 3, पृष्ठ 771, टिप्पणी 1487.

46. मातुरलङ्कार दुहितरः सांप्रदायिकं लभेरन्नन्यद्वा, बौधायन धर्मसूत्र, 2.2.49.

47. वसिष्ठ धर्मसूत्र, 17.46

48. विशेष विवरण के लिए द्रष्टव्य, काणे, तत्रैव, भाग 3, पृष्ठ 771.

49. ...अदितिर्माता स पिता स पुत्रः। ऋग्वेद 1.90.10, विशेष विवरण के लिए द्रष्टव्य, सर आर.जी. भंडारकर, वैष्णविज़्म , शैविज़्म एंड माइनर रेलिजस सिस्टमस, पृष्ठ 40.
50. स्थिता सदाहं मधुसूदने तु। विष्णुस्मृति 94.22.
51. विष्णुपुराण, 1.8.35.
52. रघुवंश, 1.1
53. विष्णुपुराण, 5.2.20
54. यास्तु शेषास्तदा कन्याः प्रतिजग्राह कश्यपः।
चतुर्दश महाभागाः सर्वास्ता लोकमातरः ।। वायुपुराण, 66.54, ब्रह्मांडपुराण, 3.2.55.
55. त्वमस्य जगतो माता जगत्सौभाग्यदेवता। मत्स्यपुराण 13.18
56. सत्यवतीनियोगाच्च मत्पुत्रः कृष्णद्वैपायनो मातुर्वचनमनतिक्रमणीयमिति कृत्वा विचित्रवीर्यक्षेत्रे धृतराष्ट्रपांडुतत्प्रहितभुजिष्यां विदुरंचोत्पादयामास। विष्णुपुराण, 4.20. 38
57. मातरं रक्षतं चैव धर्मश्चैवानुशिष्यताम्। वायुपुराण, 69.107. ब्रह्मांडपुराण, 3.7.231.
58. पतिता गुरवंस्त्याज्या न तु माता कदाचन।
गर्भधारणपोषाभ्यां तेन माता गरीयसी।। मत्स्यपुराण, 207. 150
59. शतपथ ब्राह्मण 11.4.3.2
60. अल्टेकर, तत्रैव, पृष्ठ 102.
61. गुरुस्त्रीब्रह्महत्योत्थापातकक्षपणाय च।
तपश्चरसि नानेन तपसा तत्प्रणश्यति ।।
कृत्वा मातृवधं घोरं सर्वलोक विगर्हितम्।
ब्रह्मांड पुराण, 3.23. 66-69.
62. यस्मात्ते जानता धर्मानवध्या स्त्री निषूदिता।
तस्मान्त्वं सप्तकृत्वो मानुषेषु प्रपत्स्यति ।।
वायु पुराण, 97. 141
63. पूर्व अनुच्छेद के विषयान्तर में मत्स्य पुराण के इस स्थल एवं शील का गुणानुवाद करनेवाले कालिदास-कृत कुमारसम्भव के स्थल का सन्दर्भ दिया जा चुका है, द्रष्टव्य पृष्ठ टिप्पणी 31 एवं 32
64. राजन्भक्तोऽसि मे नित्यं दास्यामि त्वां सुतां सदा ।
तां दत्तां मत्प्रसादेन पुत्रीं प्राप्स्यसि शोभनाम् ।। मत्स्य पुराण, 208.8
65. ततः स्ववासिनीदुःख...भोजयेत्संस्कृतान्नेन गृही। विष्णु पुराण, 3.11.69
66. स्नेहादरण्यौकसः... पीड्यन्ते गृहिणः कथं नु कन्याविश्लेषदुःखैर्नवैः।
अभिज्ञानशकुन्तलम्, 4.8

67. दैवमस्याः प्रतिकूलं शमयितुं सोमतीर्थ गतः। तत्रैव, अंक 1.
68. उपमा श्यावा स्वनयेन दत्ता वधूमन्तो दश रथासोऽस्थुः। ऋग्वेद 1.126.3
विस्तृत व्याख्या के लिए द्रव्टव्य, अल्टेकर, तत्रैव, पृष्ठ 213.
69. ऋग्वेद के दशम मंडल सूक्त 34 द्यूत-सूक्त के नाम से विख्यात है।
70. मनुस्मृति, 7.50
71. विष्णुस्मृति, 3.50
72. अर्थशास्त्र, शाम शास्त्री द्वारा सम्पादित, पृष्ठ 399.
73. सर्वनष्टं द्यूतेनैव, मृच्छकटिक, 2.8
74. अल्टेकर द्वारा उद्धृत, तत्रैव पृष्ठ 213.
75. अल्टेकर, तत्रैव, पृष्ठ 213.
76. दासीनाप्रजातानां शुभानां रूक्मवर्चसाम्।
शतमस्मै प्रदास्यामि दासानामपि तावताम्।। महाभारत 5.86.8
77. तत्रैव, 2.89.19
78. वेदिक एज, पृष्ठ 457.
79. शतपथ ब्राह्मण, 5.2.1-10.
80. शरीरार्धेन मे पूर्वमाबद्धा हि यदा त्वया। प्रतिमानाटक 1.10
81. सूर्य इव गतो रामो दिवस इव लक्ष्मणोऽनुगतः ।
सूर्यदिवसावसने छायेव न दृश्यते सीता ।। तत्रैव, 2.7
82. पी. एच. प्रभु, तत्रैव, पृष्ठांक 257-258
83. प्रभु ने ऋग्वेद में प्रसंगित शब्द को सन्दर्भित करते हुए, प्रस्तुत संहिता के 8.31.5 तथा 8.27.7 को विमर्श का विषय बनाया है।
84. शतपथ ब्राह्मण, 5.2.1.10.
85. पत्नीकर्म एव एतेकुर्वन्ति यद् उद्गातारः । शतपथ ब्राह्मण, 14.3.1.35
86. सम्बन्धित विश्ववारा को ऋग्वेद के पाँचवें मंडल के सूक्त 28 का रचयिता घोषित किया गया है।
87. ऋग्वेद, 8.1.34
88. तत्रैव, 8.80.91
89. तत्रैव, 10.86 एवं 145
90. तत्रैव, 9.86.11-20
91. तत्रैव, 10.109.
92. अल्टेकर, तत्रैव, पृष्ठ 11.
93. अथर्ववेद, 11.5.18

94. मत्स्य पुराण, 154.290.

तपस्तप्तक्ती चैव यत्र देवी वराङ्गना। वायु पुराण, 41.31.

95. एतेषां पीवरी कन्या मानसी दिवि विश्रुता।

योगिनी योगमाता च तपश्चक्रे सुदासगम् ।। मत्स्य पुराण, 15.5-6

96. तप: कुरु वरार्थंत्वं तथेत्युक्तवा वनं ययौ।

कन्या सा तपस्तेये सर्वोषां च दुष्करं च यत् । वायुपुराण, 107.5-6

97. वायुपुराण, 72.13-15.

ब्रह्मांडपुराण, 3.10.15 16.

98. विष्णु पुराण, 3.10.19 मत्स्युपुराण, 20.24

या सा देहाद्रवसम्भूता गायत्री ब्रह्मवादिनी ।

99. पितृकार्ये नियुक्तत्त्वादभवद् ब्रह्मवादिनी। मत्स्यपुराण, 20.27

या सा देहार्द्धसम्भूता गायत्री ब्रह्मवादिनी। शतरूपा शतेन्द्रिय। तत्रैव, 4.24

स्त्रियों के साम्पत्तिक अधिकार की वैदिक पृष्ठभूमि

इसमें सन्देह नहीं कि भारतीय आर्ष संस्कृति का प्राचीनतम निदर्शन वैदिक वाङ्मय है। आलोचित विषय के संज्ञापनार्थ इसका मनन-मन्थन, आलोडन विलोडन एवं परीक्षण-पर्यवेक्षण आवश्यक एवं वांछनीय है। ऐतिहासिक वस्तु-निष्ठता एवं क्रमबद्धता की दृष्टि से देखा जाए, तो सुव्यक्त हो जाता है कि वैदिक काल की समग्रता एक ऐसे परिवेश का प्रस्तुतीकरण करती है, जिसमे स्त्रियों के साम्पत्तिक अधिकार के बहुरूपीय एवं बहुरंगी साक्ष्य प्रत्यक्ष हो जाते हैं, जिसकी इदृक्ता एवं इयत्ता के निश्चयार्थ राजतरंगिणी के लेखक कल्हण की "रागद्वेष-बहिष्कृत" शैली अपनानी पड़ती है।

इस प्रश्न को प्राय: विचार एवं विमर्श का विषय बनाया जाता है कि वैदिक युग में स्त्रियों के आर्थिक अधिकारों की इयत्ता क्या थी? सामान्यतया विद्वानों ने वैदिक युग की अवधि 2500 ईसा पूर्व से लेकर 800 ईसा पूर्व तक माना है, तथा वैदिक वाङ्मय में संहिताएँ, ब्राह्मण-ग्रन्थ, उपनिषद् आरण्यक, श्रौतसूत्र एवं गृह्यसूत्र सम्मिलित किए जाते हैं। इस प्रसंग में विद्वानों ने बहुधा ऋग्वेद में उपलब्ध दम्पति शब्द की ओर ध्यान आकर्षित किया है, जिसे प्रसंगान्तर में पिछले अनुच्छेदों में विवेचित किया जा चुका है। प्रस्तुत प्रसंग में आलोचित शब्द की अभिव्यंज्यमान व्याख्या करते हुए ऐसा कहा जा सकता है, कि इस शब्द से पति और पत्नी के गृह-सम्पत्ति पर सह-स्वामित्व की सूचना मिलती है। व्याख्या एवं विवेचना की दृष्टि से पूर्व अनुच्छेद में सन्दर्भित ऋग्वेद के विवाह सूक्त की ओर ध्यान आकर्षित किया जा सकता है। प्रस्तुत सुदीर्घ सूक्त के महत्त्वपूर्ण श्लोक निम्नोक्त हैं : श्लोक 40-41 में आख्यात है कि वधू के पिता की ओर से वर को दिए गए उपहार के रूप में ग्रहण करना चाहिए, श्लोक 24 में अभिव्यक्त होता है कि कन्या वधू के रूप में प्रतिष्ठित होती है, तथा उसके संवास का परिकल्पना पति के साथ किया जाता है, श्लोक 42,

45-46 के मन्त्रों का स्वरूप आशीर्वादात्मक है, जिसमें यह शुभकामना की गई है कि दोनों एक साथ रहें, दोनों में कभी सम्बन्ध-विच्छेद न हो, तथा कन्या को यह विशेष आशीर्वाद दिया जाता है कि वह अपने श्वसुर, सास, देवरों एवं नन्दों की 'सम्राज्ञी' बने।[1] इससे यह भी स्पष्ट हो जाता है कि परिणीता कन्या अपने साथ पितृकुल से प्राप्त उपहारों को अपने साथ ले जाती थीं, सम्भवतः इन मन्त्राभिषिक्त उपहारों पर उसका स्वत्व रहता था। व्यावहारिक स्तर पर वह पति के सम्मिलित परिवार में प्रतिष्ठित स्तर पर आसीन रहती थीं। आलोचित सूक्त में सन्दर्भित सम्राज्ञी शब्द उसके व्युत्पत्तिपरक पक्ष में व्याख्यापित किया जा सकता है, अर्थात् वधू के रूप में प्रतिष्ठित कन्या पतिगृह के सदस्यों के लिए (सम्यग् राजते इति सम्राज्ञी) शोभन-दर्शना मानी जाती थीं। वस्तुतः स्त्रियों के सन्दर्भ में साम्पत्य-विषयक अधिकार एक ऐसा विषय है, जिसके लिए वैदिक ग्रन्थों में एकार्थ-बोधक सूचना नहीं मिलती है। उदाहरण के लिए तैत्तिरीय संहिता के एक स्थल का प्रसंग दिया जा सकता है, जहाँ यह स्पष्टतया कहा गया है कि किसी भी स्थिति में स्त्रियाँ सम्पत्ति की उत्तराधिकारिणी नहीं बन सकती हैं।[2] किन्तु आलोचित संहिता का एक दूसरा प्रसंग, तथा जैमिनी का उस पर भाष्य अवान्तर स्थिति का संज्ञापक बन जाता है। पूर्व अनुच्छेद में इस भाष्य को सन्दर्भित किया जा चुका है। इन संहिताओं में प्रायः 'परिणह्य' शब्द सन्दर्भित हुआ है। आलोचित शब्द की अभिव्यंजना यही है कि परिणय के अवसर पर पितृकुल से जो कुछ उपहार मिलता था, उसे स्त्रीधन की कोटि में रखा जा सकता है तथा इस पर कन्या का स्वत्व होता था। ऐसा लगता है कि वैदिकों ने इस पक्ष पर अवश्य विचार करने का प्रयास किया था कि अन्ततः किस अवधारणा के कारण स्त्रियों को साम्पत्य अधिकार से वंचित किया जाना अपेक्षित है। इस सन्दर्भ में ऋग्वेद के उस स्थल को प्रायः प्रसंगित किया जाता है, जिसमें किसी भ्राता के लिए यह अपेक्षित बताया गया है कि वह अपनी सम्पत्ति का कोई भी अंश भगिनी को न दें, क्योंकि अन्ततः भगिनी का स्थानान्तरण एक भिन्न परिवार में होता है।[3] ऋग्वेद के इस स्थल की व्याख्या करते हुए यास्क ने 'रिक्थ' शब्द को सन्दर्भित किया है। इसका अर्थ उत्तराधिकार है, तथा यास्क का कथन है कि बहन को पिता से सम्बन्धित रिक्थ इसलिए नहीं मिल सकता है क्योंकि वह अपने पति के पुत्र की स्रोत बन बैठती है।[4] सविता विष्णोई ने यास्क-विरचित प्रस्तुत स्थल को अतीव गम्भीरता से लिया है, जबकि अल्टेकर के अनुसार निरुक्त का यह स्थल उत्तरकालीन संयोजन है।[5] अल्टेकर ने उन विवेचकों के मत की विशद समीक्षा किया है,

जिनके अनुसार लगभग 500 ईसा पूर्व में विधि-विशारदों की ऐसी एक शाखा थी, जो अल्प संख्या में थी, तथा जिन्होंने भाई की उपस्थिति में भी कन्या के दायाद के उत्तराधिकार को मान्यता प्रदान किया था।[6] इस मत के पक्षधरों ने अपनी अवधारण का आधार मात्र दो पुरातन श्लोकों को बनाया है। इनमें पहला श्लोक ऋग्वेद में सन्दर्भित है।[7] अल्टेकर के अनुसार ऋग्वेद का यह सन्दर्भित श्लोक इतना अस्पष्ट है कि इसकी सही व्यख्या निश्चय के साथ नहीं की जा सकती है। प्रस्तुत श्लोक में किसी पिता की इकलौती पुत्री की परिकल्पना की गई है, जिसमें पिता तथा जामाता में कोई ऐसा समझौता होता है, जिसके अनुसार भावी नाती के दायाद अधिकार को प्रसंगित किया गया है। अल्टेकर के अनुसार आलोचित श्लोक में इस बात की झलक किसी भी प्रकार नहीं मिलती है कि भाई की उपस्थिति में कन्या को दायाद का अधिकार मिल सकता है। दूसरे श्लोक का सम्बन्ध मनुस्मृति से माना जाता है, जिसे निरुक्तकार ने सन्दर्भित किया है।

अविशेषेण पुत्राणां दायो भवति धर्मत: ।
मिथुनानां निसंर्ग्रादौ मनु: स्वाम्भुवोऽब्रवीत् ।।-निरुक्त, 3.4

जिन विवेचकों ने सभ्रातृक कन्या का दायाद पर उत्तराधिकार माना है, उन्होंने 'मिथुनानां' को 'पुत्राणां' का विशेषण मानते हुए ऐसा कहा है कि श्लोक का तात्पर्य दोनों कोटि की सन्तानों से है, पुत्र से भी एवं पुत्री से भी, तथा इस प्रकार पिता के रिक्थ पर पुत्री और पुत्र दोनों के ही अधिकार की व्यवस्थापना को स्वीकार किया है। अल्टेकर की अवधारणा इसके विपक्ष में है। प्रस्तुत विद्वान के अनुसार वस्तुत: यह श्लोक मनुस्मृति के वर्तमान संस्करण में नहीं प्राप्त होता है। दूसरे मनुस्मृति के वर्तमान संस्करण में स्मृतिकार की जो व्यवस्थापना स्त्रियों के साम्पत्तिक अधिकार के सन्दर्भ में सुनिबन्धित मिलती है, उसमें इसके विपरीत स्थिति की झलक मिलती है। श्लोक में 'मिथुनानां' का तात्पर्य माता-पिता से है, तथा इसकी अभिव्यंजना यह है कि माता-पिता को सम्पत्ति का विभाजन अपने पुत्रों में समान रूप से करना चाहिए, तथा ज्येष्ठ पुत्र को अधिकांश उत्तराधिकृत करना उचित नहीं है, जैसा कि कतिपय पुरातन विधिवेत्ताओं ने व्यवस्थापित किया है। अल्टेकर के अनुसार सम्भवत: छठी शताब्दी ईसा पूर्व में यदि विधि-विशारदों की कोई ऐसी शाखा रही भी हो जो सभ्रातृक कन्या के पितृ-रिक्थ पर अधिकार का अधिवचन कर रहा था, तो उनके पास कोई इसके समर्थनार्थ शास्त्रीय साक्ष्य नहीं था। निरुक्त में सन्दर्भित

मनुस्मृति का श्लोक, जो ग्रन्थ के वर्तमान संस्करण में नहीं मिलता है मौलिक नहीं है। अतएव यह सम्भावना संशयशील बन बैठती है कि पुरातन काल में इस कोटि की विधि-विशारदों की व्यवस्था रही भी होगी।[8]

विवेच्य विषय की प्रासंगिकता की दृष्टि से यहाँ एम.सी. जोशी[9] एवं बी. एस. उपाध्याय[10] जैसे विद्वानों की साक्ष्य-सापेक्ष टिप्पणियाँ प्रस्ताव्य हैं। जोशी के अनुसार ऋग्वेद एवं तैत्तिरीय संहिता के उन साक्ष्यों के आधार पर, जिनकी समीक्षा उक्त अनुच्छेदों में की जा चुकी है कि सन्दर्भित साक्ष्यों को वह महत्त्वपूर्ण स्तर मान सकते हैं, जबकि पुत्रों में पैतृक सम्पत्ति का विभाजन एक प्रतिष्ठित प्रथा बन बैठी थी। इसी प्रथा ने उस अवान्तर प्रथा को जन्म दिया जिसके अनुसार मृत व्यक्ति की अविभाज्य सम्पत्ति का विभाजन एवं उत्तराधिकार को उसके पुत्रों में केन्द्रित किया गया। उपाध्याय ने इस बात पर बल दिया है कि ऋग्वेद में जो विविध सन्दर्भ उपलब्ध होते हैं, उनसे यह अभिव्यक्त हो जाता है कि यद्यपि पिता की सम्पत्ति का विभाजन प्रायः पुत्रों में ही किया जाता था, तथा इस प्रकार साम्पत्तिक उत्तराधिकार के लिए पुत्र ही अर्ह माने जाते थे, तथापि सामान्यतया वैदिक वाङ्मय एवं विशेषतया ऋग्वेद में ऐसे सन्दर्भ सन्निरूपित हो जाते हैं, जिनसे ऐसा प्रतीत होता है कि पुत्रियों का आर्थिक जीवन असुरक्षित नहीं था, तथा वे साम्पत्तिक अधिकार के लिए सर्वथा अयोग्य नहीं मानी जाती थीं। इस सन्दर्भ में उपाध्याय ने ऋग्वेद, (1.109.2) को प्रसंगित किया है, जिसमें पिता की सम्पत्ति में पुत्री का अधिकार आख्यापित है। इसे विवाह के अवसर पर पुत्री के पति को प्रदान किया जाता था। उपाध्याय की इस सम्भावना के संज्ञापनार्थ एवं समर्थनार्थ अन्य अनेक वैदिक स्थल सन्दर्भित किए जा सकते हैं। ऋग्वेद के एक मन्त्र से संज्ञापित होता है कि यदि कोई कन्या अविवाहित रह जाती थी, अथवा विवाह के प्रति उन्मना बनकर पितृकुल में ही रहना अभिलषित मानती थी तो ऐसी स्थिति में उसे पैतृक सम्पत्ति का कतिपय अंश दे दिया जाता था।[11] ऋग्वेद के सूक्तान्तरों से अभिव्यक्त होता है कि अविवाहित कन्या को न केवल पैतृक सम्पत्ति का अंशाधिकार ही मिलता था, अपितु वृद्धा होने पर उसे पितृकुल में संवास की भी पूरी छूट थी।[12] अथर्ववेद में ऐसी कन्याओं का सन्दर्भ प्राप्त होता है, जो पितृकुल में आजीवन रहती थी।[13] इसके अतिरिक्त, ऋग्वेद में एक ऐसा भी सूक्त सन्दर्भित है, जो यह सुव्यक्त कर देता है कि पुत्री का उन सभी उपकरणों पर पूर्ण नियन्त्रण रहता था जो उसके निजी होते थे। इनके व्यवहार एवं विक्रय क्रिया को स्वच्छन्दता के साथ सम्पन्न करती थीं।[14]

वैदिक युग में स्त्रियों के साम्पत्तिक अधिकार की दृष्टि से एक सहज प्रश्न किया जा सकता है कि इस स्तर पर अभ्रातृक कन्या की क्या स्थिति थी? विवाहिता होने के उपरान्त पितृकुल के साथ उसके सम्बन्ध का प्रारूप क्या था? इस प्रश्न के समाधानार्थ वैदिक ग्रन्थों के सन्दर्भ का स्वरूप क्या है? वैदिक ग्रन्थों में निरूपित इन स्थलों की व्याख्या पारम्परिक टीकाकारों एवं आधुनिक विवेचकों ने किस प्रकार किया है? यह स्मरणीय है कि सम्बन्धित ग्रन्थों में निरूपित वैदिक समाज का जो सर्वांगीण स्वरूप हमारे सामने आता है, उसमें सामान्यतया कन्या का चित्रांकन एक ऐसी धरोहर के रूप में हुआ है जो प्रदान-काल तक पिता के घर में रहती है, तथा एतद् उपरान्त व्यवहारतः वह पितृकुल से असम्पृक्त बन बैठती है। इस सामान्य स्थिति के अपवाद भी मिलते हैं, विशेषतया ऐसी पुत्रियों के सन्दर्भ में, जो भ्राता विहीन होती थीं। उदाहरण के लिए ऋग्वेद के उन सूक्त-द्वय को सन्दर्भित किया जा सकता है जिनके अनुसार कोई अभ्रातृक पुत्री पतिगृह से वापस आकर पितृकुल में रहने लगी थी।[15] इन्हीं सूक्तों को यास्क ने अपने निरुक्त में सन्दर्भित करते हुए उस संस्था-विशेष की ओर ध्यान आकर्षित किया है, जो आगे चलकर 'पुत्रिका' नाम से प्रतिष्ठित हुआ। वस्तुतः पुत्रिका का तात्पर्य उस पुत्री से था, जो अभ्रातृक होती थी, और जिसे पुत्राभाव में पिता गोद लेता था। इसी सन्दर्भ मे यास्क ने पुनः ऋग्वेद 3.31.1 को प्रसंगित करते हुए ऐसा कहा है कि पुत्रिका का पैतृक सम्पत्ति पर निश्चित अधिकार होता है।[16]

विभिन्न विषय-विवेचकों ने विधवा स्त्री के साम्पत्तिक अधिकार को समीक्षित करने का प्रयास किया है। इनकी टिप्पणियों के आलेक में यह विचारणीय है कि आलोचित वैदिक युग में विधवा स्त्रियों की सामान्य स्थिति क्या थी? जैसा कि अल्टेकर[17] ने विमर्शित किया है, पति के दिवंगत होने पर स्त्री के सामने तीन ही विकल्प थे, या तो वे आजीवन विधवा के रूप में रह सकती थीं, या 'नियोग' के , माध्यम से सन्तति प्राप्त कर सकती थीं अथवा पुनर्विवाह कर सकती थीं। इन तीनों में प्रथम विकल्प सम्मानजनक माना जाता था, किन्तु ऐसे उदारहण भी मिलते हैं जो दूसरे एवं तीसरे विकल्प की प्रचलनशीलता को सुव्यक्त कर देते हैं। नियोग के सन्दर्भ में अल्टेकर ने अन्य देशों के निदर्शनों को भी प्रस्तावित किया है। इसका प्राचीनतम उदाहरण स्पार्टा का समाज है। यहूदियों के बारे में पता चलता है कि मृत व्यक्ति का छोटा भाई बिना किसी मान्त्रिक औपचारिकता के अपनी विधवा भाभी के साथ विवाह कर सकता था। ओल्ड टेस्टामेंट में यह सन्दर्भित है कि छोटा भाई

विधवा भाभी को पत्नी के रूप में अपना सकता था। गौतम धर्मसूत्र 2.10.27 में सन्दर्भित 'कुलाय हि स्त्री दीयते इति उपदिशन्ति' जैसे वाक्य को प्रामाणिक मानकर नियोग-प्रथा के अधिवक्ताओं को अल्टेकर[18] ऐसी टिप्पणी प्रस्तुत करते हैं कि स्त्रियाँ वस्तुतः सम्पत्ति के रूप में ग्रहण की जाती थीं, सम्पत्ति के रूप में विवाहोपरान्त उनका स्थानान्तरण कुलान्तर में होता था। उसका विवाह न केवल पति से ही होता था, अपितु सम्बन्धित कुल के साथ भी वह परिणीत होती थी। पति के मरने पर पति का भाई अथवा पति का कोई निकट सम्बन्धी उस विधवा के साथ विवाह करता था, अथवा उससे सन्तति का जनन करता था। ऐसी स्थिति सामान्यतया उस समय उत्पन्न होती थी, जब कि व्यक्ति पुत्र-विहीन दिवंगत होता था। पुत्र के अभाव में परलोक-गमन एक आधिवैदिक विप्लव के रूप में ग्रहण किया जाता था। ऐसी स्थिति में मृत व्यक्ति के भाई का यह पावन कृत्य माना जाता था कि उसकी स्मृति को जीवन्त बनाने के लिए तथा स्वर्ग में उसका स्थान सुनिश्चित करने के लिए वह (मृत व्यक्ति की भार्या के संयोग से) पुत्र उत्पन्न करें। ऐसा न करने पर मृतभर्ता नारी के अपरिचित एवं असम्बन्धित कुल में जाने की आशंका बनी रहती थी। इस प्रारम्भिक सामाजिक परिवेश में नियोग से सुलभ पुत्र को दत्तक पुत्र की अपेक्षा सदा वरीयता दी जाती थी। इस सन्दर्भ में अल्टेकर ने एक ऋग्वैदिक मन्त्र को प्रसंगित किया है जिसमें ऐसी व्यवस्थापना की गई है कि दूसरे व्यक्ति से उत्पन्न पुत्र को दत्तक पुत्र बनाना उचित नहीं है, क्योंकि वस्तुतः उसे पुत्र की संज्ञा नहीं दी जा सकती है।[19] वह वस्तुतः अजनबी, अपरिचित और पराया होता है, जिसकी धमनियों में पराए परिवार का रक्त वर्तमान रहता है। नियोग से उपलब्ध पुत्र में कम-से-कम माता अथवा उसी परिवार का रक्त रहता है। इस प्रकार नियोग-प्रथा से उत्पन्न पुत्र के कारण अप्रत्यक्षतः विधवा स्त्री को साम्पत्तिक अधिकार की मान्यता मिल जाती थी। किन्तु सामान्यतया वैदिक ग्रन्थ विधवा के साम्पत्तिक अधिकार के पक्ष में नहीं है। इस सम्बन्ध में अल्टेकर ने कृष्ण यजुर्वेदीय शाखा के तैत्तिरीय संहिता एवं मैत्रायणीय संहिता के प्रसंगानुकूल सन्दर्भों के अतिरिक्त, शुक्ल युजर्वेदीय शाखा के ब्राह्मण ग्रन्थ शतपथ ब्राह्मण के स्थलों के साक्ष्यों को प्रस्तुत किया है, जिनसे यह स्पष्ट हो जाता है कि वैदिक समाज को सामान्यतया विधवा का साम्पत्तिक अधिकार मान्य नहीं था।[20]

विषय-विवेचकों ने आलोकित विषय-वस्तु के विस्तारार्थ विभिन्न साक्ष्यों में सन्दर्भित असुर-विवाह को भी समीक्षित करने का प्रयास किया है, जिसमें प्रकारान्तरतया एवं व्यवहारतया कन्या का विक्रय ही होता था। प्रस्तुत प्रसंग

से सम्बन्धित वैदिक स्थलों पर विचार करने के पूर्व असुर-विवाह के प्रारूप एवं परिभाषा को विमर्शित किया जा सकता है, जिसके संज्ञापनार्थ वैदिक वाङ्मय मौन है, किन्तु स्मार्त पौराणिक परम्परा में मुखरित एवं विचरणीय स्थल प्राप्त होते हैं। मनुस्मृति की व्यवस्थापना के अनुसार ऐसे प्रसंगों में जहाँ व्यक्ति, कन्या तथा उसके बन्धु-बान्धवों को अपनी शक्ति के अनुसार धन देकर स्वच्छन्दतापूर्वक उन्हें 'कन्या प्रदान' के लिए तैयार करता है, उसे असुर-विवाह की संज्ञा दी जाती है।[21] विष्णुपुराण में इसका आख्यानात्मक वर्णन उपलब्ध होता है। भृगु-पुत्र ऋचीक के विषय में ऐसा विवृत है कि वे गाधि-पुत्री सत्यवती से विवाह करने के लिए इच्छुक थे, किन्तु उनके वार्द्धक-दोष के कारण इसके लिए गाधि ने अपनी सहमति नहीं दिया, किन्तु जिस समय ऋचीक ने शुल्क के रूप में अश्वतीर्थ से प्राप्त एक सहस्त्र सोम एवं वायु के समान सुदर्शन एवं संवेगशील श्यामवर्ण घोड़ों को समर्पित किया, तब ऋचीक को सत्यवती सुलभ हो सकी।[22] किन्तु स्वयं पौराणिक वाङ्मय में ही ऐसे विवाह को मान्यता नहीं दिया गया है। उदाहरणार्थ ब्रह्मांड पुराण के एक प्रसंग में कहा गया है कि वस्तुत: विवाह के चार ही भेद होते हैं, कालक्रीत, क्रयक्रीत, स्वयंयुत एवं पितृदत्त। इनमें कालक्रीत एवं क्रयक्रीत को क्रमश: वेश्या एवं दासी की संज्ञा दी गई है।[23] संस्कृत साहित्य में अन्यत्र भी इस कोटि के विवाह को उपेक्षा की दृष्टि से देखा गया है। कालक्रीत एवं क्रयक्रीत के उदाहरण मृच्छकटिक में मिलते हैं। सन्दर्भित नाटक में वेश्या के शरीर को 'पण्यभूत' एवं 'क्रीत' माना गया है। इसके स्थलों में निरूपित रदनिका एवं शर्विलक का परिणय क्रयक्रीत प्रथा की ओर इंगित करता है।[24] प्रस्तुत आशय का संज्ञापक स्थल भास-कृत प्रतिमानाटक में भी प्राप्त होता है। इससे पता चलता है कि दशरथ को कैकेयी पत्नी के रूप में उस समय मिलीं जबकि दशरथ ने एतदर्थ 'शुल्क' दिया था। नाटक-प्रकरण में शुल्क का अभिव्यक्त तात्पर्य है दशरथ द्वारा वचनबद्ध होना कि दशरथ के उपरान्त राज्याधिकार कैकेयी से उत्पन्न पुत्र को मिलेगा, जबकि पट्टमहिषी कैकेयी नहीं, अपितु कौशल्या थीं, तथा परम्परया राज्य का उत्तराधिकार पट्टमहिषी के पुत्र को ही अनुमत था। ऐसी स्थिति में अयोध्या के राज्य को प्रस्तुत नाटक में 'शुल्के विपणितं' की संज्ञा दी गई है।[25] इस नाटक के आधुनिक टीकाकार कपिलदेव द्विवेदी ने शुल्क का अर्थ 'विवाहकालिक कन्यादेय' माना है।[26] जिसके समर्थनार्थ शाश्वत (कोष) की वक्ष्यमाण पंक्ति को प्रस्तुत किया जा सकता है 'शुल्कं विवाहार्थ जामतुर्गृहपते च यत्' अर्थात् जामाता विवाह के लिए कन्या के पिता से विवाहार्थ ग्रहण करता है, उस

(धनराशि) को शुल्क कहते हैं। नाटक में दशरथ की इस क्रिया को उपालम्भित करते हुए कहा गया है कि 'स्त्री शुल्क' के परिणाम में उन्हें प्राण एवं राज्य से हाथ धोना पड़ा था।[27] नाटक में भरत शुल्क को 'नीच शब्द ' कहते हुए इसके परिणाम से सन्तप्त प्रदर्शित किए गए हैं।[28]

परवर्ती साहित्य के उक्त साक्ष्य सापेक्ष-विवरणों के सन्दर्भ में सर्वप्रथम वैदिक परम्परा में अल्पांशत: उपलब्ध असुर-विवाह एवं इसकी ऐतिहासिक अभिव्यक्ति पर विचार किया जा सकता है इस सन्दर्भ में अल्टेकर ने 'असुर-विवाह के आख्या-परक प्रश्न का समाधान करने का प्रयास किया है। प्रस्तुत विद्वान ने हमारा ध्यान असीरियन सभ्यता की ओर आकर्षित किया है। जहाँ विवाह के पहले कन्या पक्षवाले से शुल्क लेने का प्रचलन था, तथा इस प्रकार असीरियन पत्नी क्रय-क्रीत होती थीं। असीरियनों से सम्बन्धित होने के कारण इसे असुर-विवाह की संज्ञा मिली।[29] ऋग्वेद के एक मन्त्र के आधार पर अल्टेकर इस निष्कर्ष पर पहुँचते हैं कि वैदिक युग में पत्नी-क्रय अविदित प्रथा नहीं थी, किन्तु इसे सम्मान की दृष्टि से नहीं देखा जाता था। ऐसे प्रसंगों में दामाद को असम्मानित स्थान दिया जाता था। मन्त्र में सन्दर्भित शब्द विजामाता है।[30] क्रय-क्रीत स्त्री की वैदिक समाज में स्थिति क्या थी? अथवा उसे या उससे उत्पन्न पुत्र को साम्पत्तिक अधिकार मिलता था अथवा नहीं? ऐसे प्रश्नों के समाधानार्थ वैदिक साहित्य के सर्वेक्षण से सुस्पष्ट उत्तर नहीं मिलते। सामान्यतया धर्मशास्त्रीय परम्परा में न केवल क्रय-क्रीता नारी को पत्नी नहीं माना गया है, अपितु ऐसे प्रसंगों के नारी-क्रेता को नरकगामी भी बताया गया है। बौधायन धर्मसूत्र के अनुसार ऐसी नारी जिसका द्रव्य से क्रय किया जाता है, पत्नी नहीं कही जा सकती है। उसे विद्वान व्यक्ति दासी की संज्ञा देते हैं। स्मृतिकार अत्रि के अनुसार ऐसी नारी से उत्पन्न पुत्र पिंडदान के अधिकारी नहीं बन सकते हैं।[31] इन धर्मशास्त्रीय व्यवस्थपनाओं का अभिव्यञ्जनामय तात्पर्य यही हो सकता है कि ऐसे प्रसंगों में स्त्री अथवा उससे उत्पन्न पुत्रों को साम्पत्तिक अधिकार नहीं मिल सकता है।

अपने विवेचन के क्रम में अल्टेकर ने ऐसी सम्भावना व्यक्त किया है कि कन्या के शुल्कोपरान्त परिणय के साथ-साथ अल्पवयस्क कन्याओं को विवाहित इसलिए किया जाता था क्योंकि मनोज्ञता की अवस्था पार करने के उपरान्त वांछनीय शुल्क नहीं मिल सकता था।[32] काणे द्वारा सर्वेक्षित वैदिक वाङ्मय से दोनों प्रकार की सूचनाएँ मिलती हैं। ऐसे स्थलों की प्रचुरता दिखाई देती है, जिनसे विवाहार्थ कन्याएँ परिपक्व अवस्था को पहुँच चुकी

थीं। अश्विनी कुमारों के विषय में ऋग्वेद में आख्यापित हुआ है कि उन्होंने उस घोषा नामक कन्या को पति दिया था, जो पितृकुल में काफी सयानी हो रही थी।[33] समानार्थक विवरण ऋग्वेद के एक सूक्तान्तर[34] तथा अथर्ववेद[35] में प्राप्त होता है। विवाह-सूक्त में ऐसे श्लोक मिलते हैं[36] जिनसे पता चलता है कि सम्बन्धित कन्याओं ने शैशव अवस्था को पार कर लिया था। किन्तु ऋग्वेद में ऐसे स्थल भी निरूपित हो चुके हैं, जिनसे विपरीत स्थिति अभिव्यक्त होती है। आलोचित संहिता में एक स्थल पर उन नासत्यों का उल्लेख आता है, जिन्होंने विमद को ऐसी पत्नी प्रदान किया था, जो 'अर्भक' अर्थात् अभी अल्प वयस्क थी।[37] एक अन्य सूक्त में इन्द्र के लिए कहा गया है कि उन्होंने कक्षीवत् एवं वृचया का विवाह रचाया था। कक्षीवत् को 'महते' कहा गया है, तथा वृचया को 'अर्भ' की संज्ञा दी गई है।[38] अर्थात् कक्षीवत् वृद्धावस्था को पहुँच चुके थे, तथा वृचया अभी शैशव-काल में विद्यमान थी। इस सन्दर्भ में काणे ने ऋग्वेद (1.126.6-7) के दो श्लोकों की ओर ध्यान आकर्षित किया है जिनमें ऐसी कन्याओं का प्रसंग मिलता है, जिनका विवाह यौवनारम्भ के पूर्व ही सम्पन्न किया गया था।[39] औपनिषदिक साहित्य में छान्दोग्य-उपनिषद् का वह स्थल प्रसंगानुकूल है, जहाँ कुरुक्षेत्र में अपनी पत्नी के साथ चाक्रायण निवास कर रहे थे, उनके साथ उनकी 'आटिकी' पत्नी भी संवास कर रही थी। शंकराचार्य ने 'आटिकी' शब्द का तात्पर्य ऐसी नारी से लिया है, जिसके विवाहानुकूल युवावस्था का प्रारम्भ अभी नहीं हुआ है।[40] इन वैदिक स्थलों से शुल्कोपयोगी कन्या का अनुमान लगाया जा सकता है, तथा इन्हीं से विपरीत स्थिति की अभिव्यंजना का भी मूल्यांकन किया जा सकता है।

प्रस्तुत अनुच्छेद को समापन-बिन्दु पर लाने के पूर्व कतिपय अन्य वैदिक स्थलों एवं उनमें उपलब्ध प्रसंगानुकूल शब्दों पर विचार किया जा सकता है, जिनसे यह अभिव्यक्त हो जाता है कि अन्ततः किन विशेष परिस्थितियों की प्रेरणा में स्त्रियों को साम्पत्तिक अधिकार की मान्यता अथवा अमान्यता की अवधारणाएँ प्रतिष्ठित बन बैठी थीं। इस सन्दर्भ में काणे[41] कीथ[42] मैक्डानल[43] तथा विन्टरनित्स[44] जैसे विषय-विवेचकों ने हमारा ध्यान वैदिक स्थलों में उपलब्ध 'पुनर्भू' शब्द की ओर आकर्षित किया है, जो प्रायः नारी शब्द के विशेषणार्थं प्रयुक्त हुआ है। 'पुनर्भू' की व्याख्या के लिए वैदिक सन्दर्भों में कोई उत्तर नहीं मिलता है। किन्तु वैदिक मान्यताओं को विश्लेषित करनेवाली स्मार्त परम्परा में इसका उत्तर निरूपित किया जा चुका है। इस आशय के सन्निबोधक जितने स्मार्त स्थलों को काणे ने सन्दर्भित किया है।[45] उनमें सर्वाधिक महत्त्वपूर्ण

नारद-स्मृति के स्थल प्रतीत होते है[46] आलोचित स्मृति में 'पुनर्भू' स्त्री की तीन कोटियों का उल्लेख हुआ है, जो वक्ष्यमाण हैं:

1. ऐसी कन्या जिसका पाणिग्रहण हो चुका है, किन्तु परिणय-क्रिया का समापन नहीं हुआ है। इस कोटि की कन्या के पुनर्विवाह का ही नामान्तर 'पुनर्भू' है।

2. ऐसी स्त्री जिसने अपने यौवन-काल में पति का परित्याग किया है, दूसरे पुरुष का पति के रूप में संगमन किया है, किन्तु कालान्तर में मूल पति के पास प्रत्यावर्तित होकर उसके साथ संवास करती है।

3. ऐसी स्त्री जिसका पति मर चुका है, तथा उसके सम्बन्धियों ने उसे मृत व्यक्ति के (छोटे) भाइयों के अभाव में उस (मृत व्यक्ति) के किसी सपिंड अथवा सजातीय को दिया हो। काणे के अनुसार इससे नियोग-प्रथा की सूचना मिलती है, जिसका सम्पादन बिना किसी मान्त्रिक औपचारिकता के ही किया जाता है।[47] काणे के सुझाव के साथ-साथ इतना और अधिक कहा जा सकता है कि ऐसी क्रिया का उद्देश्य था, सपिंडी अथवा सजातीय व्यक्ति से उत्पन्न पुत्र न केवल पिंडदान का ही अपितु पैतृक सम्पत्ति का अधिकारी बनता था। इसका अभिव्यंज्यमान तात्पर्य यह है कि 'पुनर्भू' कोटि की स्त्री को उसके पुत्र के माध्यम से साम्पत्तिक अधिकार की मान्यता मिली थी।

आलोचित विषय से सम्बन्धित वे वैदिक स्थल भी महत्त्वपूर्ण माने जा सकते हैं जिनमें अभ्रातृक पुत्रियों का उल्लेख आता है। ऋग्वेद के दो स्थल इस आशय को विशेषतया संज्ञापित करते हैं। इनमें पहला स्थल ऐसी पुत्रियों को सन्दर्भित करता है, जो पितृकुल में अविवाहित जीवन यापित करती हुई काफी प्रौढ़ हो जाती थीं।[48] ऋग्वेद के दूसरे स्थल[49] को धर्मसूत्रकार वशिष्ठ ने प्रसंगित किया है जिससे किसी अभ्रातृक कन्या की सूचना मिलती है। सन्दर्भित स्थल की अभिव्यंजना के अनुसार पुत्री का पिता एक ऐसा अनुबन्ध घोषित करता था, जिसमें इस कोटि की पुत्री को पुत्र की संज्ञा मिलती थी। उत्तरकालीन व्यवस्थापकों ने इसे सम्मानित नहीं किया है। मनुस्मृति के अनुसार अभ्रातृक कन्या के साथ विवाह करना उचित नहीं है, क्योंकि ऐसी स्थिति में पुत्रिका बनने का भय बना रहता है।[50] इसी सन्दर्भ के ज्ञापनार्थ किसी वैदिक स्थल को परिलक्षित करते हुए निरुक्त में कहा गया है। कि अभ्रातृक कन्या के साथ विवाह नहीं करना चाहिए, क्योंकि पिता की मृत्यु के बाद उसी को पुत्र की मान्यता मिलती है।[51] निरुक्तकार ने इसी प्रकरण में ऋग्वेद, 3.31.1 को सन्दर्भित किया है। काणे की समीक्षा के अनुसार ऋग्वेद का यह स्थल नितान्त

अस्पष्ट है। अर्थात् दूसरे शब्दों में इसके आधार पर विवेचित प्रसंग पर कोई प्रकाश नहीं पड़ता है। किन्तु निरुक्तकार की व्याख्या से ऐसा लगता है कि यह स्थल विवेचनार्थ प्रसंगानुकूल है। इनके अनुसार यह स्थल उस विशेष प्रथा का संज्ञापक है जिसके अनुसार पिता अपनी (अभ्रातृक) पुत्री को पुत्र घोषित कर सकता है।[52]

सारांशतः ऐसा कह सकते हैं कि स्त्री के साम्पत्तिक अधिकारों के सन्दर्भ में जो वैदिक पृष्ठभूमि बनी थी, उसमें विषय से सम्बन्धित कुछ एक महत्त्वपूर्ण किन्तु विचारणीय सूचनाओं का सन्निदर्शन हुआ है। वैदिक वाङ्मय की मूल रचना ऋग्वेद संहिता है, जिसका आयाम नितान्त विस्तृत है। इसमें ऐसे आर्ष स्थलों का समावेश मिलता है, जो आर्यों की उस मान्यता का परिचय प्रस्तुत करते हैं, जबकि उनका संक्रमण भारत में नहीं हुआ था। ऐसे स्थलों के आधार पर भारतीय समाज की रूप-रेखा अंकित-प्रत्यंकित करने में कठिनाई प्रतीत होती है। सम्भवतः इन आर्ष तत्त्वों का टकराव उन तत्त्वों से हुआ था, जिनका उद्भव एवं उन्नयन भारतीय परिवेश में हुआ। यही कारण है कि कभी-कभी ऐसे ऋग्वैदिक स्थलों की अभिव्यंजना स्पष्ट नहीं हो पाती है, इन स्थलों की व्याख्या निरुक्त अथवा धर्मशास्त्रों में हुई है उनकी संज्ञापना का सम्बन्ध ऋग्वैदिक समाज से स्थापित करना भी संशयशील बन जाता है। वस्तुतः पूरे वैदिक वाङ्मय में तीन पक्षों का चित्रांकन मिलता है। पहला है सामरिक पक्ष जिसमें योद्धाओं के कार्य-कलाप निबन्धित हैं। प्रस्तुत पक्ष से प्रतिभासित परिवेश पुरुष-प्रधान है तथा इससे सम्बन्धित समाज भी पितृ प्रधान है। इसमें स्त्रियों के योगदान का प्रश्न नहीं उठता तथा इसमें उनकी अवनमित स्थिति चित्रांकित हुई है। ऐसे परिवेश में उनके साम्पत्तिक अधिकारों की तो बात ही दूर रही, वे स्वयं सम्पत्ति मानी जाती थीं, जिनके क्रय-विक्रय की क्रिया सम्पन्न होती थी। दूसरा है आनुष्ठानिक पक्ष, जिसका आयाम बहुरूपीय था, जो अल्पविकसित एवं अतिविकसित रूप में सम्पूर्ण वैदिक युग से सम्बन्धित है, जिसके उद्भव एवं विकास की अवधि ऋग्वेद के काल से लेकर श्रौत-सूत्रों के काल तक माना जा सकता है, जब यह परिकल्पना की गई कि याज्ञिक क्रियाएँ पूर्णता को तभी प्राप्त होती हैं, जबकि पत्नी का सहयोग प्राप्त हो। इसी परिवेश में आपाततः एवं अभिव्यक्ततः दोनों ही रूपों में वैदिक समाज की स्त्रियों के साम्पत्तिक अधिकारों को कुछ-एक विशेष परिस्थितियों में मान्यता प्रदान किया। तीसरा है बौद्धिक पक्ष जिसका चित्रांकन औपनिषदिक साहित्य में हुआ है, किन्तु यदा-कदा ऋग्वेद में भी जिसके प्रमाण उपलब्ध होते हैं।

सम्बन्धित परिवेश में ब्रह्मवादिनी, मन्त्र-रचयिता एवं मंत्रदंष्ट्री कन्याओं के उल्लेखनीय उदाहरण प्राप्त होते हैं, जिनकी समुन्नत स्थिति के विषय में सहज अनुमान किया जा सकता है। ऐसी कन्याएँ न केवल पुत्रसम अथवा पुत्रकल्प ही होती थीं, अपितु उन्हें पुत्र की मान्यता दी जाती थी। वस्तुतः वैदिक युग में स्त्रियों के सामाजिक अधिकारों की मान्यता अथवा अमान्यता की पृष्ठ भूमि में इसी पक्षत्रय की क्रियाशीलता विद्यमान थी।[53]

सन्दर्भ-निर्देश

1. ऋग्वेद, 10.85.8
2. तैत्तिरीय संहिता, 6.2.16
3. ऋग्वेद, 3.31.9
4. ऋग्वेद, 3.31.9 एवं सम्बन्धित मन्त्र की निरुक्तकार की व्याख्या के आधार पर सविता विष्णोई का मत द्रष्टव्य इकोनामिक स्टेट्स ऑफ वीमेन इन एशेंट इंडिया, पृष्ठ 116.
5. ए.एस. अल्टेकर, दि पोजीशन ऑफ वीमेन इन हिन्दू सिविलाइजेशन, बनारस 1956, पृष्ठ 240
6. तत्रैव, पृष्ठ 239-240.
7. पिता यत्र दुहितुः सेकमृज्जन् संशग्भ्येन न मनसा सन्दधन्वे। ऋग्वेद, 3.31.1
8. अल्टेकर, तत्रैव, पृष्ठ 241.
9. एम.सी. जोशी, प्रिंसेज, एंड पालिटी इन एशेंट इंडिया, अध्याय 2.
10. बी.एस. उपाध्याय, वीमेन इन ऋग्वेद, पृष्ठ 48.
11. ऋग्वेद 2.17.7
12. द्रष्टव्य, ऋग्वेद, 1.117.7, 2.17.7, 10.39.3
13. अथर्ववेद, 1.14.3
14. ऋग्वेद, 1.109.2
15. तत्रैव, 2.17.7
16. निरुक्त, 3.3-4
17. अल्टेकर, तत्रैव, पृष्ठ 143.
18. तत्रैव, पृष्ठ 144,
19. न शेषो अग्ने अन्यजातमस्ति। ऋग्वेद 7.5.7
20. तस्मात्स्त्रियो निरिन्द्रिया अदायादीः। तैत्तिरीय संहिता, 6.5.8.2
    तस्मात् पुमान् दायादः स्त्री अदायादी । मैत्रायणीय संहिता, 4.6.4
    ताः नात्मनश्चनैशत न दायस्य चनैशत। शतपथ ब्राह्मण, 4.4.2.13
21. ज्ञातिभ्यो द्रविणं दत्त्वा कन्यैव चैव शाक्तितः ।

कन्याप्रदानं स्वाच्छद्यादासुर धर्म उच्यते। मनुस्मृति 3.31, मेधातिथि ने मनुस्मृति के प्रस्तुत श्लोक में सन्दर्भित "द्रविण" शब्द को "स्त्रीधन" का संज्ञापक माना है। अतएवः अतएव असुर-विवाह में कन्या को जिस धन की प्राप्ति होती थी, उसे स्त्रीधन का उदाहरण माना जा सकता है।

22. विष्णुपुराण, 4.7 12-14
23. कालक्रीता क्रयक्रीता पितृदत्ता स्वयंयुता ।
    नारीपुरुषयोरेवमुद्वाहस्तु चतुर्विधः ।
    कालक्रीता तु वेश्या स्यात् क्रयक्रीता तु दासिका
    ब्रह्मांड पुराण, 3.4. 15-4-5.
24. मृच्छकटिकम्, अंक 2.
25. प्रतिमानाटक, 1.15
26. प्रतिमानाटक, हिन्दी अनुवाद, पृष्ठ 80.
27. येन प्राणाश्च राज्यं च स्त्रीशुल्का थें विसर्जिताः ।
    इमां दशरथस्य त्वं पतिमां कि न पृश्छसे।। प्रतिमानाटक, 3.9
    प्रतिमानाटक के टीकाकार के अनुसार "विवाहकाले स्त्रियै देयतया प्रतिज्ञातं द्रव्यं स्त्रीशुल्कं तदर्थे।" अर्थात् विवाह के अवसर पर स्त्री को देने के लिए जो प्रतिज्ञा की जाती है, उसे स्त्री-शुल्क कहते हैं। रामायण के वर्णन के अनुसार दशरथ ने "कैकेयी" को "राज्य-शुल्क" देने की प्रतिज्ञा किया था, "पुरा भ्रातः पिता नः स मातरं से समुद्वहन। माता महे समाश्रौषीद् राज्यशुल्कमनुत्तमम्।" अयोध्या कांड, 107.3.
28. स्पृशति तु यदि नीचो मामयं शुल्कशब्द स्त्वथ च भवति सत्यं तत्र देहो विशोध्यः । प्रतिमानाटक, 3.10
29. प्रस्तुत विवेच्य बिन्दु के लिए द्रष्टव्य, जे. एल. डेविज, ए शार्ट हिस्ट्री ऑफ वोमन : जार्ज, दि स्टोरी ऑफ वोमन : मूलर लियर, फमिली : स्टीला ब्राउन द्वारा अनूदित, अल्टेकर, तत्रैव, पृष्ठ 39.
30. अश्रवं हि भूरिदावत्तरा वां विजामातुरूत वा स्यालात्। ऋग्वेद, 1.109.2
31. क्रीता द्रव्येण या नारी सा न पत्नी विधीयत ।
    सा न दैवे न सा पित्र्ये दासीं तां कवयो विदुः।।
    शुल्केन ये प्रयच्छन्ति स्वसुतां लोभमोहिताः।
    पतन्ति नरके घोरे ध्नन्ति चासप्तमात्कूलम् ।। बौधायन धर्मसूत्र, 1.11.20-21
32. अल्टेकर, तत्रैव, पृष्ठ 41.
33. काणे, तत्रैव, भाग 2, खंड 1, पृष्ठ 439.
    घोषाये चित्पितृपदे दुरोणे पतिं जूर्यन्त्या अश्विनावदत्तम्। ऋग्वेद, 1.117.7
34. काणे, तत्रैव, पृष्ठ 439.
35. काणे, तत्रैव,

36. काणे, तत्रैव, ऋग्वेद, 10.85.46
37. यावर्भगाय विमदाय जायां सेनाजुवा न्यूहत् रथेन। तत्रैव, 1.116.1
38. अददा अर्भा महते वचस्यवे कक्षीवते वृचयामिन्द्र सुन्वते, तत्रैव, 1.51.13 .
39. काणे, तत्रैव, पृष्ठ 439.
40. मटीचीहतेषु कुसष्वटिक्या सह जाययोषस्तिर्ह चाक्रायण इभ्यग्रामे प्रदाणक उवास। छान्दोग्य उपनिषद, 1.10.1

    आदिक्या अनुपजातपयोधराद्विस्त्री व्यज्जनया। शंकर-भाष्य
41. काणे, तत्रैव, पृष्ठ 608.
42. वैदिक इंडेक्स, भाग 1. पृष्ठांक 476-478.
43. तत्रैव
44. विंटरनित्स, वियना ओरियंटल जर्नल, भाग 29, पृष्ठांक 172-203.
45. काणे, तत्रैव पृष्ठांक 608 तथा अनुवर्ती पृष्ठ
46. नारद-स्मृति, स्त्रीपुंस 5.45.
47. काणे, तत्रैव, पृष्ठ 608.
48. ऋग्वेद, 2. 17.7
49. विज्ञायते अभ्रातृका पुंसः पितृनभ्येति प्रतीचीनं गच्छति पुत्रत्वं । तत्र श्लोकः । अभ्रातृका प्रदास्यामि तुभ्यं कन्यामलंकृताम्। अस्यां यो जायते पुत्रः स मे पुत्रो भवेदिति। वसिष्ठ धर्मसूत्र 17. 15-17.
50. अस्यास्तु भवेद् भ्राता न विज्ञायेत वा पिता। नोपयच्छेत तां प्राज्ञः पुत्रिका धर्मशंकया। मनुस्मृति, 3. 11
51. निरुक्त, 3.5
52. काणे, तत्रैव, पृष्ठ 434.
53. नाभ्रात्रीमुपयच्छेत तोकं ह्यस्य तद् भवति इति अभ्रातृकाया उपयमनप्रतिषेधः प्रत्यक्षः पितृश्च पुत्रभावः। निरुक्त, 3.5

महाकाव्यीय-पौराणिक परम्परा में स्त्रियों के साम्पत्तिक अधिकार

इसमें सन्देह नहीं कि वेदोत्तरकालीन रचनाएँ, जिनमें विवेच्य विषय के महत्त्व की दृष्टि एवं वैदिक परम्परा के उत्तरकालीन सन्नियोक्ता की दृष्टि से रामायण, महाभारत एवं प्राथमिक पुराणों को सम्मिलित किया जा सकता है, जो एक ऐसे सामाजिक परिवेश को प्रत्यंकित करते हैं, जिसमें कुछ एक विकीर्णक अपवादों को छोड़कर नारी को सर्जन, संस्थापन एवं सन्तुलन का आधार माना जाता था। प्रस्तुत सन्दर्भ में एस. जयाल[1], यू.पी. भवलकर[2], सविता विष्णोई[3] जैसे आधुनिक विषय विवेचकों ने रामायण एवं महाभारत के ऐसे स्थलों को प्रस्तावित किया है, जिनसे ऐसा प्रतिभासित होता है कि नारी की स्थिति, विशेषतया उच्च वर्ग के सन्दर्भ में समुन्नत थी, तथा उनके ज्ञान-गौरव को वैदुष्य-सापेक्ष मान्यता मिल चुकी थी। उदाहरणार्थ रामायण[4] में कौसल्या को मन्त्रवित् जैसे विशेषक शब्द से सम्बोधित कर उनके वैदिक साहित्य के अध्ययन को अभिव्यक्त किया गया है। बालि की पत्नी तारा को समान स्तर पर आसीन किया गया है।[5] महाभारत में द्रौपदी-युधिष्ठिर संलाप के प्रकरण में द्रौपदी के ज्ञान-गौरव को उद्‌बोधित करते हुए उन्हें 'पंडिता' जैसे विशेषक शब्द से सम्बोधित किया गया है।[6] इसके अतिरिक्त इन आलोचकों ने महाभारत के ऐसे अन्य अनेक स्थलों को सन्दर्भित किया है, जिनके आधार पर तत्कालीन स्त्री-दशा का अनुमान लगाया जा सकता है।[7] इसी के साथ-साथ ऐसी अवधारणा भी स्थापित की गई है कि विवाह के आठ प्रकारों में असुर-विवाह एवं राक्षस-विवाह का सम्मिलित किया जाना, तथा सुवर्ण, रत्न एवं सामान्य सम्पत्ति की कोटि में उन्हें रखा जाना उनकी अवनमित स्थिति का परिचय प्रस्तुत करता है।[8]

प्रस्तुत सन्दर्भ में परिच्छेदान्तर में परिचर्चित ब्रह्मवादिनी कन्याओं का पुनर्वचन किया जा सकता है, जो अल्टेकर के अनुसार वेदाध्ययन के अतिरिक्त वैदिक यज्ञों को व्याख्यापित करनेवाले गणित से भी अधिक दुरूह पूर्वमीमांसा

जैसे शास्त्र में वैशिष्ट्य-परक कुशलता प्राप्त करती थीं।[9] पतंजलि के महाभाष्य में सन्दर्भित काशकृत्स्ना शब्द के महत्त्व एवं तात्पर्य को उद्‌भाषित करते हुए अल्टेकर ने व्याख्यान किया है कि उक्त शब्द से विशेषित कन्याएँ उस मीमांसा-ग्रन्थ में विशेषयोग्यता ग्रहण करती थी, जिसे काशकृत्सनी के नाम से ख्याति मिली है तथा जिसे काशकृत्स्न नामक ब्रह्मज्ञानी मीमांसक ने प्रणीत किया था।[10] ऐसा अनुमान लगाना असंगत नहीं होगा कि सम्बन्धित काल में (द्वितीय शताब्दी ईसा पूर्व में) अध्यात्मिक क्षेत्र में स्त्रियों को उनके ज्ञान-गौरव को मान्यता मिल चुकी थी। परिच्छेदान्तर में पौराणिक सन्दर्भों की चर्चा की जा चुकी है, जिनमें अपर्णा, एकपर्णा, एकपाटाला, मेना, धारिणी, संनति जैसे ब्रह्मवादिनियों एवं उमा, पीवरी और धर्मव्रता जैसी योगिनी एवं तपस्विनी कन्याओं का प्रसंग मिलता है। इसी अनुक्रम में अल्टेकर ने भागवत पुराण के उस महत्त्वपूर्ण स्थल को चर्चित किया है, जहाँ दाक्षायण की उन दो कन्याओं को प्रसंगित किया गया है जो 'ज्ञान-विज्ञान' (अल्टेकर की व्याख्या के अनुसार धर्म एवं दर्शन) में पारंगत थीं।[11] अपने विवेचन के क्रम में अल्टेकर ने ऐसा भी दर्शाया है कि वेदोत्तर काल में स्त्रियों की दशा के अवनमन में बाल-विवाह का महत्त्वपूर्ण योगदान था। उन्हें ऋतुकाल के पूर्व ही दाम्पत्य-सूत्र में बाँध दिया जाता था। इसमें सन्देह नहीं कि प्रस्तुत विद्वान् ने अपने सुझाव के समर्थन में सबल साक्ष्यों का उल्लेख किया है, जिसका अनुमोदन इनके द्वारा अनालोचित साक्ष्यों को प्रस्तुत किया जा सकता है। उदाहरणार्थ गौतम धर्मसूत्र में निरूपित है कि ऋतुकाल के पूर्व ही कन्या-दान उचित है।[12] मनुस्मृति की व्यवस्थापना के अनुसार सदृश वर को विवाह की अवस्था आने के पूर्व ही कन्या-दान उचित है।[13] पर, ऐसा, लगता है कि इन स्मार्त व्यवस्थापनाओं का सर्वतः एवं सर्वदा अनुपालन नहीं किया जाता था। एतदर्थ प्राथमिक पुराणों के कतिपय उदाहरणों को निदर्शित किया जा सकता है। विष्णुपुराण में आख्यापित है कि शिवोपासक बाणासुर की कन्या का विवाह उस समय सम्पन्न हुआ, जबकि उसके हृदय में यौवनोचित भोग की अनिर्वचनीय इच्छा जागृत हो चुकी थी।[14] मत्स्यपुराण में निबन्धित है कि दैत्य-राज वृषपर्वा की पुत्री के विवाह का प्रश्न उस समय सामने आया, जबकि वह पूर्ण रूप से युवती हो चुकी थी, तथा उसका ऋतुकाल आ चुका था।[15] वायु एवं ब्रह्मांड पुराण के अनुसार देवावृध एवं सावित्री का समागम उस समय हुआ, जबकि सावित्री यौवन के रहस्यों से परिचित हो चुकी थी।[16] पुराणेतर संस्कृत साहित्य के अन्य साक्ष्यों से भी इसी आशय की सूचनाएँ मिलती हैं। स्वप्नवासवदत्तं में वर्णन मिलता है कि जिस

समय पद्मावती का विवाह सम्पन्न हुआ, उसका बाल्यकाल व्यतीत हो चुका था।[17] कुमारसम्भव में भगवान शिव को पति रूप में पाने के लिए तपश्चर्या पार्वती के शरीरावयव का जो वर्णन मिलता है, उससे उनके पूर्ण यौवन की अभिव्यक्ति मिलती है।[18] अभिज्ञानशकुन्तलम् में विवृत है कि जब शकुन्तला के विवाहार्थ चिन्तित कण्व उसके भाग्य को अनुकूल बनाने के लिए तीर्थाटन गए थे, उसकी सखी शकुन्तला के यौवन को उपालम्भित कर रही थी।[19]

विषय-विवेचकों ने प्रायः यह प्रश्न छेड़ा है कि आलोचित कालावधि में स्त्रियों को वैदिक मन्त्रों के उच्चारणार्थ मान्यता दी गई थी, अथवा नहीं।[20] सम्बन्धित साक्ष्यों के अध्ययन से त्रेधा स्थिति की सूचना मिलती है। मनुस्मृति की व्यवस्थापना के अनुसार पत्नी के लिए यह अपेक्षित है कि वह बलि-आहरण के समय मन्त्र का उच्चारण न करे।[21] प्रस्तुत स्मार्त-निर्देश का समस्तरीय वर्णन विष्णुपुराण में मिलता है आलोचित पुराण में ऐसा कहा गया है कि स्त्री को विश्वदेव की पूजा बिना मन्त्रोच्चारण किए सम्पन्न करना चाहिए।[22] इसी पुराण में नागराज की स्त्रियाँ श्रीकृष्ण से कहती हैं कि स्त्री होने के कारण वे सर्वव्यापक परमेश्वर का स्वरूप वर्णन करने में असमर्थ हैं।[23] मत्स्यपुराण में आख्यापित है कि ब्रह्मा ने शास्त्र अध्ययन का अधिकार स्त्रियों को नहीं दिया है, अतएव उनके वचन में स्वाभाविक दीनता रहती है।[24] आलोचित कालावधि से सम्बन्धित दूसरी कोटि के ये स्थल हैं, जिनका स्वरूप प्रायः विकीर्णक माना जा सकता है, जिसमें स्त्रियों के लिए पारम्परिक उपनयन-संस्कार की अनुमति प्रदान की गई है, जिन्हें ब्रह्मवादिनी की संज्ञा देते हुए, ऐसा कहा गया है कि उन्हें अपने घर में ही अग्नि-आधान, वेदाध्ययन तथा भैक्षचर्या सम्पन्न करना चाहिए वर्णन-क्रम में ऐसा भी कहा गया है कि यह कार्यक्रम विवाह-काल तक चलना चाहिए। ऐसा भी कहा गया है कि पुराकल्प में मौञ्जीबन्धन संस्कार नारियों के लिए भी अपेक्षित माना जाता था। उल्लेखनीय है कि मौञ्जीबन्धन उपनयन संस्कार का अभिन्न अंग था। कटि प्रदेश में आनुष्ठानिक रूप में मेखला को बाँधने की क्रिया को मौञ्जीबन्धन' की संज्ञा प्रदान की जाती है। ऐसी अवधारणा संगत नहीं प्रतीत होती कि वेदोत्तर काल में 'मौञ्जीबन्धन की क्रिया समाप्त हो गई थी। कालिदास-कृत कुमार सम्भव में पार्वती के विषय में कहा गया है कि अपने व्रत के निर्वाहार्थं उन्होंने तीन गुणों वाली 'मौञ्जी' धारण किया था (कुमारसम्भव पंचम सर्ग)। उपनयन से सम्बन्धित प्रस्तुत अनुच्छेद का सन्दर्भ वीरमित्रोदय में उद्धृत हारीत संहिता में मिलता है, जिसके अनुसार कन्या को वेद की शिक्षा घर में ही पिता, पितृव्य अथवा भ्राता के द्वारा दिया

जाना अपेक्षित है।[25] जैसा कि अल्टेकर ने निरूपित किया है, रामायण में ऐसे दो स्थल प्रसंगित हैं, जिनसे पता चलता है कि सीता राम एवं लक्ष्मण की ही भाँति नियमत: सन्ध्योपासना करती थीं।[26] तीसरी कोटि का स्थल मनुस्मृति में मिलता है, जिसे अल्टेकर ने समीक्षा विषय बनाया है।[27] मनुस्मृति के आलोचित स्थल के अनुसार स्त्रियों के विवाह-संस्कार वस्तुत: वैदिक परम्परा का स्मारक है। इस सन्दर्भ में पति-सेवा का तात्पर्य है। गुरु के आश्रम में वास करना, तथा गृह-कार्य को सम्पन्न करने का तात्पर्य है अग्नि-आधान की क्रिया का सम्पन्न किया जाना।[28] अल्टेकर की समीक्षा के अनुसार इस स्थल को व्यवस्थापकों की एक ऐसी मान्यता के रूप में ग्रहण किया जा सकता है, जिसने यह व्याख्यापित किया कि स्त्रियों का उपनयन संस्कार समाप्त नहीं हुआ था, अपितु इसका समाहार विवाह-संस्कार में हो चुका था। इस सन्दर्भ में अल्टेकर ने हमारा ध्यान एक अतीव महत्त्वपूर्ण पक्ष की ओर आकर्षित किया है।[29] प्रस्तुत विद्वान की व्यवस्थापना के अनुसार आलोचित कालावधि में वैदिक यज्ञों का स्वरूप अत्यन्त जटिल हो गया था। इनका सम्पादन केवल वहीं लोग कर सकते थे, जो इनसे सम्बन्धित सूक्ष्मातिसूक्ष्म विशिष्टताओं की जानकारी रखते थे। इस युग में जो भाषा जनमानस में प्रचलित थी, वह वैदिक भाषा से पर्याप्त भिन्न थी। ऐसी मान्यता प्रतिष्ठापित हुई कि वैदिक मन्त्रों के उच्चारण में आंशिक त्रुटि भी होने पर भयानक परिणाम हो सकता है।[30] वेदाध्ययन सुदीर्घ अवधि की अपेक्षा रखता था, इसके लिए कम-से-कम 12 अथवा 16 वर्ष व्यतीत हो सकता था। दूसरी ओर कन्याओं का परिणय इतनी लम्बी अवधि तक प्रतीक्षित नहीं हो सकता था। फलस्वरूप विदुषी स्त्रियों की संख्या धीरे-धीरे कम होने लगी। इसके साथ-ही-साथ जबकि वैदिक युग में यज्ञों के अनुष्ठान के अवसर पर पत्नी का, सक्रिय सहयोग अपेक्षित माना गया था, आलोचित कालावधि में उनका सहयोग केवल एक औपचारिकता के रूप में ग्रहण किया गया था। वैदिक युग में यज्ञानुष्ठान का अधिकांश दायित्व स्त्रियों पर था, पर अब इसे अधिकांशत: पुरुषों को स्थानान्तरित कर दिया गया था। इस सन्दर्भ में अल्टेकर ने पूर्ववर्ती गृह्यसूत्र पारस्कर गृह्यसूत्र[31] (1500 ईसा पूर्व) एवं अपेक्षाकृत उत्तरवर्ती गृह्यसूत्र ग्रन्थ शाखायन गृह्यसूत्र[32] को प्रसंगित किया है। पारस्कर के अनुसार स्रस्तरारोहण जैसे यागानुष्ठानों में स्त्रियों की महत्त्वपूर्ण भूमिका रहती थी, तथा वे वैदिक मन्त्रों का सोच्चारण पाठ भी करती थीं, किन्तु शाखायन गृह्यसूत्र से अभिव्यंजित होता है कि इस स्तर पर ऐसे कार्य का सम्पादन यजमान की पत्नी नहीं, अपितु उसका पुत्र अथवा देवर

सम्पन्न करता था। मनुस्मृति के काल में जो व्यवस्थापना थी, उसके अनुसार स्त्री 'सायंतन सवन कर्म' तो सम्पन्न कर सकती थी किन्तु ऐसे अवसर पर मन्त्रोच्चारण स्त्री को निषिद्ध था ।[33]

उक्त विवरण से सम्भवत: यह स्पष्ट हो जाता है कि आलोचित कालावधि की सामाजिक संरचना एक ऐसे परिवेश का प्रतिबिम्बन करती है, जिसमें स्त्रियों के सम्बन्धित वैदिक परम्परा के निर्वहन की केवल औपचारिकता रह गई थी अथवा यथार्थता के मात्र आंशिक अवशेष प्रतिभासित हो रहे थे, जिसमें उन तत्त्वों की पूरोगामिता परिलक्षित हो रही थी, जिन्हें संवर्द्धन का अवसर अपेक्षाकृत उत्तरकालीन स्तरों पर सुलभ हो सकता था। प्रस्तुत सन्दर्भ में ऐसी स्वाभाविक जिज्ञासा की जा सकती है कि उक्त परिवेश-परिवर्तन में वैदेशिक संक्रमण एवं आक्रमण का योगदान किस सीमा तक माना जा सकता है? विषय-विवेचकों में यहाँ बी.एन. पुरी की समीक्षा उल्लेखनीय है। प्रस्तुत विद्वान के अनुसार यूनानी, पार्थयन, शक एवं कुषाणों के आक्रमण के परिणाम में भारतीय समाज की मौलिक संरचना पर कोई विशेष प्रभाव नहीं पड़ा था। इनके आक्रमण के बावजूद भारतीय समाज की जीवन-शक्ति बनी रही, तथा इसकी व्यापक परिधि में उक्त आक्रामक जातियाँ अन्तर्भूत हो चुकी थीं।[34] किन्तु सम्बन्धित साक्ष्यों से जो सूचनाएँ मिलती हैं, वे पुरी के सुझाव से मेल नहीं खातीं। ऐसे साक्ष्यों में पौराणिक परम्परा में निबन्धित स्थलों का विशेषतया उल्लेख किया जा सकता है। प्रसंगानुकूल पौराणिक ग्रन्थों में हाज़रा[35] ने हमारा ध्यान विष्णुपुराण के उन स्थलों की ओर आकर्षित किया है जिनकी समयावधि ईसा की प्रारम्भिक शताब्दियों में निश्चित की जा सकती है। इस तथ्य को अस्वीकार नहीं किया जा सकता है कि पौराणिक विवरण प्राय: अतिरंजनात्मक है अथवा पुराण-संकलनकर्ताओं ने बहुधा अतिशयोक्ति-पूर्ण शैली अपनाई है। तथापि मिलिन्दपन्ह इत्यादि ग्रन्थों के ताल-मेल के साथ इनके ऐतिहासिक मूल्यांकन के निकष से विमर्शित करने पर इनकी सूचनाओं के यथातथ्य निदर्शन के प्रति सन्देह नहीं किया जा सकता है। सम्बन्धित विवरण पुराणों के कलियुग-वर्णन खंड में प्राप्त होता है। सन्दर्भित विवरण में यदि एक ओर विदेशी संक्रामकों एवं आक्रमकों के क्रिया-कलाप एवं गतिविधियों के कारण राजनीतिक परिसर में उथल-पुथल एवं विपर्यास के तत्त्व दिखाई देते हैं, तो दूसरी ओर पारम्परिक सामाजिक व्यवस्था पर व्याघात के तत्त्व भी दृष्टिगोचर होते हैं। इसके अतिरिक्त इसमें इस बात पर बार-बार बल दिया गया है कि इन विदेशियों के संक्रमण के कारण समाज के नैतिक स्तर का काफी पतन

हो चुका था, गृही एवं गृहिणी के पारस्परिक सम्बन्ध में पारम्परिक धार्मिक कृत्यों का स्थान गौण हो चुका था, समाज के चारित्रिक स्तर पर कामुकता एवं वासना की प्रधानता थी, स्त्रियों को केवल काम-वासना की पूर्ति का साधन माना जाता था। इन पौराणिक सूचनाओं को सहसा पुराण-संकलनकर्ताओं की कल्पना-प्रसूति नहीं मान सकते। चर्चित विदेशी जातियों के अन्तर्प्रवेश के कारण भारतीय मान्यताओं के पारम्परिक स्वरूप में विकृतियाँ आ रही थीं, इसके समर्थनार्थ एक महत्त्वपूर्ण वैदेशिक साक्ष्य को प्रस्तावित किया जा सकता है। प्रसंगिक साक्ष्य "LAWS OF COUNTRIES (by) BARDESANES" की आलोचना-अनुकूलता को बी.एन. मुखर्जी ने अतीतव महत्त्वपूर्ण माना है। सन्दर्भित स्थल के अनुसार बख्त्री जातियों में, जिसे कुषाण की संज्ञा प्रदान की जाती है, उसकी स्त्रियाँ पुरुषों के समान आकर्षक अलंकार धारण करती हैं, जो बहुमूल्य रत्नों से बने होते हैं। चर्चित साक्ष्य में ऐसा भी कहा गया है कि इन स्त्रियों में नैतिकता एवं आचरण-विषयक शुचिता का नितान्त अभाव रहता है। इनका यौन-सम्बन्ध अपने दासों अथवा पर्यटक विदेशियों के साथ रहता है। ऐसी स्त्रियों को स्वच्छन्द-विहार, वासना-लोलुपता एवं एतदर्थ पराए पुरुषों के साथ सम्पर्क स्थापित करने के लिए इनके पतियों की ओर से कोई प्रतिबन्ध नहीं रहता था।[36] इस साक्ष्य-सापेक्ष विवरण की ऐतिहासिक समीक्षा करते हुए, मुखर्जी ऐसी पृच्छा प्रस्तावित करते हैं कि यह साक्ष्य बख्त्री समाज की स्थिति का सम्बोधक है, अथवा इसके आलोक में बख्त्री-कुषाणों के संश्लेष एवं सम्पर्क द्वारा प्रभावित भारतीय समाज के तत्कालीन विपर्यासित परिवेश का संज्ञापक माना जा सकता है? मुखर्जी की इस पृच्छा का समाधान उक्त पौराणिक विवरण में निरूपित किया जा सकता है, जिसके अनुसार नैतिकता एवं आचरण से च्युत विदेशी आक्रान्ताओं द्वारा भारतीयों की आचरणशीलता को दुष्प्रभावित करने की सम्भावना प्रबल बन बैठी थी।

इसमें सन्देह नहीं कि ऐसी परिस्थितियों में भारतीय समाज में नारी को प्रारम्भिक स्तरों पर जो सम्मान प्रदान किया गया था, उस पर स्वाभाविक व्याघात पहुँचा। कन्याओं का बाल-विवाह भी इसी का आंशिक प्रभाव मानने में कोई हानि नहीं दिखाई देती है। यहाँ तक कि वैदिक काल में भी, जब कि कन्याओं का उपनयन-संस्कार विधि-पूर्वक सम्पन्न किया जाता था, तथा उनकी शिक्षा-दीक्षा सविध सम्पन्न की जाती थी, एवं बाल्य-अवधि समाप्त हो जाने पर ही उनके विवाह का कार्यान्वयन किया जाता था, बाल-विवाह के साक्ष्य अल्पांशतः अवश्य उपलब्ध होते हैं। इस सन्दर्भ में काणे ने हमारा

ध्यान ऋग्वेद के उस विशेष स्थल की ओर आकर्षित किया है, जिसमें ऐसा आख्यापित है कि कन्या के दैवी अभिभव की प्रतिष्ठा सोम, गन्धर्व एवं अग्नि में है।[36अ] इस ऋग्वैदिक आख्यापना की सम्यक व्याख्यापना गोभिल गृह्यसूत्र के व्याख्यापकों ने किया है, जिनके अनुसार 'रोमकाल' के समय सोम, 'रजोदर्शन' के समय गन्धर्व तथा 'कुचदर्शन' के समय पावक कन्या का भोग करते हैं। अतएव कन्या का विवाह 'ऋतुमती' होने के पूर्व ही सम्पन्न कर देना अपेक्षित है।[37] सम्भव है, आलोचित कालावधि के व्यवस्थापकों ने इस प्रथा को सर्वतः एवं सर्दाशतः मान्यता नहीं दिया था। उदाहरणार्थ मनुस्मृति के एक महत्त्वपूर्ण वर्णन में विहित है कि ऋतुमती होने पर भी सुयोग्य वर के अभाव में कन्या प्रदान उचित नहीं है। आजीवन पिता के घर में रहना अपेक्षित है, किन्तु सुलक्षण च्युत वर से कन्या का विवाह करना अनुचित है।[38] काणे ने समस्तरीय व्यवस्था का निरूपण अनुशासन-पर्व में निरूपित किया है, जिसके अनुसार कन्या के ऋतुमती होने पर तीन वर्ष तक प्रतीक्षा करने के उपरान्त समान गुणवाले वर के साथ विवाह करना चाहिए।[39] सामान्यतया अन्य स्मार्त-व्यवस्थापकों ने कन्या के बाल-विवाह को ही मान्यता प्रदान किया है। उदाहरणार्थ बोधायन ने ऐसा व्यवस्थापित किया है कि 'रजस्वला' कन्या का विवाह 'सदृश' वर न मिलने पर 'गुणहीन' वर से सम्पन्न कर देना अपेक्षित है। उसका 'उपरुन्धन' अर्थात् घर में बैठाए रखना उचित नहीं है।[40] समस्तरीय व्यवस्था का प्रतिपादन याज्ञवल्क्य[41] एवं नारद-स्मृतियों[42] में हुआ है, यदि अभिभावक अथवा पिता ऋतुमती होने के पूर्व ही कन्या का विवाह सम्पन्न नहीं करता तो वह प्रतिमास भ्रूणहत्या के दोष का भागी होता है।

जिन विषय-विवेचकों ने उक्त स्थिति के कारणों को विश्लेषित करने का प्रयास किया है, उनमें काणे का नाम विशेषतया उल्लेखनीय है। प्रस्तुत विद्वान के अनुसार सम्भवतः इसका कारण आलोचित कालावधि में बौद्ध धर्म का व्यापक प्रसार माना जा सकता है, जबकि भिक्षु एवं भिक्षुणियों की संख्या में वृद्धि होने लगी थी। विषय से सम्बन्धित साक्ष्यों को अनुदाहृत करते हुए काणे ने ऐसी स्थापना किया है कि इन भिक्षुणियों में आचरण-संयम का अभाव था। काणे ने दूसरा सम्भावित कारण आलोचित काल में कन्याओं की अशिक्षा माना है, यद्यपि पाणिनि एवं पतंजलि के साक्ष्यों से इनका शिक्षित होना संशय रहित हो जाता है।[43] यदि साम्प्रदायिक आग्रह से असम्पृक्त रहकर काणे द्वारा प्रस्तावित दोनों सम्भावनाओं पर विचार किया जाए तो यह प्रतीत होगा कि इनसे समस्या का समाधान नहीं हो पाता। जैसा कि अनुच्छेदान्तर में यह

दिखाया जा चुका है, अल्टेकर ने इस बात पर बल दिया है कि आलोचित कालावधि में वस्तुतः स्त्रियों के उपनयन संस्कार के लक्ष्य एवं लक्षणों का समाहार विवाह-संस्कार में हो चुका था। सम्भवतः अल्टेकर का सुझाव भी वस्तुगत यथार्थता को स्पष्ट नहीं कर पाता प्रकारान्तरतया कदाचित् इस प्रश्न का उत्तर पौराणिक पंक्तियों में ढूँढा जा सकता है, जो आपाततः विसंगतियों को प्रकट करती हैं, किन्तु अभिव्यक्ततः जिनके स्तरीकरण के समायोजन के उपरान्त इतिहास-सापेक्ष तत्त्वों की विषयानुकूलता के प्रति सन्देह नहीं किया जा सकता है। पौराणिक सूचनाओं के आधार पर हाजरा ने तद् युगीन सामाजिक विशृंखलता एवं विसन्तुलन के महत्त्वपूर्ण कारणों में यूनानियों, शकों, पह्लवों, कुषाणों, आभीरों जैसे विदेशियों के संक्रमण को माना है, जिनमें जाति-प्रथा जैसी कोई संवृति नहीं थी, जिनका बौद्ध धर्म, शैव धर्म अथवा वैष्णव धर्म अपनाने के उपरान्त भारतीयकरण हुआ तथा जिनके पारम्परिक प्रथाओं से पृथक् एवं विरुन्धक आचार-व्यवहारों का तत्कालीन समाज पर काफी प्रभाव पड़ा था। ये जातियाँ मूलतः यायावरीय थीं, तथा इनके आचार का आदर्श लम्पटता से परिपूर्ण था, जिससे भारतीय समाज प्रभावित हुआ था। विष्णु पुराण ने कलियुग-वर्णन में इन वैदेशिकों के क्रिया-कलापों का जो घातक प्रभाव स्त्रियों की नैतिकता एवं गतिविधि के सन्दर्भ में दिया है, वह तद् युगीन समाज की विषण्ण स्थिति को अभिव्यक्त करता है। सन्दर्भित पुराण में तत्कालीन स्त्रियों के विषय में कहा गया है कि वे अपने निर्धन पतियों को छोड़कर समृद्धिशाली व्यक्तियों को संचित करती थीं। वे दुष्ट प्रकृतिवाली हो गई थीं तथा दुष्ट व्यक्तियों के साथ संगमन करती थीं। वे कामुकता एवं भोग के विषय की ओर अधोवृत्त हो रही थीं।[44] हाज़रा ने उक्त वैदेशिक आक्रमकों के अनाचारों एवं तद् जनित सामाजिक उद्वेलनों को वायु (99.387-412), ब्रह्मांड (3.74.50-214), मत्स्य (256.25-33) तथा भागवत (22.1.38-41) जैसे प्राथमिक पुराणों में भी निरूपित किया है। इन पुराणों में यह स्पष्टतया कहा गया है कि इन विदेशी जातियों का आचार-विचार एवं व्यवहार पारम्परिक प्रथाओं एवं मान्यताओं के विपर्यास का सन्निबोधक होगा (विपर्ययेण वर्तमानाः)। ये विदेशी जातियाँ स्त्रियों, बालाओं एवं गोधन के अपहरण और अपमरण की क्रिया में प्रवृत्त रहेंगी। इन विवरणों के आधार पर हाज़रा ने यह निष्कर्ष निकाला है कि 'ऐसी परिस्थितियों में जबकि राजनीतिक विप्लव का पद-प्रक्षेप हो रहा था, तथा भारतीय समाज जाति-विहीन एवं सदाचार-च्युत विदेशियों के साथ सम्पृक्त हो रहा था, श्रौत एवं स्मार्त परम्पराओं की श्रद्धेयता पर व्याघात पहुँचा

तथा अनैतिकता को प्रोत्साहन प्राप्त हुआ।[45] उल्लेखनीय है कि प्रस्तुत अनुच्छेद में विवृत पौराणिक स्थल प्राथमिक पुराणों में निरूपित हुए हैं, तथा इन्हें ईस्वी संवत् की प्रथम शताब्दियों (शक-कुषाण काल में) में रखने में कोई हानि नहीं दिखाई देती है।

प्रस्तुत विषय के विवेच्य दृष्टि से देखा जाए तो यह प्रतीत होगा कि वैदिक युग के उपरान्त श्रौत परम्परा को स्मार्त-पौराणिक अथवा स्मार्त-महाकाव्यीय परम्परा सन्निवेशित करने का जो कुछ प्रयास किया जा रहा था, उनमें उक्त संश्लेषों, संक्रमणों एवं आक्रमणों के कारण अवरोधक स्थिति बन चुकी थी। स्त्रियों की श्रद्धेय एवं सम्मानजनक स्थिति या तो पुरातनता का विषय हो चुकी थी अथवा उसमें केवल आदर्श का आवरण-सापेक्ष लयन के लक्षण रह गए थे। स्त्रियों का बाल्यकाल में परिणयबद्ध किया जाना, उनकी आध्यात्मिक एवं शैक्षिणिक उपलब्धियों को उपेक्षित किया जाना, उनके जन्म की मांगलिकता को धूमिल बनाया जाना तथा परिणामत: उनके अधिकारों के आयाम एवं परिसर को संकुचित, संकीर्ण एवं सीमित किया जाना अंशत: उक्त सामाजिक परिकल्पना का परिणाम माना जा सकता है। विषय विवेचक अल्टेकर की समीक्षा के अनुसार लगभग 200 ईसा पूर्व में कन्याओं को शिक्षा-सुअवसर से वंचित कर दिया गया था, अल्पावस्था में उन्हें परिणय-बद्ध किया जाता था, उनकी सामान्य स्थिति अवनमित हो चुकी थी, तथा उनके धार्मिक प्राधिकार शनैः शनैः लुप्त हो रहे थे। इसी विवेचन के साथ-साथ अल्टेकर ने ऐसा सुविचारित सुझाव प्रस्तावित किया है कि इन प्रवृत्तियों का कन्या के साम्पत्तिक अधिकार पर प्रतिकूल प्रभाव पड़ा था।[45अ]

वेदोत्तरवर्ती काल में स्त्रियों की दशा अवनमित सिद्ध करनेवाले उक्त साक्ष्य-सापेक्ष विवरण की पृष्ठभूमि में उन साक्ष्यों की समीक्षा की जा सकती है, जो तद् युगीन स्त्री-विषयक साम्पत्तिक अधिकारों की स्थिति को प्रकाश में लाते हैं। सर्वप्रथम विष्णु पुराण के दो प्रसंग विमर्शित किए जा सकते हैं। सन्दर्भित पुराण की तिथि क्या हो सकती है, इस सन्दर्भ में केवल दो पुराण-विवेचकों के मत उल्लेखनीय हैं। हाज़रा ने अन्य अनेक आलोचकों के मतों को सुसमीक्षित करते हुए इसका समय तृतीय शताब्दी ईस्वी का अन्तिम चरण माना है।[46] काणे ने इसके संकलन की ऊर्ध्व सीमा 300 ईस्वी स्वीकार किया है।[47] किन्तु इसमें सन्देह नहीं कि पौराणिक वाङ्मय की सामान्य रचना-शैली का कुछ प्रारूप ऐसा था, कि इसमें पुरातन वृत्तों एवं परम्पराओं को नवीन मान्यताओं के साथ संगत करते हुए सन्निवेशित किया गया है। अतएव ऐसी

स्थिति में इसके स्थलों की अपेक्षाकृत अधिक पुरातनता के प्रति सन्देह नहीं किया जा सकता है। सन्दर्भित दोनों स्थलों में पहला स्थल स्यमन्तक मणि के कथानक से सम्बन्धित है। इस मणि को सौर-आराधक सत्रजित् ने अपने आराध्य देव से प्राप्त किया था। इनके दिवंगत होने के उपरान्त उक्त मणि कलह का कारण सिद्ध हुई। अन्त में इसे 'पितृधन' के रूप में स्वीकार करते हुए, सत्रजित् की पुत्री सत्यभामा को दिया गया।[48] उल्लेखनीय है कि स्यमन्तक मणि के कथानक में कहीं भी सत्यभामा के किसी भाई का उल्लेख नहीं हुआ है। परिच्छेदान्तर में यह विमर्शित है कि श्रौत एवं स्मार्त परम्परा में अभ्रातृक पुत्री का ही 'पितृधन' का अधिकार घोषित किया गया है। विषय की अनुकूलता एवं प्रासंगिकता की दृष्टि से श्रुति-परम्परा के संज्ञापनार्थ ऋग्वेद एवं स्मार्त परम्परा के सम्बोधनार्थ याज्ञवल्क्य-स्मृति का स्थल उल्लेखनीय है। ऋग्वेद में उषा की उपमा उस नारी से की गई है, जो भ्राता के अभाव में पितृधन को प्राप्त करती है।[49] याज्ञवल्क्य-स्मृति के प्राविधान के अनुसार दिवंगत व्यक्ति की सम्पत्ति आनुक्रमिक रूप में माता, पिता, पत्नी, भाई एवं पुत्रियों को प्राप्त होता है। इस प्रकार याज्ञवल्क्य ने अन्य अधिकृत दावेदारों के अभाव में ही पितृधन पर पुत्री के अधिकार को मान्यता प्रदान किया है।[50] विष्णु पुराण में चर्चित दूसरा स्थल नृप इक्ष्वाकु के आख्यान में मिलता है, जो वायु एवं ब्रह्मांड पुराणों में भी निरूपित है। सन्दर्भित आख्यान के अनुसार इक्ष्वाकु ने अपने अन्य सभी पुत्रों को राज्य का उत्तराधिकार सौंपा था, किन्तु स्त्री होने के कारण सुद्युम्न / प्रद्युम्न को इस अधिकार से वंचित रखा गया था।[51]

प्रस्तुत विवेचन-क्रम में अल्टेकर ने हमारा ध्यान एक महत्त्वपूर्ण तथ्य की ओर आकर्षित किया है कि कन्या के साम्पत्तिक अधिकारों से सम्बन्धित व्यवस्थापकों के तीन वर्ग थे। पहले वर्ग के अधिवाचकों में सबसे पहले आपस्तम्ब को परिचर्चित किया जा सकता है, जिनकी व्यवस्थापना में अभ्रातृक पुत्री को भी पिता की सम्पत्ति का अधिकार अनाज्ञप्त किया गया है। इनके अनुसार पुत्रहीन व्यक्ति के लिए अपने निकटतम सपिंड को, उसके अभाव में आचार्य को, आचार्य के अभाव में अन्तेवासी को, अथवा धर्मकार्य में लगा देना चाहिए । आपस्तम्ब ने इस सबके अन्त में 'दुहिता वा' सन्दर्भित किया है, जिससे यह अभिव्यक्त होता है कि इनकी दृष्टि में कन्या को साम्पत्तिक अधिकार मिलना प्रशंसनीय नहीं माना जाता था।[52] आपस्तम्ब का ही समस्तरीय वसिष्ठ[53] तथा गौतम[54] की व्यवस्थापना को माना जा सकता है, जिनकी सम्पत्ति से सम्बन्धित उत्तराधिकारियों की सूची में कन्या का परिगणन नहीं

हुआ है। समान व्यवस्था का प्रतिपादन मनुस्मृति[55] में हुआ है। दूसरी कोटि के अधिवाचकों ने उस पुरातन परम्परा का निर्वाह करने का प्रयास किया, जिसके अनुसार अभ्रातृक कन्या को पैतृक धन का स्वामित्व अपेक्षित माना गया है। इस प्रसंग में अल्टेकर ने महाभारत के एक महत्त्वपूर्ण प्रसंग को सन्दर्भित किया है।[56] चर्चित स्थल में ऐसा विहित है कि पुत्र पिता की आत्मा है, पुत्री पुत्र के समान है, ऐसी स्थिति में जब कि पुत्री विद्यमान है पैतृक सम्पत्ति का दावेदार दूसरा व्यक्ति कैसे हो सकता है। इसी प्रकरण में इस बात पर भी बल दिया गया है कि 'दुहिता', 'अन्यत्र जात पुत्र' की अपेक्षा विशिष्ट होती है। प्रसंगिक प्रकरण में 'अन्यत्र जात पुत्र' की व्याख्या विचारणीय है। अल्टेकर ने इसका तात्पर्य 'सब्सिडियरी सन' माना है। सम्भवतः इसे नियोग से उत्पन्न पुत्र मानने में कोई हानि नहीं दिखाई देती है। अतएव ऐसी स्थिति में यह कह सकते हैं कि प्रस्तुत महाकाव्यीय व्याख्यापना में स्त्रियों के साम्पत्तिक अधिकार से सम्बन्धित अधिक उदार विचार सुव्यक्त हुआ है। दूसरी कोटि के ही अधिवाचकों में कौटिल्य अर्थशास्त्र के एक महत्त्वपूर्ण स्थल को प्रसंगिक किया गया है। इस पर अपनी टिप्पणी प्रस्तुत करते हुए अल्टेकर ऐसा सुझाव रखते हैं कि कन्या के पैतृक सम्पत्ति के अधिकार को कौटिल्य ने भी मान्यता प्रदान किया, यद्यपि उसे अल्पांश ही प्राप्त होता था।[57] सन्दर्भित स्थल वक्ष्यमाण है, 'द्रव्यमपुत्रस्य सोदर्या भ्रातरः सहजीविनो वा हरेयुः कन्याश्च" (3.9)। आर.पी. कांगले की व्याख्या के अनुसार इसका अर्थ है, पुत्र-विहीन व्यक्ति के सम्पत्ति का उत्तराधिकार सगे भाइयों, सहजीवियों एवं कन्याओं को मिलना चाहिए। कांगले के अनुसार 'कन्याश्च' शब्द में अन्तर्हित 'च' का तात्पर्य है कि पिता के भाइयों की 'भाँति कन्याओं को भी सम्पत्ति का अंश मिलना चाहिए अर्थात् सम्पत्ति में कन्या का अंश उतना ही रहता है, जितना अंश चाचा का होता है। कांगले की ऐसी सम्भावना को भी स्वीकार करने में कोई कठिनाई नहीं दिखाई देती है कि 'द्रव्य' एवं 'रिक्थ' दोनों शब्द समानार्थक हैं। 'रिक्थ' शब्द का व्यवहार प्रसंगित पंक्ति के ठीक बाद की पंक्ति में हुआ है 'रिक्थ पुत्रवतः पुत्रा दुहितरो वा धर्मिष्ठेषु विवाहेषु जाताः।' इसी कोटि के अधिवाचकों में क्रमशः याज्ञवल्क्य, बृहस्पति एवं नारद का उल्लेख किया जा सकता है। याज्ञवल्क्य ने कन्या के साम्पत्तिक अधिकार का सशक्त अधिवाचन किया है। इनकी व्यवस्थापना के अनुसार मृत व्यक्ति की सम्पत्ति का अधिकार पुत्र एवं विधवा के बाद कन्या को ही मिलना चाहिए।[58] बृहस्पति के अनुसार पुत्र के समान ही पुत्री भी व्यक्ति के शरीर से उत्पन्न होती है। अतएव उसके रहते हुए पिता की

सम्पत्ति का अधिकार (भाइयों के अतिरिक्त) अन्य किसी व्यक्ति को नहीं मिल सकता है।[59] नारद की व्यवस्थापना समस्तरीय है। इनका प्रश्न-सापेक्ष कथन है कि कन्या अपने माता-पिता की वैसे ही सन्तति है, जैसे पुत्र होता है। अतएव, ऐसी स्थिति में यदि भाई नहीं तो उसे किस प्रकार साम्पत्तिक अधिकार से वंचित किया जा सकता है।[60] तीसरी कोटि के अधिवाचकों में कात्यायन अग्रणी हैं। इनके अनुसार अभ्रातृक कन्या का पितृधन पर उसी समय तक अधिकार माना जाएगा, जब तक कि वह अविवाहित है, तथा गार्हस्थ्य जीवन में सुस्थिर नहीं हो सकी है।[61] अल्टेकर की समीक्षा के अनुसार समग्रता की दृष्टि से हिन्दू समाज ने तीसरी कोटि की अधिवाचित व्यवस्थापना को स्वीकार नहीं किया था, तथा जैसा कि ऊपर कहा गया है, याज्ञवल्क्य, नारद और बृहस्पति ने समय-सापेक्ष अनुशंसा का ही प्रतिपादन किया था।[62]

उक्त अनुच्छेद में अल्टेकर द्वारा सन्दर्भित महाभारत के एक महत्त्वपूर्ण स्थल का विवेचन किया जा चुका है, जो अभिव्यक्ततः स्मार्त परम्परा द्वारा प्रभावित प्रतीत होता है। विषय-वस्तु के विस्तारार्थ यहाँ महाभारत के अन्य स्थलों की चर्चा की जा सकती है, जिन्हें एस. जयाल[63] एवं सविता विष्णोई[64] जैसे विषय-विवेचकों ने अपनी समीक्षा का विषय बनाया है। आलोचित ग्रन्थ में द्रौपदी का स्वरूपांकन एक ऐसी पत्नी के रूप में हुआ है, जो अपने पति युधिष्ठिर के गृह-सम्भार की व्यवस्थापिता है। उसे कहीं भी गृह के सहस्वामित्व के गौरव से सम्बन्धित नहीं किया गया है। द्रौपदी इसे युधिष्ठिर की गृहस्थी बताती है, अपनी नहीं।[65] प्रस्तुत महाकाव्य के अनेक प्रसंगों में ऐसा व्याख्यापित किया गया है कि जो धन स्त्री को पति से प्राप्त होता है, वह उसका केवल उपभोग कर सकती है। ऐसे धन को वह मनमाने ढंग से व्यापूत नहीं कर सकती है।[66] इस सन्दर्भ में यू.पी. भवलकर ने विषय-विवेचन के लिए अनुकूल महाभारत एवं रामायण के ऐसे स्थलों को निरूपित किया है, जो यह स्पष्ट कर देते हैं कि यद्यपि स्त्रियों को साम्पत्तिक अधिकार की मान्यता नहीं दी गई थी, तथापि उन्हें समय-समय पर उपहार के उपकरण प्रदान किए जाते थे।[67] उपहार प्रदान करते समय सम्बन्धित व्यक्ति के स्तर को ध्यान में रखा जाता था। ऐसे उपहार-उपकरण को रामायण में 'कन्या-धन' की संज्ञा प्रदान की गई है।[68] जब कि महाभारत में इसे 'वैवाहिक', 'परिच्छदं', 'हरणं', 'ज्ञातिधनं' तथा 'यौवतकं' जैसे शब्दों से व्यक्त किया गया है।[69] भवलकर की समीक्षा के अनुसार महाकाव्यीय पंक्तियों में भेंट में दी गई सामग्री के सम्पत्ति-विषयक अधिकार का सन्दर्भ नहीं मिलता। किन्तु विवरण-विषयक प्रारूप से यह सुव्यक्त हो

जाता है कि स्त्री को ऐसी सामग्री का व्यापूति-विषयक अधिकार अवश्य था। उदाहरणार्थ रामायण में आख्यापित है कि जिस समय मन्थरा ने कैकेयी को राम के राज्याभिषेक से सम्बन्धित वृत्त से अवगत कराया, कैकेयी ने उसे अपना कंठहार प्रदान किया था।[70] उक्त विषय-विवेचक ने महाकाव्यीय स्थलों के आलोक में पुत्री के पितृधन-सम्बन्धित अधिकारों पर भी विचार किया है। इनके शोध-अनुसन्धान के अनुसार कन्या का दावा, पितृधन पर तब तक नहीं माना जाएगा, जब तक कि भाई उसका भरण-पोषण करता है। फिर भी अविवाहित कन्या को माता के 'यौतक' का उत्तराधिकार व्यवस्थासम्मत था। उक्त प्रसंग महाभारत के दो प्रसंगों में निरूपित किया गया है।[71] महाकाव्यीय व्याख्या के अनुसार माता के सन्दर्भ में 'यौतक' उस सम्पत्ति को कहते थे, जो सम्बन्धित पुत्री को अपनी माता से मिलता था[72], तथा जिसका माता से पुत्री तक न्यागमन होता था। महाकाव्यीय परम्परा में अपने पुत्र एवं कन्या के पुत्र में कोई अन्तर नहीं माना जाता था,[73] तथा ऐसी प्रवृत्ति की प्रेरणा में प्रकारान्तरतया पितृधन पर पुत्री के अधिकार को मान्यता प्रदान की गई थी।

परिच्छेदान्तर में महाकाव्यीय एवं पौराणिक परम्परा में संक्षिप्ततः विधवाओं की सामान्य स्थिति एवं विशदतः इनके साम्पत्तिक अधिकार का मूल्यांकन किया जा सकता है। इस सन्दर्भ में अल्टेकर का कथन है कि प्रारम्भ से ही सामान्य पूर्वाग्रह स्त्रियों के साम्पत्तिक अधिकार के पक्ष में नहीं था, अतएव ऐसी स्थिति में सुदीर्घ काल तक विधवा को पतिधन में अधिकार को मान्यता नहीं दी गईं थी। कृष्णयजुर्वेदीय शाखा से सम्बन्धित तैत्तिरीय संहिता की एक महत्त्वपूर्ण पंक्ति को प्रसंगिक करते हुए, जिसमें स्त्रियों को 'दायाद' के लिए अयोग्य घोषित किया गया है[74], प्रस्तुत विद्वान ने ऐसा सुझाव रखा है कि वैदिक ग्रन्थ विशेषतया विधवाओं के लिए साम्पत्तिक अधिकार की मान्यता के पक्ष में नहीं है।[75] इसके अतिरिक्त अल्टेकर ने इस तथ्य पर भी बल दिया है कि पितृ-प्रधान सम्मिलित परिवार तद् युगीन सामाजिक प्रारूप था, जिसमें साम्पत्तिक सत्ता पुरुष के व्यक्तित्व में सन्निहित थी, तथा जिसमें स्त्रियों का अंश उतना ही था जितना उनके निर्वाह का साधक बन सके। प्रारम्भिक युगों में नियोग-प्रथा काफी प्रचलित थी, अतएव पुत्र-विहीन विधवाएँ कम होती थीं। इस प्रकार अधिकांश संख्या में विधवाएँ अप्रत्यक्ष रूप में अपने अल्पवयस्क पुत्रों की अभिभाविका के रूप में पति-धन स्वामिनी होती थीं। बहुधा इनका पुनर्विवाह भी हो जाता था, अतएव पति धन पर इनका अधिकार भी समाप्त हो जाता था। ऐसी स्थिति में विधवाओं को पति-धन में अधिकार न देने के कारण

समाज में किसी प्रकार के अरुन्धन की आशंका नहीं रहती थी।[76] अल्टेकर के इस सुझाव में विसंगति के लक्षण इस अवधारणा के कारण दृष्टिगोचर होते हैं कि इनका ताल-मेल सर्वत: एवं सर्वांशत: पौराणिक परम्परा में उपलब्ध साक्ष्यों के साथ नहीं बैठ पाता। यहाँ सन्दर्भानुकूल कुछ-एक पौराणिक उद्धरण प्रस्तुत किए जा सकते हैं। विष्णु पुराण में मारिषा नामक कन्या का कथानक आख्यापित है, जो बाल्यावस्था में ही विधवा हो चुकी थी, तथा भावी जन्म में ही दूसरे पति की आशा कर रही थी।[77] मत्स्य पुराण में आख्यापित है कि भद्रराज को अपनी कन्या के भावी पति की मृत्यु की सूचना पहले ही मिल चुकी थी। अतएव कन्या का विवाह एक ही बार होता है, इस नियम ने उन्हें चिन्ताकुल कर दिया था।[78] महाकाव्यीय परम्परा में महाभारत के उस महत्त्वपूर्ण स्थल का उद्धरण प्रस्तुत किया जा सकता है, जहाँ अनेक पुत्रों के होते हुए भी विधवा का जीवन शोचनीय माना गया है।[79] ऐसे स्थल सम्भवत: उस संवृति को प्रतिभासित करते हैं, जिसमें समाज में विधवा के साम्पत्तिक अधिकार को मान्यता नहीं दिया था। महाकाव्यीय परम्परा में विधवाओं के साम्पत्तिक अधिकार के सन्निबोधक किन्तु विकीर्णक स्थलों को विमर्शित करने के पूर्व सम्भवत: इस तथ्य पर विचार कर लेना अधिक प्रसंग-प्रतिकूल नहीं होगा कि रामायण एवं महाभारत में निरूपित स्त्री की सामान्य स्थिति का प्रारूप क्या था? वस्तुत: इन दोनों महाकाव्यों से विवेच्य विषय से सम्बन्धित जो साक्ष्य उपलब्ध होते हैं, उनसे बहुधा राजवर्ग की संस्थिति का ही अनुमान लगाया जा सकता है। पाणिनि द्वारा सन्दर्भित 'असूर्यम्पश्या राजा द्वारा' जैसे सुविदित स्थल के आलोक में दोनों महाकाव्यों में प्रसंगित वृत्तों के विषय में काणे अपनी टिप्पणी प्रस्तुत करते हैं कि इनसे केवल राजपरिवार की स्त्रियों की व्यवहार-व्यापृति एवं गति-सीमा का अनुमान लगाया जा सकता है। युद्ध-कांड में आख्यापित है कि जिसे आकाश-चारी जीव भी देखने में असमर्थ था, उसी वन-गमन करनेवाली सीता को राजमार्ग पर गमन करनेवाले सामान्य लोग भी देख रहे थे।[80] युद्ध-कांड के प्रसंगान्तर में निबन्धित है कि ऐसी स्त्रियाँ लोगों को देखने से (केवल) व्यसन, संकट, युद्ध, स्वयंवर, यज्ञ अथवा विवाह के अवसर पर दूषित नहीं होती हैं।[81] सभा-पर्व में द्रौपदी कहती है कि ऐसा सुना जाता है कि सामान्य राजसभा में विवाहित स्त्रियों को ले जाना वर्जित था। इस परम्परा-प्रसिद्ध प्रथा का कौरव उल्लंघन कर रहे थे।[82] शल्य-पर्व में अतीव खेद के साथ कहा गया है कि जो (कुरुवंशी) स्त्रिया सूर्य की दृष्टि का भी विषय नहीं बन पाती थीं, उन्हें राजधानी में एकत्र लोगों की दृष्टि का विषय बनाया जा रहा था।

सामान्य नारी की स्थिति के विषय में महाभारत मौन है, ऐसा कथन साहसिक होगा? ग्रन्थ में उक्त आशय के कम-से-कम दो महत्त्वपूर्ण स्थल प्राप्त होते हैं। आदि-पर्व में कहा गया है कि जिस प्रकार भूमि पर फेंके गए मांस-खंड पर पक्षी झपट पड़ते हैं वैसे ही मृत पति की पत्नी पर लोग झपटते हैं।[83] शान्ति-पर्व में आख्यात है कि विधवा की शोचनीय स्थिति को उसके पुत्र गण भी दूर नहीं कर पाते हैं।[84] वस्तुतः रामायण एवं महाभारत में स्त्रियों की सामान्य स्थिति के सन्निबोधक ऐसे अन्य अनेक प्रकरण एवं प्रसंग प्राप्त होते हैं, जनकी पृष्ठभूमि में स्त्रियों की उन्नमित अथवा अवनमित दशा प्रतिभासित होती है तथा उनके आलोक में उनको तद् युगीन अथवा तद् विषयक व्यवस्थापकों की विधवाओं के साम्पत्तिक अधिकार का अनुमान लगाया जा सकता है। रामायण में राम के साथ वन में जाने के लिए उत्सुक सीता बताती हैं कि स्त्रियाँ पति के भाग्यांश की अधिकारिणी होती हैं, तथा पति ही एकमात्र उनका रक्षक होता है।[85] महाकाव्य परम्परा में सीता, अहल्या, द्रौपदी, तारा एवं मन्दोदरी के विषय में ऐसा कहा गया है कि इनके नाम के स्मरण-मात्र से बड़े-से-बड़े पाप का नाश हो जाता है। मूल पंक्ति वक्ष्यमाण है, 'अहल्या, द्रौपदी, सीता, तारा, मन्दोदरी तथा पंच कन्या स्मरेन्नित्यं महापातकनाशनम् ।' अनुशासन-पर्व में भीष्म-युधिष्ठिर संवाद में स्त्रियों के स्वभाव का निरूपण किया गया है। युधिष्ठिर उस लोकोक्ति की ओर ध्यान आकर्षित करते हैं, जिसके अनुसार स्त्रियाँ, संकुचित बुद्धि की होती हैं, तथा इन्हें सभी प्रकार के दोषों का कारण माना जाता है।[86] इसके उत्तर में भीष्म अनुशासित करते हैं कि अर्थान्तरया स्त्रियाँ असन्तुलित एवं प्रलोभन-सुलभ होती हैं, अतएव उनके लिए पति द्वारा सुरक्षित होना सर्वदा उपेक्षित रहता है।[87] अपने अनुशासनक्रम में भीष्म कहते हैं कि 'साध्वी' एवं 'असाध्वी' दो प्रकार की स्त्रियाँ होती हैं। साध्वी स्त्रियों में लोकमातृत्व की प्रतिष्ठा होती है, तथा उनमें लोकधारण की क्षमता रहती है। असाध्वी स्त्रियाँ 'दुर्वृत्त' होती हैं, जिसका अभिव्यक्तीकरण उनके स्वरूप के सहज लक्षणों से हो जाता है।[88] महाभारत के उसी पर्व में अन्यत्र स्त्रियों के प्रति भीष्म श्रद्धेय विचार प्रकट करते हुए कहते हैं कि स्त्रियाँ सदा पूज्य होती हैं, तथा 'लालन' की अपेक्षा रखती हैं। जहाँ स्त्रियों का सम्मान होता है, वहाँ देवताओं की प्रसन्नता का परिवेश बन जाता है। जहाँ इनका अनादर होता है, वहाँ सारे कार्य निष्फल बन बैठते हैं।[89] इस प्रकार महाकाव्यीय परम्परा में स्त्रियों के प्रति उदार एवं अनुदार दोनों ही प्रकार के विचार प्रकट किए गए हैं। प्रधानतया इसका कारण प्रसंग एवं प्रकरण के प्रारूप को माना जा सकता है।

उक्त विवरण के आलोक में यदि विषय-विवेचक विष्णोई के इस निष्कर्ष का विश्लेषण किया जाए कि महाकाव्यों के युग में सामाजिक एवं आर्थिक दृष्टि से विधवाओं की स्थिति शोचनीय थी[90] तथा इस बात पर भी ध्यान दिया जाए कि इन काव्यों की उक्ति-अभिव्यंजनाएँ प्रायः प्रकरण एवं प्रसंग के साथ सम्पूक्त होकर चलती हैं, तो यह स्पष्ट हो जाएगा कि प्रस्तुत विदुषी का सुझाव सर्वथा निर्दोष नहीं है। प्रसंगतः यह उल्लेखनीय है कि महाकाव्यीय एवं पौराणिक परम्पराओं में पर्याप्त समता दिखाई देती है, तथा ऐसी स्थिति में विवेच्य विषय का स्पष्टीकरण पौराणिक वाङ्गमय के आलोक में सविशेष किया जा सकता है। मत्स्य पुराण में ऐसा आख्यापित है कि कृपण, दीन, अनाथ एवं वृद्ध व्यक्तियों की भाँति विधवा भी, राजा द्वारा सुरक्षा की अपेक्षा रखती है।[91] किन्तु प्रसंगान्तरों में आलोचित पुराण विधवाओं के व्रत, उनके द्वारा मोक्ष-लाभ तथा तीर्थ-सेवन का उल्लेख किया गया है।[92] जहाँ तक विधवाओं के साम्पत्तिक अधिकार का प्रश्न है, महाकाव्यीय परम्परा के इसके विकीर्णक किन्तु महत्त्वपूर्ण उदाहरण उपलब्ध होते हैं। महाभारत के एक वर्णन के अनुसार युधिष्ठिर ने मृत नरेशों का राज्य-उत्तराधिकार उनकी पुत्रियों को प्रदान किया था।[93] प्रसंगान्तर में व्यवस्थापित किया गया है, कि पति अपनी पत्नी को तीन सहस्र मुद्राएँ दे सकता था।[94] ऐसा अनुमान लगाया जा सकता है कि ऐसे धन का प्रयोग एवं विनियोग वह अपनी रुचि के अनुसार कर सकती थी, तथा ऐसी भी सम्भावना की जा सकती है कि इस प्रकार का अधिकार विधवाओं को भी मिला था। महाभारत में ऐसे स्थल भी प्राप्त होते हैं, जिनसे यह अभिव्यक्त होता है कि सन्ततिविहीन विधवाएँ सम्पत्ति की अविकल अधिकारिणी बन जाती थीं।[95] रामायण में इसी प्रकार के अधिकार का सम्बन्ध कौशल्या के साथ बताया गया है, जब कि दशरथ की मृत्यु हो चुकी थी, तथा वे विधवा बन चुकी थीं।[96]

सन्दर्भ-निर्देश

1. एस. जयाल, दि स्टेटस ऑफ वीमेन इन दि एपिक एज, पृष्ठ 224
2. यू.पी. भवलकर, महाभारत में नारी, पृष्ठ 261
3. सविता विष्णोई, इकोनामिक स्टेटस आफ वीमेन इन एंशेंट इंडिया, 19-20
4. रामायण, 2.20.75
5. तत्रैव, 2.16.12
6. शान्तिपर्व, 381-383
7. महाभारत, 5.67 6-7
8. सविता विष्णोई, तत्रैव, पृष्ठ 20

9. अल्टेकर, दि पोजीशन आफ वीमेन इन हिन्दू सिविलाइजेशन, पृष्ठ 11
10. महाभाष्य, 4.1.14, 3.155
11. अल्टेकर, तत्रैव, पृष्ठ 11
12. प्रदानं प्रामृतोः। गौतम धर्मसूत्र, 18.22
13. वराय सदृशाय च अप्राप्तामपि तां तस्मै कन्यां प्रदीयताम्। मनुस्मृति, 9.88
14. विष्णुपुराण, 5.32, 11-30
15. ददर्श यौवनं प्राप्ता ऋतुं सा कमलेक्षणा
ऋतुकालश्च सम्प्राप्तः... । मत्स्यपुराण, 31.7
16. चिन्तयामास राजानं तामियेव स पार्थिवः ।
तस्यामाधत गर्भ स तेजस्विनामुदारधीः।।
वायुपुराण, 11-12, ब्रह्मांडपुराण, 3.77.12
17. चेटी-निवर्त्यतां तावदयं कन्याभावरमणीयः कालः।
वासवदत्ता अभित एव तेऽद्य वरमुखं पश्यामि ।।
स्वप्नवासवदत्तम् अंक 2
18. स्थिताः क्षणं पक्ष्मसु ताडिताधराः
पयोधरोत्सेधनिपातचूर्णिताः ।
बलीषु तस्याः स्खलिताः प्रपेदिरे
चिरेण नाभिं प्रथमोदविन्दवः । कुमारसम्भव, पंचम सर्ग
19. पयोधरविस्तारयितृकं यौवनम् उपालभस्व। अभिज्ञानशकुन्तलम् अंक 1
20. अल्टेकर, तत्रैव, पृष्ठांक 203 तथा अनुवर्त्ती पृष्ठ
21. पत्न्यमन्त्रं बलिं हरेत्। मनुस्मृति, 3.121.
22. वैश्वदेवनिमित्तं वै पत्न्यमन्त्रं बलिं हरेत् । विष्णुपुराण, 3.11.103
23. स्वरूपवर्णनं तस्य कथं योषित्करिष्यति । तत्रैव, 5.7.49.
24. स्त्रीजातिस्तु प्रकृत्यैत कृपया दैन्य भाषिणी ।
शास्त्रालोचनसामर्ध्यमुज्झितं तासु वेधसा ।। मत्स्यपुराण, 154.156
25. वीरमित्रोदय संस्कारप्रकाश में उद्धृत ।
विशेष विवरण के लिए द्रष्टव्य, अल्टेकर, तत्रैव, पृष्ठांक 200-201
26. वाग्यतास्ते त्रयः सन्ध्यामुपासत संहिता। रामायण, 2.14.48
सन्ध्याकालमनाः श्यामा धृवमेष्यति जानकी।
नदी वेमां शिवजलां सन्ध्यार्थे वरवर्णिनी। तत्रैव, 5.14.48
27. अल्टेकर, तथैव पृष्ठ 203
28. वैवाहिकों विधिः स्त्रीणां संस्कारो वैदिकः स्मृतः।
पतिसेवा गुरौ वासो गृहार्थोऽग्निपरिक्रिया।। मनुस्मृति 2.17
29. अल्टेकर, तत्रैव, पृष्ठांक 201-202
30. मन्त्रो हीनः स्वरतो वर्णतो या मिथ्याप्रयुक्तो न तदर्थमाह।
स वाग्वज्रो यजमानं हिनस्ति यथेन्द्रशत्रुः स्वरतोऽपराधात्।। पाणिनि शिक्षा, 52

31. अल्टेकर, तत्रैव, पृष्ठ 203, पारस्कर गृह्यसूत्र, 3.2

32. अल्टेकर, तत्रैव, पृष्ठ 203, शांखायन गृह्यसूत्र, 2.17.13

33. सायं त्वन्नस्य सिद्धस्य पत्न्यमन्त्रं बलिं हरेत्। मनुस्मृति, 3.66

34. बी. एन. पुरी, इंडिया अंडर दि कुषाणाज़, पृष्ठ 88

35. हाज़रा, पुराणिक रेकर्डस आन हिन्दू राइटस ऐंड कस्टम्स, पृष्ठांक 208 तथा अनुवर्ती पृष्ठ

36. बी. एन. मुखर्जी, इंडियन हिस्टॉरिकल रिव्यू, जनवरी 1980, भाग 7 में प्रकाशित लेख।

36अ. ऋग्वेद 10.85.40-51.

37. रोमकाले तु संप्राप्ते सोमो भुङ्क्तेऽय कन्यकाम्।
रजो दृष्टवा तु गन्धर्वा: कुचो दृष्ट्वा ऋतु पावक:।
--- तस्माद् विवाहयेत्कन्याँ यावन्नर्तुमती भवेत्।।
गोभिलगृह्यसूत्र, 3.4.6 पर गृहस्थ रत्नाकर का भाष्य।

38. मनुस्मृति, 9.89-90

39. काणे, हिस्ट्री ऑफ धर्मशास्त्र, भाग 2, खंड 1, पृष्ठ 442, अनुशासन पर्व, 10.45.16.

40. अपि वा गुणहीनाय नोपरुन्ध्याद्रजस्वलाम्।
अविद्यमाने सदृशे गुणहीनमपि श्रेयेत् । बौधायन धर्मसूत्र, 4.1.12, 15.

41. याज्ञवल्क्य-स्मृति, 1.64

42. नारदस्मृति, स्त्रीपुंज 25-27

43. काणे, तत्रैव, भाग 2, खंड 1, पृष्ठ 443
विष्णुपुराण, 6.1.18, 21.29
विशेष विवरण के लिए द्रष्टव्य हाज़रा, तत्रैव, पृष्ठ 210

44. तत्रैव

45. हाज़रा, तत्रैव पृष्ठांक 216-217.

45अ. काणे, हिस्ट्री आफ धर्मशास्त्र भाग 5 खंड 1, पृष्ठ 237

46. हाजरा, तत्रैव, पृष्ठ 24

47. काणे, हिस्ट्री आफ धर्मशास्त्र, तत्रैव, पृष्ठ 900

48. ममैव पितृधनमित्यतीव च सत्यभामापि स्पृहयांचकार...
...पितृधनं चैतत्सत्यभामाया नान्यस्यैतद्।
विष्णुपुराण, 4.13.131-140, 151-154

49. अभ्रातेव पुंस एति प्रतीची गर्तारुगिव सनये धनानाम् । ऋग्वेद 1.124.7

50. पत्नी दुहितरश्चैव पितरौ भ्रातरस्तथा ।
...एषामभावे पूर्वस्य धनभामुत्तरोत्तर:
स्वर्यात्तस्य ह्युपुत्रस्य सर्ववणेष्वयं विधि:।
याज्ञवल्क्य-स्मृति, 2.139-140

51. सुद्युमनस्तु.... स्त्रीपूर्वकाद्राज्यलाभं न लेभे। विष्णुपुराण, 4.1.15, कन्याभावात्तु

प्रद्युम्नो नैनं भागभवाप्नुयात्। वायुपुराण, 86.21, ब्रह्मांडपुराण, 3.60.21

52. पुत्राभावे यः प्रत्यासन्नः सपिंडः। तदभावे आचार्यः । आचार्याभावे अन्तेवासी हृत्वा धर्मकृत्येषु योजयेत् । दुहिता वा । आपस्तम्ब धर्मसूत्र, 2.14.2-4
53. वसिष्ठ धर्मसूत्र, 14.7
54. गौतम धर्मसूत्र, 28.21
55. न भ्रातरो न पितरः पुत्रा रिक्थहराः पितुः।
    पिता हरेदपुत्रस्य रिक्थं भ्रातर एव च । मनुस्मृति 9.185
56. अल्टेकर, तत्रैव पृष्ठ 237 56.
57. अल्टेकर, तत्रैव, पृष्ठ 238.
58. याज्ञवल्क्य-स्मृति, 2.135
59. बृहस्पति-स्मृति, 25.55
60. पुत्राभावे तु दुहिता तुल्यसन्तानकारणात्, नारदस्मृति, 13.50
61. पत्नी पत्युर्धनहरी या स्यादव्यभिचारिणी।
    तद्भावे तु दुहिता धद्यनूढा भवेत्तदा ।।
    याज्ञवल्क्य-स्मृति, 2.135-136 (मिताक्षरा में उद्धृत)
62. अल्टेकर, तचैव पृष्ठ 238
63. एस. जयाल, तत्रैव, पृष्ठ 224
64. सविता विष्णोई, तत्रैव, पृष्ठांक 20-22
65. तत्रैव
66. महाभारत, 13.47.22.23
67. महाभारत, 1.199.13, 4.72.26
68. रामायण, 1.7.3
69. महाभारत, 1.102 12-13
70. रामायण, 2.7.32
71. महाभारत, 3.45.12, 13.105.10
72. तत्रैव, 13.47.25
73. महाभारत (अनुशासन पर्व), पी.सी. रे द्वारा अनूदित।
74. तस्मात्स्त्रियो निरिन्द्रिया अदायादीः। तैत्तिरीय संहिता, 6.5.8.2
75. अल्टेकर, तत्रैव पृष्ठ 250
76. अल्टेकर, तत्रैव, पृष्ठ 230
77. भगवन्बालवैधव्याद् बृथाजन्माहमीदृशी।
    भवन्तु पतयः श्लाघ्या मय जन्मनि जन्मनि। विष्णुपुराण, 1.15.54
78. संवत्सरेण क्षीणायुर्भविष्यति नृपात्मजः।
    सकृत्कन्याः प्रदीयन्ते चिन्तयित्वा नराधिपः। मत्स्यपुराण, 208.13
79. सर्वापि विधवा नारी बहुपुत्रापि शोच्यते, शान्तिपर्व, 168.2
80. या न शक्या पुरा द्रष्टुं भूतैरा काशगैरपि।

तामद्य सीतां पश्यन्ति राजमार्गगता: जना:। युद्धकांड, 33.8

81. व्यसनेषु न कृच्छेषु न युद्धेषु स्वयंवरे ।
न क्रतौ नो विवाहे वा दर्शनं दृष्यते स्त्रिय:।। तत्रैव, 116.28

82. धर्म्या स्त्रियं सभां पूर्वे न नयन्तीव न: श्रुतम् ।
स नष्ट: कौरवेयेषु पूर्वो धर्म: सनातन:। सभापर्व, 69.9

83. उत्सृष्टमा म भूमी प्रार्थयन्ति यथा खगा:।
प्रार्थयन्ति जना: सर्वे पतिहीनां तथा स्त्रियम्।। आदिपर्व, 160.12

84. शान्तिपर्व, 148.2

85. रामायण, 2.27

86. मूलं दोषाणां लघुचित्ता हि ता: स्मृता:। अनुशासन पर्व, 38.1

87. तत्रैव, 43.1

88. स्त्रिया साध्वयो महाभागा: सम्भता लोकमातर: ।
धारयन्ति महीं राजन् इमां सवनकाननम् ।।
असाध्व्याश्चापि दुर्वृत्ता...।
विज्ञेया लक्षणैर्दुष्टै: स्वगात्रसहजैर्नृप । तत्रैव, 43. 19-21

89. तत्रैव, 46. 5-6

90. विष्णोई, तत्रैव, पृष्ठ 22 .

91. कृपणानाधवृदानां विधवानां च योषिताम् । मत्स्यपुराण, 115.61

92. नारी वा विधवा... क्रमान्मुक्तिप्रदं देव किंचिद्धभिहोच्यताम्।
विप्रो व क्षत्रियो वाऽपि ब्राह्मणी विधवाऽपिवा ।। तत्रैव, 54.5.19

93. महाभारत, 13.23.45.

94. तत्रैव, 13.47.22.23 94.

95. तत्रैव, 13.47.23-24 95.

96. रामायण, 6.123.36.

धर्मशास्त्रीय एवं अर्थशास्त्रीय परम्परा में स्त्रियों का साम्पत्तिक अधिकार

प्राथमिक धर्मशास्त्रीय एवं अर्थशास्त्रीय परम्परा को सामान्यतया 600 ई.पू. से 100 ई.पू. के अन्तर्वर्ती अवधि में रख सकते हैं। आलोच्य अवधि से सम्बन्धित व्यवस्थापकों का संक्षिप्त विवरण निम्नोक्त है। जहाँ धर्मसूत्रों का सम्बन्ध है, इस परम्परा में सबसे प्राचीन ग्रन्थ गौतम धर्मसूत्र माना जाता है। इसमें निरूपित पारम्परिक तत्त्वों के परिप्रेक्ष्य में काणे ने इस ग्रन्थ को 500 ई.पू. एवं 300 ई.पू. के मध्यवर्ती अवधि में रखने का प्रयास किया है।[1] ऐसी मान्यता प्रतिष्ठापित की गई है कि भारतीय आर्यों का यह प्रथम लिखित विधि-विषयक ग्रन्थ है। गद्य शैली में विरचित प्रस्तुत रचना धर्म एवं विधि की विस्तृत एवं विशद परिसंर को प्रकाशित करती हुई परम्पराओं एवं प्रथाओं का भी प्रतिबिम्बन करती है। इसमें यदि एक और सैद्धान्तिक पक्ष का पद-प्रक्षेप मिलता है, तो दूसरी ओर समकालीन समाज के सन्नियामक प्रचलनों का भी समावेश हुआ है, इसके नियमों एवं व्यवस्थापनाओं के सम्प्रेरक तत्त्व वैदिक संहिताओं में सन्निरूपित किए जा सकते हैं, तथा व्यवस्था विषयक समस्तरीयता के स्थानों का निरूपण अधिकांशतः अन्य धर्मसूत्रों तथा अनेकांशतः प्राथमिक स्मृतियों में किया जा सकता है। काणे, अल्टेकर, रामगोपाल (द्रष्टव्य इंडिया आफ वैदिक कल्पसूत्राज) जैसे विषय-विवेचकों के विषयानुकूल गवेषणाओं के आलोक में गौतम धर्मसूत्र की व्यवस्थापनाओं का संक्षिप्त विवरण यहाँ अप्रासंगिक नहीं होगा, विस्तृत विवेचन अधस्तात् अनुच्छेदों में किया जाएगा। सूत्रकार का कथन है कि धार्मिक कृत्यों के सम्पादन में स्त्री स्वच्छन्द नहीं है। अर्थात् प्रकारान्तरया सूत्रकार यह अभिव्यक्त करना चाहता है कि स्त्री को धर्मानुष्ठान पति के साथ सम्पृक्त होकर करना चाहिए। इसी प्रकार इन्होंने पुत्र-विहीन विधवा को नियोग के लिए अनुमति प्रदान किया है, तथा सभी आठ प्रकार के विवाह, पुत्रों के प्रकार, सम्पत्ति-विभाजन साम्पत्तिक

अधिकार, दायाद का अधिकार एवं स्त्रीधन का विवेचन किया है। इन्होंने इस बात पर भी बल दिया है कि यदि सम्मिलित परिवार के किसी सदस्य ने किसी सम्पत्ति का स्वयं उपार्जन किया है, तो ऐसी स्थिति में उस सम्पत्ति पर उसी व्यक्ति का पृथक्श: अधिकार माना जाएगा। नियोग से उत्पन्न पुत्र को इन्होंने स्पष्टतया साम्पत्तिक अधिकार की मान्यता को प्रदान किया है। वस्तुत: धर्मसूत्रकारों में स्त्री के साम्पत्तिक अधिकार के प्रति सर्वाधिक उदारता की नीति अपनाई है।

क्रमानुसार गौतम धर्मसूत्र के उपरान्त, बौधायन धर्मसूत्र को रखा जाता है। इनके निवास-स्थान के विषय में दो मत प्रतिपादित किए गए हैं, बूलर के मतानुसार आलोचित सूत्रकार आन्ध्रप्रदेश का निवासी था, क्योंकि पुरातन बौधायन ब्राह्मण इसी क्षेत्र में सन्निवेशित थे।[2] समस्तरीय विचार के.ए. नीलकंठ शास्त्री का रहा है। शास्त्री ने बौधायन की मान्यताओं के सन्दर्भ में ऐसा निरूपित किया है कि यह अधिकांशत: दाक्षिणात्य प्रथाओं की ओर संकेत करती है, जैसे मातुल-कन्या अथवा पितृव्या पुत्री के साथ विवाह करना—ऐसी प्रथाएँ दक्षिण भारत में इस समय भी प्रचलित हैं।[3] दूसरे मत के अनुसार, जिसके अधिवाचक रामगोपाल हैं, धर्मसूत्रकार बौधायन उत्तर भारत के निवासी थे।[4] इनकी रचना में साम्पत्तिक उत्तराधिकार, दत्तक-विधान, विवाह इत्यादि के अतिरिक्त दायभाग के सन्दर्भ में व्याख्यापनाएँ मिलती हैं। संक्षिप्तत: यह सन्दर्भित किया जा सकता है कि बौधायन ने पैतृक सम्पत्ति को पुत्रों में विभाजन करने के लिए तीन विधाओं की अनुमति दी है, इसके अनुसार बिना किसी भेद-भाव के सभी पुत्रों में सम्पत्ति का विभाजन बराबर-बराबर करना चाहिए, अथवा इसका उत्तम अंश ज्येष्ठ पुत्र को मिलना चाहिए, अथवा ज्येष्ठ पुत्र को अतिरिक्त एक भाग मिलना चाहिए तथा शेष पुत्रों में अवशेषांश भाग का बराबर-बराबर विभाजन करना चाहिए। पुत्र विहीन व्यक्ति की सम्पत्ति उसकी विधवा को मिलना चाहिए अथवा विधवा से उत्पन्न मृत व्यक्ति के अनुज के पुत्र को मिलना चाहिए।

तीसरे क्रम पर आपस्तम्ब धर्मसूत्र को रखा जाता है। काणे के अनुसार इनका सन्निवेश क्षेत्र आन्ध्र प्रदेश था, जबकि रामगोपाल ने इन्हें उत्तर भारत का निवासी माना है।[5] बूलर के अनुसार इनका आविर्भाव-काल 200 ई.पू. के उपरान्त नहीं माना जा सकता है।[6] काणे के अनुसार इनका समय 500 ई.पू. एवं 300 ई.पू. के बीच रखा जा सकता है।"[6अ] उपलब्ध धर्मसूत्रों में सर्वाधिक सुरक्षित आपस्तम्ब धर्मसूत्र को माना जाता है। इनकी व्यवस्थापना के अनुसार

सम्पत्ति का विभाजन सभी पुत्रों में बराबर होना चाहिए। आलोचित सूत्रकार ज्येष्ठ पुत्र के पैतृक सम्पत्ति में अधिकांश के पक्ष में नहीं था। इन्होंने उस पारम्परिक विचारधारा पर बल दिया था, जिसके अनुसार वेद धर्म के स्रोत हैं, तथा इनमें ज्ञान-राशि का मूल सन्निहित है। इनके अनुसार ज्येष्ठांश की परम्परा वेद-विरुद्ध है। इन्होंने विधि-सन्धान में प्रचलित परम्परा एवं प्रथा को अनुत्साहित किया है।

धर्मसूत्रों की परम्परा में चौथे क्रम पर वसिष्ठ धर्मसूत्र को रखा जाता है। आलोचित धर्मसूत्रकार का सन्निवेश विन्ध्य-प्रान्तर एवं नर्मदा के अन्तर्वर्ती क्षेत्र में था, तथा इनका आविर्भाव 300 ई.पू. और 100 ई.पू. के अन्तर्वर्ती काल में हुआ था। तीस अध्यायों में विभाजित प्रस्तुत धर्मसूत्र सुरक्षित अवस्था में प्राप्त हुआ है, तथा इसके सूत्रों की निबन्धन शैली गौतम एवं बौधायन धर्मसूत्रों से काफी मिलती-जुलती है। यद्यपि आलोचित रचना में यत्र-तत्र मनु की प्रामाणिकता पर बल देते हुए, मनुस्मृति के उद्धरण सन्दर्भित हुए हैं, तथापि इस आधार पर इसे मनुस्मृति की परवर्ती रचना नहीं माना जा सकता हैं अधिक-से-अधिक ऐसे स्थानों को प्रक्षेप-द्योतक उत्तरकालीन समावेश का प्रयास माना जा सकता है। जिन महत्त्वपूर्ण विषयों को इस ग्रन्थ में विवेचित किया गया है, उनमें प्रधानतया विधि-आयाम, साम्पत्तिक उत्तराधिकार से सम्बन्धित नियम, विवाह, दत्तक-ग्रहण, पुत्र एवं पुत्रों के प्रकार का विवेचन किया गया है। इसके अतिरिक्त इसमें लोकाचार एवं लोक प्रचलन के महत्त्व को प्रख्यापित करते हुए इन्हें विधि-अनुपूरक माना गया है। नियोग एवं बाल-विधवा के पुनर्विवाह को मान्यता प्रदान की गई है। प्रजापत्य एवं पैशाच विधियों को असम्मिलित करते हुए विवाह के केवल छह प्रकारों को मान्यता प्रदान की गई है।[7] इनकी मान्यताएँ कहीं-कहीं गौतम एवं बौधायन की व्यवस्थापनाओं से भिन्न बन बैठी हैं। इन्होंने ऐसा प्रसंगित किया है कि यद्यपि कुछ आचार्यों ने बिना मन्त्रोच्चारण के ब्राह्मण का शूद्रा के साथ विवाह किया जाना विहित किया है, तथापि ऐसा करना उचित नहीं है क्योंकि ऐसी स्थिति में "कुलापकर्ष" एवं नरक-गमन का योग बन जाता है।[8] साम्पत्तिक उत्तराधिकार के विषय में इनका मत है कि विवाह के समय मिले हुए धन को पुत्रियों में बाँटा जा सकता है।[8अ]

उक्त धर्मसूत्र ग्रन्थों के सन्दर्भ में केवल मनुस्मृति को प्राथमिक स्मृति ग्रन्थ कहा जा सकता है। भारतीय परम्परा एवं साहित्य में मनु का सन्दर्भ अनेक प्रसंगों में मिलता है। परम्परया स्वयंभू मनु को विधि व्यवस्थापक माना जाता है, जो उस महत्त्वपूर्ण विधि संहिता के सृष्टा सिद्ध हुए, जिसे मनुस्मृति की संज्ञा

दी जाती है। मनुस्मृति, 1.1 पर अपने भाष्य में मेधातिथि द्वारा ऐसा व्याख्यापित किया गया है कि प्रजापति मनु उस विशेष पुरुष का नाम है, जिन्होंने वेद की अनेक शाखाओं का अध्ययन किया था, ज्ञान-गौरव एवं अनुष्ठान में कुशल थे तथा स्मृति परम्परा में प्रसिद्ध माने जाते हैं।[8ब] समस्तरीय विचार अभिव्यक्त करते हुए, गोविन्द राज ने भी बताया है कि वेदार्थ के ज्ञान के कारण इन्हें मनु की संज्ञा दी जाती है।[8स] कुल्लूक ने "मनु" शब्द की व्याख्या "मन्" धातु के आधार पर किया है, जिसका अर्थ होता हैं वैदिक मन्त्रों का ज्ञान रखने वाला।[9] मेधातिथि ने पुनः व्याख्यापित किया है कि ऋग्, यजुष, साम एवं अथर्व के प्रवक्ता महर्षि थे, तथा स्मार्त परम्परा का प्रवचन मनु ने किया था।[10] इस सन्दर्भ में बूलर ने ऐसा कहा है कि मेधातिथि गोविन्दराज और कुल्लूक की इन टिप्पणियों के आधार पर इतिहास के लिए उपयोगी कोई उपयोगी निष्कर्ष नहीं निकाला जा सकता[11] किन्तु ऐसा मानने में कोई हानि नहीं दिखाई देती है कि जिस स्मार्त अथवा पारम्परिक मान्यता को मनुस्मृति में सुरक्षित किया गया है, वह उस पुरातन परम्परा का समुवृंहित स्वरूप है जिसके अंकुर वैदिक वाङ्मय में प्राप्त होते हैं। स्मार्त भाष्करों के अतिरिक्त उत्तरकालीन स्मृतियों में बृहस्पति-स्मृति ने मनुस्मृति के महत्त्व एवं प्रामाणिकता को व्याख्यायित करते हुए ऐसा घोषित किया है कि ऐसी स्मार्त व्यवस्था जो मनुस्मृति के विरोध में जाती है, स्वीकरणीय नहीं है।[12] आलोचित स्मृति ग्रन्थ के समय के सन्दर्भ में मैक्स मूलर ने स्थापना किया है कि इसकी रचना चतुर्थ शताब्दी ई. पू. में सम्पन्न हुई होगी, बूलर ने इसे 200 ई.पू. एवं 200 ईस्वी के बीच रखा है, काणे ने इसे 100 ई. के पूर्व की रचना मानी है।[13] इसमें सन्देह नहीं है कि हिन्दू समाज के नियमन एवं व्यवस्थापना में मनुस्मृति का सविशेष स्थान रहा है। आदर्शतः वैदिक परम्परा को धर्म का आधारभूत स्रोत स्वीकार किया गया है, किन्तु यथार्थतः पूरे देश में सार्वभौम संयमन पारम्परिक सत्ता मनुस्मृति की रही है, तथा इसे धार्मिक आचारों एवं प्रथाओं की निर्देशिका के रूप में स्वीकार किया गया है। मनुस्मृति द्वारा सम्मत सामान्य तथा साम्पत्तिक अधिकार तथा विशेषतया स्त्री का साम्पत्तिक अधिकार अनुगामी अनकूल अनुच्छेदों में किया जाएगा। यहाँ पर मात्र संक्षिप्ततः कहा जा सकता है कि मनु की व्यवस्थापना के अनुसार माता-पिता की मृत्यु के उपरान्त ही पुत्रों में बराबर-बराबर सम्पत्ति का विभाजन होना चाहिए, क्योंकि पिता के जीवनकाल में पिता की सम्पत्ति पर पुत्र का कोई भी अधिकार नहीं होता है अथवा प्रथम पुत्र पूरी सम्पत्ति ले सकता है, तथा अन्य पुत्र पिता के समान मानते हुए प्रथम पुत्र के संरक्षण में रह

सकते हैं, इस व्यवस्थापना पर बल देते हुए अनुवर्ती श्लोक में कहा गया है कि प्रथम पुत्र के जन्म के साथ ही पिता अपने पितरों के ऋण से मुक्त हो जाता है, अतएव वह पूरी सम्पत्ति का अधिकारी है। अनुवर्ती श्लोकान्तरों में ज्येष्ठ पुत्र के अधिकांश की वैकल्पिक व्यवस्थापना की गई है, तथा पुत्रिका तथा उसके पुत्र के साम्पत्तिक अधिकार को मान्यता प्रदान की गई है।[14]

जहाँ तक अर्थशास्त्रीय परम्परा का प्रश्न है, पुरातनता एवं प्रामाणिकता की दृष्टि से कौटिल्य अर्थशास्त्र का स्थान महत्त्वपूर्ण है। एक विषय-विवेचक ने आश्चर्य व्यक्त किया है कि मध्यकालीन स्मृतिकारों ने इस रचना को सन्दर्भित नहीं किया है, जब कि इसके विषय-आयाम में अनेक विधि विषयक तत्त्व सम्मिलित किए गए हैं।[15] ऐसी जिज्ञासा का उत्तर यही हो सकता है कि आदर्शतः कौटिल्य की रचना का सम्बन्ध अर्थशास्त्रीय परम्परा से था, अतएव (उत्तरकालीन) स्मृतिकारों द्वारा इसके सन्दर्भित किए जाने की सम्भावना नहीं की जा सकती है। जहाँ तक कौटिल्य अर्थशास्त्र की रचना काल का प्रश्न है, 1909 ईस्वी में आर. शामशास्त्री द्वारा प्रकाशित होने के स्तर से लेकर अद्यतन इसे विवाद सापेक्ष विमर्श का विषय बनाया गया है। पारम्परिक मत के अनुसार, कौटिल्य जिसे चाणक्य एवं विष्णुगुप्त की संज्ञा प्रदान की जाती है, जिसने नन्दों की सत्ता को उन्मूलित कर चन्द्रगुप्त मौर्य को मगध के सिंहासन पर आसीन किया, इसका रचयिता था। चन्द्रगुप्त मौर्य का शासनारम्भ लगभग 321 ई.पू. से माना जाता है, अतएव आलोचित रचना का समय चतुर्थ शताब्दी ई.पू. का चरणान्त माना जाता है। इस मत के प्रमुख अधिवाचक आर. शामशास्त्री हैं, जिसे अन्य अनेक आलोचकों ने मान्यता प्रदान किया है, जिनमें जे. एफ. प्लीट, एच. याकोबी, एफ.डब्ल्यू. टामस, ए.डी. पुसाल्कर प्रभूति को सम्मिलित किया जा सकता है।[16] जिन विद्वानों ने इसे उत्तरकालीन रचना माना है, तथा सामान्यतया तृतीय-चतुर्थ शताब्दी ईस्वी में रखा है, उनमें जे. यौली, एम. विंटरनित्स, ए.बी. कीथ, ओ. स्ताइन, के. नाग, के. पी. जायसवाल, एन. एन. लाहा, डी. आर. भंडारकर, पी.वी. काणे, के.ए. नीलकंठ शास्त्री, वी. आर. आर. दीक्षितार, डी.डी. कोसंबी, आर. पी. कांगले सदृश के नाम उल्लेखनीय हैं।[17] प्रस्ताव्य विवेचन में विषय आयाम के विस्तार का परिहार करते हुए, पारम्परिक मत को स्वीकार किया गया है। सामान्यतया ऐसा मानते हैं कि कौटिल्य अर्थशास्त्र मात्र हिन्दू विधि का स्रोत न होकर एक ऐसी संहिता के रूप में प्रतिष्ठित है, जिसमें प्रशासनिक पद्धति एवं कूट जैसे अनेक विषयों का संग्रह मिलता है। कौटिल्य ने साम्पत्तिक स्वरूप एवं विभाजन से सम्बन्धित

विविध तत्त्वों पर प्रकाश डाला है।[18] इनकी व्यवस्थापना के अनुसार ऐसे पुत्र, जिनके माता-पिता अथवा पूर्वज जीवित हैं, सम्पत्ति के सन्दर्भ में स्वतन्त्र नहीं हैं।[19] इन्होंने इस बात पर भी बल दिया है कि ऐसी सम्पत्ति को जिसे किसी पुत्र ने बिना पैतृक सम्पत्ति की सहायता लिए स्वयं अर्जित किया है, अन्य पुत्रों में विभाजित नहीं की जा सकती है।[20] आलोचित व्यवस्थापक ने ऐसी स्थापना भी किया है कि अपने जीवन काल में सम्पत्ति का विभाजन करते समय पिता को अपने पुत्रों में किसी प्रकार का भेदभाव नहीं करना चाहिए। यदि अनेक पत्नियों से उत्पन्न हुए पुत्र हैं, तो ऐसी स्थिति में जन्मानुसार ज्येष्ठता अथवा ज्येष्ठांशता का निर्णय करना चाहिए।[21] अनुलोम विवाह के सन्दर्भ में कौटिल्य ने व्यवस्थापना किया है कि ऐसी स्थिति में सम्पत्ति विभाजन करते समय उन पुत्रों को वरीयता देना चाहिए, जो उच्च वर्णों की पत्नियों से उत्पन्न हुए हैं।[22]

प्रस्तुत अनुच्छेद में विचारणीय विवेच्य विषय के स्रोतभूत साक्ष्यों की उक्त समीक्षा के सन्दर्भ में सामान्यतया ऐसा कह सकते हैं कि उनकी व्यवस्थापनाओं में कुछ एक अपवादों को छोड़कर प्रायः समरूपता दिखाई देती है। ऐसा अनुमान लगाया जा सकता है कि सम्बन्धित विधि व्यवस्थापकों ने क्षेत्रीय प्रथाओं एवं प्रचलनों को सर्वथा अनुत्साहित न करते हुए, अपितु उन्हें विवेचन सापेक्ष टिप्पणियों के साथ सन्दर्भित करते हुए ऐसा प्रारूप प्रदान किया है, जिसकी व्यापनशीलता संशय विहीन बन जाती है। गौतम एवं बौधायन दाक्षिणात्य थे, तथा मनु उत्तर भारतीय थे, किन्तु इनके आदेश अनुदेशों में व्यवस्था वैषम्य के तत्त्व प्रायः नहीं मिलते हैं। ऐसी संवृति क्यों और किन परिस्थितियों में संवेलित हुई है, इस अव्यर्थ किन्तु स्वाभाविक जिज्ञासा का एकमात्र उत्तर यही है कि श्रौत परम्परा के साथ स्मार्त परम्परा असम्पृक्त रही है। प्रसंगतः यहाँ रघुवंश का वह विशेष स्थल उद्धृत किया जा सकता है, जिसके अनुसार सुदक्षिणा दिलीप का वैसे ही अनुसरण कर रही थी, जैसे श्रुति के अर्थ का अनुसरण स्मृति करती है, "श्रुतेरिवार्थं स्मृतिरन्वगच्छत्" (2.2), स्मृतिर्मन्वादि वाक्यं श्रुतेर्वेदवाक्यस्यार्थमभिधेयमिव अन्वगच्छदनुसृतवती। यथा स्मृतिः श्रुतिक्षुण्यमेवार्थमनुसरति" (मल्लिनाथ)। अतएव मूलतः श्रौत परम्परा के साथ सम्पृक्त होने के कारण आलोचित धर्मसूत्रों एवं स्मृति के विधि निर्देशों में एकरूपता दिखाई देती है। सम्भवतः यही कारण है कि विवेच्य विषय के सन्दर्भ में स्मार्त परम्परा एवं अर्थशास्त्रीय परम्परा में अनेक समानताएँ दृष्टिगोचर होती हैं। इन तीनों परम्पराओं की सहभागिता को लगभग चतुर्थ शताब्दी ई.पू. में स्वीकारोक्ति मिल चुकी थी, जिसका समर्थन भास के

प्रतिमा नाटक के एक महत्त्वपूर्ण स्थल के द्वारा किया जा सकता है, जहाँ सीता के हरणार्थं ब्राह्मण वेश धारण कर रावण अपने आप को सांगोपांग वेद, मानव धर्मशास्त्र (मनुस्मृति), बृहस्पति अर्थशास्त्र का ज्ञाता होने की घोषणा करता है। ''सांगोपांग वेदमधीये, मानवीयं धर्मशास्त्रं, बार्हस्पत्यमर्थशास्त्रं...'' (अंक 5)

उक्त विवेचन के परिप्रेक्ष्य में "स्त्रीधन" से सम्बन्धित विभिन्न व्यवस्थापकों के विधानों पर विचार किया जाना अपेक्षित प्रतीत होता है। सामान्यतया प्रारम्भिक स्तरों से ही सभी व्यवस्थापकों ने इस बात पर बल दिया है कि स्त्रीधन का न्य: पुत्रियों में होता है। इसमें प्राय: वस्त्राभूषण सम्मिलित किया जाता था, तो ऐसी स्थिति में इसकी उत्तराधिकारिणी स्वभावत: पुत्रियाँ मानी जाती थीं। वस्तुत: इसके संकेतक साक्ष्य ऋग्वेद से ही मिलने लगते हैं। इस सन्दर्भ में विद्वानों ने हमारा ध्यान विवाह सूक्त की ओर आकर्षित किया है।[23] विषयानुकूलता की दृष्टि से ऋग्वेद के विवेचित मन्त्र में सन्दर्भित "वहतु" शब्द महत्त्वपूर्ण है, जिसे मन्त्र के वर्णन के अनुसार सूर्या को भेंट स्वरूप सविता ने भेजा था। लैनमैन ने इसका तात्पर्य विवाह रथ माना है।[24] सायण ने इसका अर्थ गोधन तथा उन अन्य पदार्थों को माना है, जो विवाह के अवसर पर कन्या को प्राप्त होता था, जिसके कारण वह प्रसन्न रहती थी। सामान्यतया विषय विवेचकों ने इसी अर्थ को मान्यता प्रदान किया है।[25] किन्तु वस्तुस्थिति यह कि स्त्री धन के तात्पर्य के विषय में वैदिक साहित्य मौन है। जैसा कि अल्टेकर ने प्रस्तावित किया है, स्त्रीधन के आयाम की अवधारणा धर्मशास्त्रों के आधार पर ही बनाई जा सकती है।[26] धर्मशास्त्रों में स्त्री धन की व्यापक परिभाषा मनुस्मृति ने दिया है। आलोच्य स्मृति में ऐसा सन्दर्भित है कि स्त्रीधन के छह प्रकार होते हैं:- 1. उपहार, जो स्त्री को अपने माता-पिता से प्राप्त होता है, 2. उपहार, जो उसे माता से मिलता है, 3. उपहार, जो उसे अपने भाई से मिलता है, 4. प्रति उपहार, जो उसे अपने पति से विवाह के उपरान्त प्राप्त होता है, 5. उपहार, जो उसे विवाह के अवसर पर किसी अन्य व्यक्ति के द्वारा मिलता है, 6. उपहार, जो उसे विवाहोपरान्त नए (पति) कुल में जाने पर किसी अन्य व्यक्ति के द्वारा मिलता है।[27] ऐसा प्रतीत होता है कि स्मार्त व्यवस्थापना में कन्या को मिले हुए उक्त प्रकार के स्त्रीधन पर उसके अधिकार को पूरी मान्यता मिली थी। मनु ने ऐसे व्यक्तियों को पापी घोषित करते हुए अतीव निन्दा की दृष्टि से देखा है, तथा ऐसा व्याख्यायित किया है कि पति की मृत्यु के बाद यदि कोई व्यक्ति ऐसे धन का अपहरण करता है, तो वह अधोगति को प्राप्त होता है।[28] सर गुरुदास बनर्जी[29] एवं यौली[30] जैसे विषय विवेचकों ने विषय विवेचनार्थ हमारा ध्यान

गौतम धर्मसूत्र के ऐसे तीन सूत्रों की ओर आकर्षित किया है, जिनमें स्त्री धन सन्दर्भित तो हुआ है किन्तु न तो इसकी परिभाषा ही दी गई है, और न विवेचन हुआ है। तथापि, इस सन्दर्भण के आधार पर आलोचित विषय की पुरातनता अवश्य संसिद्ध होती है। स्त्रीधन की पारिभाषित व्याख्या कौटिल्य अर्थशास्त्र में प्राप्त होती है, यद्यपि यह व्याख्या भी सूत्रशैली में प्रस्तुत की गई है। अपने मूल रूप में कौटिल्यीय व्याख्या निम्नोक्त है, 'वृत्तिराबन्ध्यं वा स्त्रीधनम्। परद्विसाहसा स्थप्या वृत्तिः, आबन्धयानियमः (2.14.15.)। अर्थात् वृत्ति (जीवन वृत्ति) एवं आबन्ध्य (आभूषण, अलंकार आदि, जो शरीर को बाँधते हैं) स्त्रीधन है। वृत्ति, अधिक-से-अधिक दो सहस्र (पण) हो सकती है। आबन्ध्य की कोई सीमा नहीं निर्धारित की जा सकती है। गौतम धर्मसूत्र की व्यवस्थापना के अनुसार स्त्रीधन पर उन पुत्रियों का अधिकार होता है, जो अविवाहित हैं, तथा जिनका जीवन अभी स्थिर नहीं है।[31] गौतम ने पुनः व्याख्यापित किया है कि माता से जो सम्पत्ति प्राप्त होती है, उसका विभाजन पुत्री की पुत्रियों में होना चाहिए।[32] यदि ऐसी पुत्रियाँ नहीं हैं, तो बहन के शुल्क पर वैपित्रेय भ्राता को मिलना चाहिए, उस स्थिति में जब कि माता की मृत्यु हो चुकी हो।[33] किंचित अन्तर के साथ यही व्यवस्थापना बौधायन धर्मसूत्र में भी उपलब्ध होती है। सूत्रकार ने इस बात पर बल दिया है कि आभूषण के अतिरिक्त वह समस्त सम्पत्ति पुत्रियों को मिलनी चाहिए जो माता को उसके विवाह के अवसर पर प्राप्त हुआ है।[34] इनकी व्यवस्थापना के अनुसार ऐसी मृत कुमारी की सम्पत्ति, जिसका वाग्दान हो चुका है, उसके वैपित्रेय भाइयों को मिलना चाहिए अथवा ऐसे भाइयों के अभाव में माता अथवा पिता को मिलना चाहिए। सन्दर्भित सम्पत्ति में सुवर्ण तथा समस्तरीय उपहारों को सम्मिलित किया जाता था।[35] वसिष्ठ धर्मसूत्र की व्यवस्थापना के अनुसार माता के वैवाहिक उपहारों को पुत्रियों में बराबर-बराबर विभाजित किया जाना चाहिए।[36] कौटिल्य के अनुसार यदि कोई स्त्री पति के जीवन-काल में मृत्यु को प्राप्त होती है, तो ऐसी स्थिति में स्त्रीधन का विभाजन पुत्र एवं पुत्रियों में होना चाहिए। उसकी पुत्रविहीनता की स्थिति में पुत्रियों को मिलना चाहिए, यदि पुत्रियाँ भी नहीं हैं, तो ऐसी स्थिति में ऐसी सम्पत्ति पर पति का अधिकार होता है।[37] कौटिल्य ने विवाह के प्रकार के आधार पर भी स्त्रीधन के विभाजन के सन्दर्भ में भेदभाव दिखाया है। इन्होंने ऐसा व्यवस्थापित किया है कि असुर अथवा निम्नस्तरीय विधि के अनुसार विवाहित स्त्री यदि सन्तति-विहीनता की स्थिति में दिवंगत होती है तो उसके सम्बन्धियों को वह समस्त वैवाहिक शुल्क प्राप्त होता है, जो उसे

विवाहित होने पर अपने सगे सम्बन्धियों से मिला रहता है।[38] कौटिल्य ने पुनः व्याख्यापित किया है कि यदि किसी स्त्री ने कई बार विवाह किया है, तो ऐसी स्थिति में स्त्रीधन पुत्रों में वितरण करते समय इस बात पर ध्यान देना चाहिए कि सम्बन्धित पिता से कौन-सा धन मिला है।[39] आलोचित अर्थशास्त्री ने ऐसा भी व्याख्यापित किया है कि यदि किसी विधवा का पुनर्विवाह होता है, तो उसका पति केवल स्त्रीधन की रक्षा करता है, भोग नहीं कर सकता हैं।[40] मनुस्मृति की व्यवस्थापना में कुछ भिन्नता दिखाई देती है। इनके अनुसार माता की मृत्यु के उपरान्त उसकी सम्पत्ति का समान विभाजन वैपित्रेय पुत्रों एवं पुत्रियों में होना चाहिए।[41] श्लोकान्तर में मनु ने इस बात पर बल दिया है कि माता का जो कुछ 'यौवतक' अर्थात् पृथक् सम्पत्ति है, उसे केवल अविवाहित कन्या का अंश मानना चाहिए।[42] मनु के श्लोकान्तर में ऐसा भी व्याख्यापित किया गया है कि 'अन्वधेय' अर्थात् विवाहोत्तर उपहार अथवा पति से मिला हुआ स्नेह-संज्ञापक उपहार मृत स्त्री की सन्तानों को मिलता है, यद्यपि पति अभी जीवित है।[43] मनु-स्मृति के श्लोकान्तर की व्याख्यापना के अनुसार प्रथम पाँच प्रकार की विवाह-विधि के अनुसार विवाहित स्त्री यदि सन्तति-विहीन दिवंगत होती है तो स्त्री-धन पति को प्राप्त होता है, किन्तु असुर-विधि से विवाहिता स्त्री के दिवंगत होने पर सन्तति-विहीनता की स्थिति में स्त्रीधन माता-पिता के पास चला जाता है।[44] इसके अतिरिक्त मनु ने ऐसा भी व्याख्यापित किया है कि यदि कोई स्त्री पुत्र-विहीन है, तो ऐसी स्थिति में स्त्रीधन केवल अविवाहित पुत्रियों को ही मिल सकता है, सभी पुत्रियों को नहीं।[45] उक्त धर्मशास्त्रीय एवं अर्थशास्त्रीय विवरणों से यह सुव्यक्त हो जाता है कि निहित अवधारणा के अनुसार 'स्त्रीधन' एकान्तिक सम्पत्ति के रूप में प्रतिष्ठापित था। इसे एक ऐसे न्यास के रूप में ग्रहण किया जा सकता है, जो सामान्य सम्पत्ति से भिन्न था, अनेक विधि-विधानों के अनुसार इसे परिकल्पित किया गया था, स्त्री के साम्पत्तिक अधिकारों के सन्दर्भ में इसमें एक ऐसी विशिष्टता थी जिसने ऐसे सामान्य सम्पत्ति से भिन्न रूप दिया था तथा जिसकी अधिकृति सत्ता स्त्री में केन्द्रित थी। आलोचित कालावधि की यह एक महत्त्वपूर्ण विशेषता मानी जा सकती है, जबकि अनेक प्रकार से 'स्त्रीधन' की उत्तराधिकारिणी पुत्रियाँ ही मानी जाती थी। अर्थशास्त्रीय और धर्मशास्त्रीय प्राविधानों को यदि तुलनात्मक दृष्टि से देखा जाए तो ऐसा प्रतीत होगा कि कौटिल्य और मनु ने 'स्त्रीधन' पर पुत्री और पुत्र दोनों का समान अधिकार माना था, किन्तु कौटिल्य के विपरीत मनु ने 'यौवतक' पर केवल पुत्रियों का अधिकार माना था । वरीयता के क्रम

में प्रथम स्थान अविवाहिता पुत्रियों को दिया गया था, दूसरे क्रम पर सम्पत्ति-विहीन विवाहिता पुत्रियों को रखा गया था, तथा तीसरे क्रम पर अन्य विवाहिता पुत्रियों को रखा गया था।

सामान्यतया ऐसी धारणा प्रचलित थी कि कन्या 'परकीय अर्थ' है, तथा उसे सुरक्षित 'न्यास' की भाँति पति को सौंपकर पिता की आत्मा को शान्ति मिलती हैं (द्रष्टव्य, 'अर्थो हि कन्या परकीय एवं तामद्य सम्प्रेष्य परिग्रहीतुः । जातो ममाय विशदः प्रकामं प्रत्यर्पितन्यास इवान्तरात्मा ।।' (अभिज्ञानशाकुन्तलम्)

"कान्यायाः परार्थता मतैव" (उत्तररामचरितम्)।

अतएव परम्परया उसे पितृकुल से स्थायी वास के लिए पतिकुल में जाना पड़ता था, तथा ऐसी स्थिति में उसे सामान्यतया पितृधन में कोई अधिकार विहित नहीं किया गया था। तथापि कुछ विशेष परिस्थितियों में उस के लिए विधि-व्यवस्थापकों ने साम्पत्तिक अधिकारों का प्राविधान बना लिया था। वस्तुतः ऐसी प्रवृत्ति का प्रादुर्भाव वैदिक युग में ही हो चुका था। यजुर्वेद संहिता से सम्बन्धित दोनों ही शाखाओं के ग्रन्थों में स्त्रियों के साम्पत्तिक अधिकार को आज्ञप्त नहीं किया गया है।[46] फलतः वैदिक परम्परा के निर्वाहक गौतम, बौधायन, आपस्तम्ब एवं वशिष्ठ जैसे धर्मसूत्रकारों ने स्त्रियों को साम्पत्तिक उत्तराधिकार के लिए अयोग्य घोषित किया है।[47] कौटिल्य की व्यवस्थापना के अनुसार पुत्रियों को जीवन-यापन एवं वैवाहिक प्रदेय के लिए पर्याप्त धन मिलना चाहिए। कौटिल्य ने इस सन्दर्भ में जीवन-यापन के लिए "नैवेशनिक" एवं वैवाहिक प्रदेय के लिए "प्रादानिक" जैसे शब्दों का व्यवहार किया है (सन्निविष्ठ सममसंनिविष्टेभ्यो नैवेशनिकं दधुः -3.5.21)। आर.पी. कांगले ने "नैवेशनिक" शब्द की व्याख्या करते हुए, इसका तात्पर्य उस आदेय से माना है, जो कन्या को उसके विवाह के अवसर पर अधिकृत अंश के अतिरिक्त प्राप्त होता है।[48] प्रस्तुत विद्वान के अनुसार "प्रादानिक" का तात्पर्य वैवाहिक व्यय से माना गया है।[49] कौटिल्य-अर्थशास्त्र के गणपतिशास्त्री संस्करण में "प्रादानिक" के स्थान पर "प्रादनिक" शब्द प्राप्त होता है।[50] मनु की व्यवस्थापना के अनुसार पिता और माता के दिवंगत होने के उपरान्त, जितने भी भाई हैं वे सभी एकत्र होकर पैतृक सम्पत्ति का आपस में बराबर-बराबर बँटवारा कर सकते हैं, क्योंकि पिता-माता की जीवन्त स्थिति में सम्पत्ति पर उनका किसी प्रकार का अधिकार नहीं होता है।[51] इस सन्दर्भ में गौतम धर्मसूत्र (28.1), बौधायन धर्मसूत्र (2.3.8), याज्ञवल्क्य-स्मृति (2.117), नारद-स्मृति, कुल्लूक भट्ट तथा राघव भट्ट के विषयानुकूल स्थानों एवं भाष्यों के आलोक में मनुस्मृति की

सन्दर्भित व्यवस्था पर निम्नोक्त टिप्पणी प्रस्तुत करते हैं कि पिता की सम्पत्ति और माता की सम्पत्ति पृथक्शः इनके दिवंगत होने के उपरान्त विभाजन का विषय बनता था। मनु के सन्दर्भित श्लोक में प्रयुक्त "ऊर्ध्व" का तात्पर्य है कि पिता के संन्यासी होने के उपरान्त भी उसकी सम्पत्ति का विभाजन होता था। समान विभाजन उसी स्थिति में होता था, जबकि ज्येष्ठ पुत्र अपने अतिरिक्त अंश (जयेष्ठांश) का दावा नहीं प्रस्तुत करता था । सन्दर्भित श्लोक के अन्तिम चरण से ध्वनि निकलती है कि माता-पिता की अनुमति मिलने पर उनके जीवन काल में विभाजन सम्भव था।[52] माता की सम्पत्ति का पृथक्शः विभाजन स्त्री के साम्पत्तिक-अधिकार का संकेतक माना जा सकता है। कुमारी कन्या के विषय में मनु ने ऐसा व्याख्यापित किया है कि ऐसी कन्या को प्रत्येक भाई के अंश का चौथा भाग मिलना चाहिए। ऐसे विधान के अस्वीकार करनेवाले भाई को जाति-बहिष्कृत कर देना चाहिए।[53] आलोचित श्लोक की ऐतिहासिक व्याख्या, बूलर ने विष्णु स्मृति, याज्ञवल्क्य स्मृति, नारद-स्मृति, मेधातिथि, कुल्लूक भट्ट एवं याज्ञवल्कय के प्रसंगानुकूल श्लोकों एवं भाष्यों के आधार पर निम्नवत किया है;— ऐसी स्थिति में जबकि किसी व्यक्ति की भिन्न-भिन्न वर्णोंवाली भार्याओं से सन्तानें होती हैं, तो ऐसी स्थिति में प्रत्येक भाई को अपनी ही जातिवाली कुमारी बहन को यौतक देना उचित है, अर्थात् यदि ब्राह्मण पुत्र है तो ब्राह्मणी पुत्री को यौतक देगा अथवा यदि क्षत्रिय पुत्र है तो क्षत्रिया पुत्री को ही यौतक देगा। इसी प्रकार अन्य सन्दर्भों में मेधातिथि का भाष्य अधिक स्पष्ट है। इन्होनें श्लाकान्तर्गत "स्वाभ्यः" शब्द की व्याख्या "स्वाभ्यस्तु" करते हुए "तु" अर्थात् "किन्तु" शब्द का प्रयोग करते हुए सुप्रतिष्ठापित मान्यता के साथ-साथ प्रतिमान्यता की संकेतक टिप्पणी प्रस्तुत किया है, तथा ऐसा अभिव्यंजित किया है कि प्रत्येक भाई अपने ही वर्ण की बहिन के लिए यौतक-विषयक निर्धारित अंश को अधिकृत कर सकता है। इस सन्दर्भ में कुल्लूक भट्ट का संशोधन-सापेक्ष भाष्य अपेक्षाकृत अधिक शिथिलीकरण का अभिद्योतक है, जिसके अनुसार सगे भाई के अभाव में वैमत्रेय भ्राता को ऐसी बहन के लिए यौतक विषयक सम्पत्ति को न्यस्त करना चाहिए। आलोचित श्लोकान्तर्गत "चतुर्थ अंश" के सन्दर्भ में मेधातिथि ने भाषित किया है कि भाई को तीन चौथाई तक तथा बहन को एक चौथाई अंश मिलना चाहिए; तथा यदि बहनों की संख्या एक से अधिक है तो ऐसी स्थिति में प्रत्येक बहन सवर्ण भाई का एक चौथाई अंश ग्रहण कर सकती है। इस सन्दर्भ में, कुल्लूक भट्ट मेधातिथि के भाष्य से प्रायः सहमत हैं, किन्तु इसके साथ ही अपना अतिरिक्त भाष्य प्रस्तुत करते हैं

कि यदि एक ही वर्ण के कई भाई-बहन हों किन्तु विभिन्न माताओं से उत्पन्न हुए हों, तो ऐसी स्थिति में सगे भाइयों द्वारा एक चौथाई भाग बहन को दिया जाना अपेक्षित है। यह स्मरणीय है कि मेधातिथि ने उन सभी भाष्यकारों के सुझाव का कटु खंडन किया है, जिनके अनुसार एक चौथाई भाग वस्तुतः नहीं मिलना चाहिए, अपितु उतना ही मिलना चाहिए जितने से वैवाहिकी अदायगी पूरी हो सके।[54]

धर्मशास्त्रियों ने माता की सम्पत्ति के उत्तराधिकार के प्रश्न को भी विवेचित करने का प्रयास किया है। गौतम के अनुसार माता की पृथक् सम्पत्ति उसकी अविवाहित कन्या को मिलनी चाहिए। यदि कोई भी अविवाहित कन्या नहीं है, तो ऐसी स्थिति में अनियत जीविका उपार्जन वाली विवाहित कन्या को मिलनी चाहिए।[55] बौधायन की व्यवस्थापना के अनुसार माता के आभूषणों की अधिकारिणी पुत्रियाँ होती हैं।[56] वशिष्ठ धर्मसूत्र में भी एतत्सम अवधारणा प्रतिष्ठापित की गई है।[57] मनु के अनुसार माता के दिवंगत होने पर सभी वैपित्रेय भ्राता एवं सभी वैपित्रेयी बहनें पृथक् मातृ-सम्पत्ति को बराबर-बराबर बाँट लें।[58] कुल्लूक भट्ट एवं राघव भट्ट जैसे भाष्यकारों ने इस अधिकारांश को सीमित करते हुए इसे सांकेतिक सम्मानांश की संज्ञा दिया है। इन दोनों ही भाष्यकारों ने बृहस्पति के एक स्थल के आधार पर उक्त संज्ञा प्रस्तावित किया है। कुल्लूक ने सांकेतिक सम्मानांश का तात्पर्य एक चौथाई भाग माना है। उल्लेखनीय है कि मनु ने माता की पृथक् सम्पत्ति के मूल शब्द "यौतक" का प्रयोग किया है।[59] वस्तुतः स्मृतिकार नारद ने इसे सुव्याख्यापित करते हुए इसे 'स्त्रीधन' के अतिरिक्त पृथक् सम्पत्ति का द्योतक माना है।[60]

ऐसी स्थापना की गई है कि मनुस्मृति के दो श्लोकों (9.192, 9.131) की अभिव्यंजनाएँ स्वतः विरोधी बन जाती हैं। श्लोक 9.192 के अनुसार माता की सम्पत्ति को भाइयों एवं बहनों में समान रूप से वितरित कर देना चाहिए, किन्तु श्लोक 9.131 के अनुसार माता की पृथक् सम्पत्ति केवल अविवाहित पुत्री को ही मिलना चाहिए। सन्दर्भित विषयक-विवेचक ने, ऐसी स्थिति में सन्देह व्यक्त किया है कि मातृधन में उसकी सारी सम्पत्ति सम्मिलित रही होगी, फिर पृथक् सम्पत्ति अविवाहित पुत्री को कैसे मिल सकती है।[61] ऐसा प्रतीत होता है कि इस संशय-सापेक्ष अवधारणा में "अव्याप्ति" दोष क्रियाशील है। ऐसे संशय को प्रस्तुत करने के पूर्व वस्तुतः स्मार्त परम्परा की पूरी छानबीन करना आवश्यक हो जाता है। जैसा कि पूर्वगामी अनुच्छेद में यह चर्चित किया जा चुका है, माता की पृथक् सम्पत्ति का अर्थ है यौतक विषयक धन जो माता के

सामान्य धन अर्थात् "स्त्रीधन" के अतिरिक्त होता था। आलोचित कालावधि में सभ्रातृक कन्या के साम्पत्तिक अधिकार के सम्बन्ध में प्रायः अवनमित स्थिति ही दृष्टिगोचर होती है। गौतम, वशिष्ठ जैसे धर्मसूत्रकारों ने पैतृक सम्पत्ति में पुत्रियों को कोई स्थान नहीं दिया है। समस्तरीय व्यवस्थापना मनुस्मृति ने की है। यद्यपि आपस्तम्ब ने पुत्रियों के ऐसे अधिकार के लिए व्यवस्थापना किया है, किन्तु उसी स्थिति में जब इसके लिए कोई अन्य सपिंड व्यक्ति अथवा अन्तेवासी अथवा आचार्य न हों। कौटिल्य की व्यवस्था में पुत्री का पैतृक सम्पत्ति में उत्तराधिकार प्रतिभासित अवश्य होता है, किन्तु सीमित रूप में, तथा उसी स्थिति में जबकि उसके दावेदार के रूप में कोई भाई नहीं होता है।

अभातृक पुत्री के साम्पत्तिक अधिकार के सन्दर्भ में धर्मशास्त्रीय एवं अर्थशास्त्रीय परम्पराओं में भिन्न-भिन्न व्यवस्थापनाएँ उपलब्ध होती हैं। इस सन्दर्भ में जहाँ-जहाँ उदार विचार प्राप्त होते हैं, उसका कारण ऐसी पितृ-विषयक मनोवैज्ञानिक संवृति को मान सकते हैं जिसकी स्वाभाविक परिणति पैतृक सम्पत्ति में पुत्री के अधिकार में हुई थी। इन परम्पराओं में ऐसा विहित है कि पुत्र विहीनता की स्थिति में पिता अपनी पुत्री को पुत्रवत ग्रहण कर लेता था, तथा ऐसी पुत्री को "पुत्रिका" की संज्ञा प्रदान की जाती थी। वस्तुतः ऐसी प्रवृत्ति के अंकुर वैदिक युग से ही मिलने लगते हैं। ऋग्वेद के एक सूक्त की अख्यापना से व्यक्त होता है कि अभातृक पुत्री को पैतृक सम्पत्ति मिल सकती थी।[62] अपेक्षाकृत उत्तरकालीन वैदिक ग्रन्थ तैत्तिरीय संहिता के एक स्थल से व्यक्त होता है कि अपवादतः अभातृक कन्या पैतृक सम्पत्ति की अधिकारिणी बन सकती थी।[63] प्रकारान्तरतया इस पुरातन प्रवृत्ति का प्रभाव बौद्ध परम्परा पर भी परिलक्षित होता है। इसका अभिव्यक्तीकरण थेरीगाथा के एक स्थल से होता है, जहाँ कोई माता अपनी अभातृक पुत्री को अनुशासित करती है कि वह पुत्री यदि भिक्षुणी बन जाती है, तो पैतृक सम्पत्ति किसी सपिंड को मिलने का भय है।[64]

सूत्रकारों में आपस्तम्ब की व्यवस्थापना उल्लेखनीय है, जिसके अनुसार पुत्र विहीनता की स्थिति में पुत्री पैतृक सम्पत्ति की उत्तराधिकारिणी बन सकती है, किन्तु उसी दशा में जब कि इसका दावेदार कोई सपिंड न हो।[65] इससे ऐसा प्रतिध्वनित होता है कि सामान्य स्थिति में अभातृक पुत्री भी पैतृक सम्पत्ति की उत्तराधिकारिणी नहीं बन सकती थी। यह भी स्मरणीय है कि आपस्तम्ब की उक्त व्यवस्थापना से स्पष्ट नहीं हो पाता है कि ऐसी दावेदार सामान्य पुत्री

थी, अथवा विशेष कोटि की पुत्री थी, जिसे धर्मशास्त्रीय परम्परा में पुत्रिका की संज्ञा प्रदान की गई है। यदि यह मान लें कि यह आपस्तम्बीय व्यवस्थापना सामान्य अभातृक पुत्री के लिए है, तो यह निश्चय के साथ कहना पड़ेगा कि सन्दर्भित व्यवस्थापना एक ऐसी विशिष्टता का द्योतक है, जिसके समस्तरीय प्रमाण अन्य धर्मसूत्र-ग्रन्थों में नहीं मिलते हैं।

इस सन्दर्भ में यह एक विचारणीय विषय बन बैठता है कि पैतृक सम्पत्ति के उत्तराधिकार के सन्दर्भ में पुत्रिका की क्या स्थिति थी? तथा इस प्रसंग में धर्मशास्त्रीय व्यवस्थापना का प्रारूप क्या है? गौतम धर्मसूत्र एवं आपस्तम्ब धर्मसूत्र के उल्लेखों से व्यक्त होता है कि एक विशेष धार्मिक अनुष्ठान को सम्पन्न कर पुत्रिका को साम्पत्तिक उत्तराधिकार प्रदान किया जाता था। इस विशेष अनुष्ठान में अग्नि एवं प्रजापति को आहूत करते हुए पिता ऐसी घोषणा करता था कि पुत्री के पुत्र को वह अपने पुत्र के रूप में स्वीकार करेगा। इस सन्दर्भ में गौतम ने किसी अज्ञातनामा व्यवस्थापक को प्रसंगित करते हुए कहा है कि यदि पिता चाहे, तो सन्नियोजित पुत्री को बिना किसी औपचारिक अनुष्ठान के भी पुत्रिका के रूप में ग्रहण कर सकता है।[66] इस प्रसंग में बौधायन की व्यवस्थापना अधिक विशिष्ट प्रतीत होती है कि कुल की एकमात्र सन्तान होने पर भी पुत्री का अधिकार पैतृक सम्पत्ति पर नहीं होता है। इसके अनुसार पुत्रिका का पुत्र ही सम्पत्ति का उत्तराधिकारी बन सकता है, क्योंकि अपने नाना का पिंड-दान वही कर सकता है।[67] वशिष्ठ ने भी पुत्रिका को पुत्र नहीं माना है। इनकी व्यवस्थापना के अनुसार जब तक विवाह के अवसर पर ऐसा अनुबन्ध नहीं बन जाता कि सम्बन्धित पुत्री के पुत्र पर नाना का अधिकार है, तब तक पुत्री को पुत्रिका के रूप में नहीं ग्रहण किया जा सकता है। अपनी व्यवस्थापना में वसिष्ठ ने निरुक्त में चर्चित एक श्रुति-वाक्य का प्रसंग दिया है, जिसके अनुसार पुत्रिका पुत्र को पुत्री के पिता के दिवंगत होने के उपरान्त अन्त्येष्टि-क्रिया का दायित्व दिया जाना चाहिए जिसके उपरान्त ही वह सम्बन्धित सम्पत्ति का उत्तराधिकारी बन सकता है। ऐसा पुत्र बारह प्रकार के पुत्रों में परिगणित किया जा सकता है, तथा इसका स्थान केवल औरस पुत्र के उपरान्त माना जाता है।[68]

पुत्री के साम्पत्तिक अधिकार में मनुस्मृति की व्यवस्थापना अधिक विशद एवं विस्तृत है। मनु ने इस प्रश्न पर विशेष विचार किया है कि पिता के जीवनकाल में उसकी सन्तानों को साम्पत्तिक अधिकार मिल सकता है अथवा नहीं? इनके मतानुसार पिता के जीवनकाल में उसकी सम्पत्ति का विभाजन पुत्रों

में और इस प्रकारान्तरतया पुत्रियों में नहीं किया जा सकता है।[69] गौतम धर्मसूत्र (28.18) वसिष्ठ धर्मसूत्र (17.17) बौधायन धर्मसूत्र (2.3.15) के समान ही मनु ने भी व्यवस्थापित किया है कि पुत्र विहीनता की स्थिति में इस घोषणा के साथ कि पुत्री-पुत्र मेरी अन्त्येष्टि-क्रिया को सम्पन्न करेगा, सम्बन्धित पुत्र को पुत्रिका के रूप में ग्रहण कर सकता है।[70] अनुवर्त्ती श्लोक में मनु ने सन्दर्भित किया है कि इसी नियम के अनुसार पुराकाल में दक्ष प्रजापति ने पुराकाल में अपनी परम्परा के विस्तारार्थ सभी पुत्रियों को पुत्रिका के रूप में नियुक्त किया था।[71] इसी रूप में दक्ष ने दस पुत्रियाँ धर्म को, तेरह कश्यप को, तथा राजा सोम को स्नेहित हृदय से प्रदान किया था।[72] अनुवर्ती महत्त्वपूर्ण श्लोक में मनु ने व्यवस्थापना किया है कि पुत्र, पिता की आत्मा के समान है, तथा पुत्री पुत्र के समान है, तो ऐसी स्थिति में दुहिता के रहते हुए साम्पत्तिक उत्तराधिकार किसी अन्य व्यक्ति को कैसे मिल सकता है।[73] आलोचित श्लोक के भाष्यकारों ने श्लोकान्तर्गत "दुहिता" का तात्पर्य "पुत्रिका" से माना है। मेधातिथि के भाष्य के अनुसार आलोचित श्लोक से अभिव्यंजित होता है कि यदि कोई पुत्रिका, पुत्र विहीनता की स्थिति में दिवंगत होती है, तो वह साम्पत्तिक उत्तराधिकार से वंचित रह जाती है।[74] इस प्रकार मनु ने यथासम्भव स्थिति को सन्तुलित एवं संयमित बनाने का प्रयास किया था। तथापि कुछ एक स्वाभाविक समस्याएँ आ सकती थीं। जैसा कि मनु ने स्वयं निबन्धित किया है कि ऐसी सम्भावित स्थिति बन सकती है कि पुत्रिका के पुत्र होने के उपरान्त यदि औरस पुत्र (पुत्री का भाई) होता है, तो सम्पत्ति के दोनों पुत्रों में समान विभाजन की समस्या उठ सकती है। आलोचित श्लोक से यही प्रतिध्वनित होता है कि दोनों में ही सम्पत्ति का समान विभाजन अपेक्षित माना गया है।[75] दूसरी समस्या उस समय उठ सकती है, जबकि पुत्रिका संयोगतः पुत्र विहीनता की स्थिति में दिवंगत हो जाती है। ऐसी स्थिति में पुत्रिका-पति बिना हिचक के साम्पत्तिक उत्तराधिकार का दावेदार बन सकता है।[76] इस श्लोक का भाष्य प्रस्तुत करते हुए कुल्लूक ने व्यवस्थापित किया है कि श्लोक के मन्तव्य के अनुसार ऐसी सम्पत्ति का पुनर्ग्रहण पिता नहीं कर सकता है, क्योंकि मृत पुत्रिका उसके पुत्र के समान थी। इसी प्रकार एक दूसरे भाष्यकर्ता ने व्याख्यापित किया है कि पिता के भाई भी ऐसी स्थिति में पुत्रिका की सम्पत्ति को नहीं ले सकते हैं।[77] श्लोकान्तर में मनु ने पुनः व्यवस्थापित किया है कि पुत्र के पुत्र में और पुत्री के पुत्र में कोई अन्तर नहीं है, क्योंकि पुत्र विहीन पिता को पुत्री का पुत्र लोकान्तर में सुरक्षित रखता है।[78] इसके एक अनुवर्ती श्लोक में मनु ने प्राविहित किया है

कि पुत्रिका का पुत्र औरस पुत्र की ही भाँति साम्पत्तिक उत्तराधिकार के योग्य है, क्योंकि नियमानुसार बीज और फसल दोनों पर भूस्वामी का अधिकार होता है।[79] अनुवर्ती दो अन्य श्लोकों में इसी आशय को मनु ने शब्दान्तरों में स्पष्ट किया है। प्रथम श्लोक में कहा गया है कि माता के लोकेतर गमन के उपरान्त सभी वैपित्रेय पुत्रों एवं वैपित्रेयी पुत्रियों में माता की सम्पत्ति का समान रूप से विभाजित किया जाना अपेक्षित है।[80] दूसरे श्लोक के अनुसार स्नेहवश पुत्रियों को भी मातामही की सम्पत्ति का कतिपयांश मिलना वांछनीय है।[81] प्रस्तुत श्लोक पर कुल्लूक, नारद एवं राघव के मत महत्त्वपूर्ण प्रतीत होते हैं। कुल्लूक के अनुसार सन्दर्भित अंश केवल अविवाहित प्रपौत्रियों को मिल सकता है, नारद के अनुसार पुत्रियों की मृत्यु होने पर उनकी पुत्रियों को उनके मातुल-वर्ग की अनुमति की स्थिति में ही अंशाधिकार मिल सकता है, समस्तरीय मत का प्रख्यापन राघव ने किया है।[82]

साम्पत्तिक अधिकार एवं उत्तराधिकार में विधवाओं के प्रति व्यवस्थापकों का दृष्टिकोण क्या था? विशेषतया आलोचित कालावधि में ऐसे प्रश्न पर विचार किया जा सकता है। पुरातनता की पृष्ठभूमि में विमर्शित किया जाए तो प्रतीत होगा कि वैदिक युग में विधवा को पति की सम्पत्ति के उत्तराधिकार की मान्यता नहीं मिली थी, यद्यपि विशेष परिस्थितियों में पुत्रिका अथवा अविवाहित कन्या को अल्पतः अथवा अंशतः साम्पत्तिक अधिकर-विषयक मान्यता प्रदान करने में वैदिकों ने अनुदारता नहीं दिखाई थी। ऐसी सामान्य स्थिति की अवधारक सीमाओं के होते हुए भी, कभी-कभी उत्तरकालीन वैदिक ग्रन्थों में ऐसे स्थल अवश्य उपलब्ध होते हैं, जिनके आधार पर विधवाओं की साम्पत्तिक अधिकार उपलब्धि का अनुमान लगाया जा सकता है। तैत्तिरीय संहिता में स्त्रियों को साम्पत्तिक अधिकार के लिए अयोग्य घोषित किया गया है।[83] किन्तु शतपथ ब्राह्मण में ऐसी विधवाएँ सन्दर्भित हुई हैं, जो साम्पत्तिक अधिकार के लिए अपना दावा प्रस्तुत करती हैं।[84] इन्हीं परिस्थितियों में उस अद्भुत प्रथा को अपनाया गया जिसे नियोग की संज्ञा दी जाती है। विवेच्य विषय के आलोचकों ने नियोग प्रथा के स्वरूप एवं कारणों को निरूपित करने का प्रयास किया है। ऐसी अवधारणा भ्रामक प्रतीत होती है कि आर्यों ने इसे अपने आर्येतर प्रतिवेशियों से सीखा था।[85] यह प्रथा यूनान के स्पार्टन समाज में[86] तथा यहूदियों में[87] प्रचलित थी, तथा ओल्ड टेस्टामेंट में सन्दर्भित है कि यदि कोई स्त्री विधवा हो जाती है, तो मृत पति का भाई उक्त विधवा के साथ पतिवत व्यवहार करता है।[88] वस्तुतः इस प्रथा के प्रचलन में मनोवैज्ञानिक एवं

व्यावहारिक पक्ष का योगदान था, तथा ऐसी स्थिति में यह निश्चित करना सुकर नहीं है कि कौन सी विशेष संस्कृति से किस विशेष संस्कृति में इसे अपनाया गया था। अल्टेकर के अनुसार सभी संस्कृतियों में स्त्री को सम्पत्ति के रूप में ग्रहण किया जाता था, जो अपने पति के घर स्थानान्तरित होती थी। ऐसी धारणा प्रचलित थी कि न केवल उसका पति के साथ परिणय ही होता था, अपितु पति के कुल में उसका परिणयन भी होता था।[88] नियोग प्रथा के अधिवाचकों ने इस सन्दर्भ में गौतम की एक प्रसंगानुकूल व्यवस्थापना को उद्धृत किया है, जिसके अनुसार कुल (न केवल पति) को स्त्री का दान किया जाता है (कुलाय हि स्त्री दीयते इति उपदिशन्ति 2.10.27) अल्टेकर ने इस बात पर भी बल दिया है कि पुत्र विहीनता की स्थिति में दिवंगत होना एक आधिदैविक प्रकोप माना जाता था, अतएव देवर का सम्बन्धित विधवा के साथ विवाह की व्यवस्थापना की गई थी, अन्यथा विधवा का किसी अजनबी व्यक्ति के साथ संयुक्त होने का भय था। अल्टेकर ने इस महत्त्वपूर्ण तथ्य की ओर भी ध्यान आकर्षित किया है कि सभ्यता के प्राथमिक स्तरों पर दत्तक पुत्र की अपेक्षा नियोग जन्य पुत्र को वरीयता दी जाती थी। दत्तक पुत्र के कारण विधि सापेक्ष समस्याएँ आ सकती थीं, जिसके समाधानार्थ समाज में अभी सम्पोषक पद प्रक्षेप नहीं हुआ था। एक वैदिक ऋषि के उद्घोष के अनुसार दत्तक पुत्र को वस्तुतः पुत्र की कोटि में रखा ही नहीं जा सकता है (न शेषों अग्ने अन्यजातमस्मि, ऋग्वेद 7.5.7)। वस्तुतः दत्तक पुत्र की धमिनियों में परिवार का रक्त नहीं होता था, किन्तु नियोग जन्य पुत्र में उस स्त्री का रक्त होता था, जो उसी परिवार की अभिन्न सदस्या होती थी। महाभारत और रामायण में ऐसे अनेक चरित नायक चर्चित हुए हैं, जो नियोगजन्य हुआ करते थे। महाभारत में स्पष्टतया निबन्धित है कि यदि कोई पत्नी अपने पति से वियुक्त हो जाती है, तो वह देवर को पति के रूप में वरण करती है (नारी तु पत्यभावे वै देवरं कृणुते पतिम्, 13.12.19)।[89]

नियोग प्रथा समीक्षा धर्मशास्त्रीय व्याख्यापना के सन्दर्भ में की जाए तो यह प्रतीत होगा कि आपस्तम्ब[90] और बौधायन[91] ने नियोग प्रथा का घोर विरोध किया है। गौतम[92] एवं वशिष्ठ[93] ने दो प्रतिबन्धों के साथ नियोग को व्यवहार में लाने की अनुमति प्रदान किया है। एक तो यह कि पुत्र-जननार्थ विधवा को अनुमति मिलना चाहिए, दूसरे इस कार्य में बाहरी व्यक्ति को न नियुक्त किया जाए केवल देवर ही इस कार्य को सम्पन्न कर सकता है। आपस्तम्ब की व्यवस्थापना से यह स्पष्ट हो जाता है कि आलोचित व्यवस्थापक ने नियोग-प्रथा का इसलिए विरोध किया है, क्योंकि ऐसी स्थिति में नियोग-जन्य पुत्र

की धार्मिक उपलब्धियों का फल प्रजनक को मिलने लगता है।[94] गौतम की व्यवस्थापना के अनुसार यदि विधवा को नियोग-जन्य पुत्र प्राप्त होता है, तो ऐसी स्थिति में साम्पत्तिक उत्तराधिकार क्षेत्रज पुत्र को ही मिलता है अन्यथा यदि विधवा को मृत व्यक्ति का ही पुत्र होनेवाला हो, तो ऐसी स्थिति में वह सम्पत्ति की अस्थायी संरक्षिका होती है।[95] ऐसी स्थिति के कारण कुछ ऐसा परिवेश बनता जा रहा था कि नियोग-जन्य पुत्र केवल एक बहाना अथवा प्रदर्शन था तथा वास्तविक उद्देश्य सम्पत्ति का हड़पना था। इसीलिए वशिष्ठ ने ऐसी व्यवस्थापना घोषित कर दी थी कि यदि उद्देश्य साम्पत्तिक उत्तराधिकार है, तो नियोग को अनुमति नहीं दी जा सकती है।[96]

मनुस्मृति की व्यवस्थापना के अनुसार यदि कोई व्यक्ति पुत्र-विहीनता की स्थिति में दिवंगत हो जाता है, तो सगोत्र वयक्ति ही उससे पुत्र उत्पन्न करेगा तथा ऐसा पुत्र समस्त सम्पत्ति का अधिकारी बनेगा।[97] इस श्लोक को सन्दर्भित करते हुए नारद ने भाषित किया है, "सगोत्राद यदि तन्तुं सन्तानम् आहरेद् अनियुक्तापि स्त्री तदा गोलोकत्वऽपि तस्य ज्ञात्पन्तराभावे क्षेत्रपतिधनहारित्वम् इत्यर्थः" अनियोग की स्थिति में भी यदि कोई विधवा सगोत्र व्यक्ति के संगमन से पुत्र-लाभ करती है, तो ऐसा पुत्र सम्पूर्ण सम्पत्ति का अधिकारी बनेगा। भाषितार्त में नारद ने उन अज्ञातनामा व्यवस्थापकों को प्रसंगित किया है, जिनके अनुसार आलोचित श्लोक की अभिव्यंजना शूद्र-स्त्रियों की संकेतक है।[98] आपस्तम्ब एवं अन्य व्यवस्थापकों की ही भाँति मनु ने भी विधवा के मृत पति की सम्पत्ति का कोई भी अंश उसे आज्ञप्त नहीं किया है। इनकी व्यवस्थापना के अनुसार पुत्र-विहीनता की स्थिति में मृत व्यक्ति की सम्पत्ति का न्यगमन वरीयता के क्रमानुसार पिता, भाई तथा सपिंड एवं सकुल्य व्यक्ति के लिए आज्ञप्त है। इनके अभाव में सम्पत्ति का न्यगमन आचार्य या अन्तेवासी को होता है। यदि इन दोनों में कोई भी उपलब्ध नहीं है, तो उस पर राजा का अधिकार माना गया है। किन्तु पारम्परिक व्यवस्था के अनुसार नियत उत्तराधिकारियों के अभाव में राजा अन्य वर्णों की सम्पत्ति तो ले सकता है, किन्तु ब्राह्मण की सम्पत्ति नहीं ले सकता है।[99] इस सन्दर्भ में कौटिल्य की व्यवस्थापना धर्मशास्त्रीय व्यवस्थापना से काफी मिलती-जुलती है। इनके अनुसार मृत पति की सम्पत्ति पर विधवा का कोई अधिकार नहीं माना जाता है। वह ऐसी सम्पत्ति से उतना ही अंश ग्रहण कर सकती है, जिससे उसकी जीवन-वृत्ति सम्भव बन सके। यदि राज्य ने ऐसी विधवा के पति की सम्पत्ति का अधिग्रहण कर लिया हो, तो ऐसी स्थिति में राजा की ओर से उसे मात्र जीवन-वृत्ति मिलना चाहिए।[100]

धर्मशास्त्रीय एवं अर्थशास्त्र के उक्त आदेश-निर्देशों के सन्दर्भ में यह निष्कर्ष निकाला जा सकता है कि सम्बन्धित व्यवस्थापकों ने विधवाओं को पति की सम्पत्ति का उत्तराधिकार आज्ञप्त नहीं किया है। सूत्रकारों में केवल गौतम ने उदारनीति अपनायी है, तथा ऐसा व्यवस्थापित किया है कि पुत्र-विहीन विधवा अन्य सपिंडों के साथ पति की सम्पत्ति की उत्तराधिकारिणी बन सकती है।[101] बोधायन, वशिष्ठ एवं आपस्तम्ब ने कौटिल्य की भाँति केवल जीवन-वृत्ति के लिए उपयुक्त अंश के अधिकार की मान्यता प्रदान किया है। मनु पुत्र विहीन विधवा के साम्पत्तिक अधिकार के प्रति उदार नहीं प्रतीत होते हैं, तथा इन्होंने विधवा की अपेक्षा सपिंडों को वरीयता प्रदान किया है। सूत्रों के काल में नियोग-प्रथा काफी प्रचलित प्रतीत होती है, सम्भवतः इसलिए क्योंकि मृत पति की सम्पत्ति को अधिकृत करने के लिए, वह भी नियोग-जन्य पुत्र के ब्याज से, यह एक व्यावहारिक माध्यम बन चुका था।

आलोचित कालावधि में जहाँ तक स्त्रियों के साम्पत्तिक अधिकार का सामान्य प्रश्न है, पहली बार साम्पत्तिक अधिकार की परिकल्पना की गई थी। पति की मृत्यु के उपरान्त वही पुत्रों की संरक्षिका के रूप में स्वीकार की गई थी, तथा उसके जीवन-काल में पैतृक सम्पत्ति का विभाजन विधि-सापेक्ष नहीं माना जाता था। मनु की व्यवस्थापना के अनुसार, जब तक माता और पिता दोनों ही जीवित हैं, पुत्र-गण पैतृक सम्पत्ति का आपस में विभाजन नहीं कर सकते है।[102] प्रकारान्तरतया: इस श्लोक से यही अभिव्यक्त होता है कि विधवा होने पर पति की सम्पत्ति पर पत्नी का अधिकार बनता था, तथा उसके दिवंगमन के उपरान्त ही पैतृक सम्पत्ति पर पुत्र-गण अपना दावा घोषित कर सकते थे। श्लोकान्तर में मनु ने व्यवस्थापित किया है कि पुत्र की सन्तति-विहीनता की स्थिति में दिवंगत होने पर उसकी सम्पत्ति की अधिकारिणी उसकी माता होती है, अथवा यदि माता दिवंगत हो चुकी है तो उस पर (पैतृक) मातामही का अधिकार बनता है[103] मनु के पूर्ववर्ती व्यवस्थापक गौतम ने, इस सन्दर्भ में, स्थापना किया है कि यदि आसुर विधि से विवाहित कोई स्त्री दिवंगत होती है, तो ऐसी स्थिति में वैवाहिक-शुल्क वैपित्रेय भाइयों अथवा उनके अभाव में माता को हस्तान्तरित किया जाना चाहिए।[104]

आलोचित कालावधि की विशेषता रही है कि, धर्मशास्त्रीय एवं अर्थशास्त्रीय व्यवस्था में हिन्दू सामाजिक प्रथाओं को प्रामाणिक रूप में निर्धारित किया गया, तथा उन्हें संग्रहीत कर संहिता का रूप दिया गया। इसमें सन्देह नही की पूर्ववर्ती वैदिक युग की तुलना में, आलोचित कालावधि में स्त्रियों की सामान्य

स्थिति अवनमित हुई, तथापि उसके साम्पत्तिक अधिकारों के सन्दर्भ में उन्नयन के प्रमाण मिलते हैं। वैदिक युग के "परिणाह्य" की तुलना में इस युग के "स्त्रीधन" की अवधारणा के क्षेत्र में विस्तार हुआ। "पुत्रिका" की अवधारणा के सन्दर्भ में न केवल नैरन्तर्य के लक्षण मिलते हैं, अपितु इसके दृढ़ीकरण के प्रमाण भी उपलब्ध होते हैं। वशिष्ठ जैसे व्यवस्थापक ने पुत्रिका को भावी उत्तराधिकारणी एवं पिंड-दान के लिए योग्य भी घोषित किया। यद्यपि विधवा की दशा के सन्दर्भ में उदार-सापेक्ष विचार नहीं प्रकट किए गए हैं तथापि नियोग के माध्यम से प्रकारान्तरतया उसका साम्पत्तिक अधिकार बन बैठा था। सर्वाधिक उन्नयन के प्रमाण माता की स्थिति के सन्दर्भ में मिलते हैं। सामाजिक एवं पारिवारिक परिवेश में उसे न केवल सम्मानित स्थान मिला था, अपितु वह विधवा होने पर पुत्रों के साथ-ही-साथ पति की सम्पत्ति की संरक्षिका भी थी, तथा पुत्र-विहीन मृत पुत्र के सम्पत्ति को भी उसके अधिकृत किया गया था।

सन्दर्भ-निर्देश

1. काणे, हिस्ट्री आफ धर्मशास्त्र, भाग 5, खंड 2, पृ. 12.
2. सेक्रेड बुक्स आफ दि ईस्ट, भाग 14, पृ. 13.
3. नीलकंठ शास्त्री, ए हिस्ट्री ऑफ साउथ इंडिया, पृ. 70.
4. रामगोपाल, इंडिया आफ वैदिक कल्पसूत्राज, पृ. 99.
5. काणे, हिस्ट्री आफ धर्मशास्त्र, तत्रैव, पृष्ठांक 67-70.
6. सेक्रेड बुक्स आफ दि ईस्ट, भाग 14, पृ. 13.

6अ. काणे, तत्रैव, पृ.13.

7. वशिष्ठ धर्मसूत्र, 1, 8, 9, 12, 13.
8. तिस्रो ब्राह्मणस्य भार्या वणानुपूर्व्येण द्वे राजनस्य एकैका वैश्यशूद्रयोः। शूद्रामप्येके मन्त्रवर्जंतदत्। तथा न कुर्यात्। अतो हि ध्रुवः कुलापकर्षः प्रेत्य चास्वर्गः। तत्रैव, 1.24.27.

8अ. तत्रैव, 1.8.13.

8ब. मनुर्नामकश्चित्पुरुषविशेषोऽनेकवेकवेदशाखाध्ययन-विज्ञानाष्ठानसम्पन्नःस्मृति-परम्पराप्रसिद्धः। मेधातिथि

8स. मनुर्नाम महर्षिरशेष वेदार्थज्ञानेन प्राप्तमनुसंज्ञ। गोविन्दराज

9. सेक्रेड बुक्स आफ दि ईस्ट, भाग 25, पृष्ठ 14
10. ऋचो यजूंषि सामानि मन्त्रा आथर्वणाश्च ये। महर्षिभिस्तु तत्प्रोक्तं स्मार्तं तु मनुरब्रवीत्।। कुल्लुक

11. सेक्रेड बुक्स आफ दि ईस्ट, भाग 24, पृ. 15
12. बृहस्पति-स्मृति, अध्याय 13
13. काणे, हिस्ट्री आफ धर्मशास्त्र, भाग 2, खंड 1, पृष्ठ 12
14. मनुस्मृति, 9, 104-106, 111-112, 149-154, 165
15. सविता विष्णोई, इकोनामिक स्टेट्स आफ वीमेन इन एंशेंट इंडिया, पृष्ठ 41
16. विशेष विवरण के लिए द्रष्टव्य, आर. पी. कांगले, दि कौटिलीय अर्थशास्त्र, भाग 3, पृ. 59, जे.एफ. फ्लीट, शमशास्त्री-सम्पादित अर्थशास्त्री के अंग्रेजी अनुवाद पर भूमिका टिप्पणी, एफ. डब्ल्यू. टामस, कैम्ब्रिज हिस्ट्री आफ इंडिया, भाग 1 ए.डी. पुसाल्कर, भास-ए स्टडी ।
17. विशेष विवरण के लिए द्रष्टव्य, जे. यौली, इंट्रोडक्शन टू पंजाब एडीशन आफ कौटिल्य अर्थशास्त्र, ए.बी. कीथ, ए हिस्ट्री आफ संस्कृत लिटरेचर, के.पी. जायसवाल, हिन्दू पालिटी, एन.एन. लाहा, कलकत्ता रिव्यू, आर.पी. कांगले, दि कौटलीय अर्थशास्त्र, भाग 3.
18. कौटिल्य अर्थशास्त्र (शमशास्त्री सम्पादित), पृष्ठांक 161-163
19. तत्रैव, पृ. 160
20. तत्रैव, पृ. 160
21. तत्रैव, पृ. 163
22. तत्रैव, पृ. 163
23. काणे, भाग 2 (अर्जुन कश्यप कृत हिन्दी अनुवाद), पृ. 937, सूर्याया वहतुः प्राग्सविता यमवासजत। ऋग्वेद 10.85.13. इस मन्त्र की आवृत्ति अथर्ववेद में भी मिलती है, 14.1.13, 14.2.1
24. काणे, तत्रैव, पृ. 937
25. काणे, तत्रैव, पृ. 937
26. अल्टेकर, दि पोजीशन आफ वीमेन इन हिन्दू सिविलाइजेशन, पृ. 220
27. अध्यग्न्यध्यावहनिकं दत्तं च प्रीतिकर्माणि। भ्रातृमातृपितृप्राप्तं षडविधं स्त्रीधनं स्मृतम् ।। मनुस्मृति 9.194
28. स्त्रीधनानि तु ये मोहादुपजीवन्ति मानवाः । नारीयानानि वस्त्रंवा ते पापा यान्त्यधोगतिम्।। तत्रैव, 3.52
29. दोनों विद्वानों के मत प्रसंग के लिए द्रष्टव्य अल्टेकर, तत्रैव
30. तत्रैव
31. गौतम धर्मसूत्र, 28,22
32. तत्रैव

33. तत्रैव 28.23
34. बौधायन धर्मसूत्र, 17.46
35. अपरार्क द्वारा उद्धृत, पृ. 754
36. वशिष्ठ धर्मसूत्र 17.46
37. अर्थशास्त्र, 2.16
38. तत्रैव
39. तत्रैव
40. तत्रैव, 2.15
41. मनुस्मृति, 9.196-197
42. तत्रैव, 9.131. बूलर के अनुसार "यौतक" शब्द का रूपान्तर "सेपरेट प्रापर्टी" अर्थात् पृथक् धन सार्थक है, क्योंकि अनुवर्ती श्लोक 214 में बड़े भाई द्वारा अर्जित व्यक्तिगत सम्पत्ति का समान अर्थ में प्रयोग हुआ है। मेधातिथि, कुल्लुक और नारद के अनुसार यहाँ तात्पर्य समस्त "स्त्रीधन" से है। मेधातिथि ने यहाँ अन्य (आचार्यों) का उल्लेख किया है, जिनके अनुसार श्लोक का संकेत "सौदायिक" से जो स्त्री अपने पिता से प्राप्त करती है। श्लोकान्तर्गत "कुमारी" का तात्पर्य मेधातिथि एवं कुल्लुक ने अविवाहित कन्या से माना है। किन्तु नारद ने इसे पुत्र-विहीन कन्या का द्योतक माना है। "दौहित्र" का तात्पर्य भाष्यकारों के अनुसार पुत्रिका पुत्र से है।
43. मनुस्मृति, 9.195
44. तत्रैव, 9. 196-197
45. तत्रैव, 9. 131
46. तैत्तिरीय संहिता, 6.5.8.2., शतपथ ब्राह्मण, 4.4.2.13,
47. बौधायन धर्मसूत्र, 2.4.46.
48. कांगले-कृत, कौटिलीय अर्थशास्त्र, का अनुवाद, पृ. 210
49. कांगले-कृत, कौटिलीय अर्थशास्त्र भाग 1, ग्लासरी, पृ. 49
50. तत्रैव, पृ. 104, टिप्पणी, पृ. 21
51. मनुस्मृति, 9.104
52. सेक्रेड बुक्स आफ दि ईस्ट, भाग 25 टिप्पणी 104
53. मनुस्मृति 9,118.
54. सेक्रेड बुक्स आफ दि ईस्ट, भाग 25,. पृष्ठांक 348-349, टिप्पणी 118
55. गौतम धर्मसूत्र, 20.8.25
56. बौधायन धर्मसूत्र, 2.2.34
57. वशिष्ठ धर्मसूत्र, 17.46

58. मनुस्मृति, 9.192
59. इस निष्कर्ष में नारद की व्यवस्थापना का ध्यान नहीं दिया गया है।
60. सेक्रेड बुक्स आफ दि ईस्ट, भाग 25, पृ. 370, टिप्पणी 192
61. सविता विष्णोई, तत्रैव, पृ. 56
62. ऋग्वेद, 1.124.7
63. तैत्तिरीय संहिता, 6.5.8.2
64. थेरीगाथा, संख्या 327
65. आपस्तम्ब धर्मसूत्र, 2.6.14, 2-4
66. गौतम धर्मसूत्र, 28.19.20
67. बौधायन धर्मसूत्र, 2.3.15
68. वशिष्ठ धर्मसूत्र, 17.17.15
69. मनुस्मृति 9.104
70. तत्रैव, 9.127
71. तत्रैव, 9.128
72. तत्रैव, 9.129
73. तत्रैव, 9.130
74. सेक्रेड बुक्स आफ दि ईस्ट, भाग 25, टिप्पणी 130
75. मनुस्मृति 9.134
76. तत्रैव, 9.135
77. सेक्रेड बुक्स आफ दि ईस्ट, भाग 25, पृ. 353, टिप्पणी 135
78. मनुस्मृति 9.139
79. तत्रैव, 9.145
80. तत्रैव, 9.192
81. तत्रैव,9.193
82. सेक्रेड बुक्स आफ दि ईस्ट, भाग 24, पृष्ठ 370, टिप्पणी 193.
83. तैत्तिरीय संहिता, 6.5.8.2.1
84. शतपथ ब्राह्मण, 4.4.2.13
85. सविता विष्णोई, तत्रैव, पृ. 61
86. अल्टेकर तत्रैव पृष्ठ 143
87. स्पेन्सर, सोशियोलाजी, भाग 1, पृ. 661
88. ड्यूटर्नामी, 25, 5-10
89. अल्टेकर, तत्रैव पृष्ठांक 143-144

90. आपस्तम्ब धर्मसूत्र, 2.136,
91. बौधायन धर्मसूत्र. 2.4.9
92. गौतम धर्मसूत्र, 18.4
93. वशिष्ठ धर्मसूत्र, 17.14.15
94. आपस्तम्ब धर्मसूत्र, 2.13.6
95. गौतम धर्मसूत्र, 18.4
96. वशिष्ठ धर्मसूत्र, 17.14.15
97. मनुस्मृति 9.190 96.
98. सेक्रेड बुक्स आफ दि ईस्ट, भाग 25, पृष्ठ 369 टिप्पणी 190
99. मनुस्मृति 9. 185, 186, 189
100. अर्थशास्त्र, 3.5.29, विशेष विवरण के लिए द्रष्टव्य, काणे, हिस्ट्री आफ धर्मशास्त्र, पृष्ठ 763, अर्थशास्त्र की मूल पंक्ति निम्नोक्त हैं,
अदायादकं राजा हरेत् स्त्रीवृत्ति प्रेतकदर्यवर्जमन्यत्र श्रोत्रियद्रव्यात्। तत्र
त्रैविद्येभ्यः प्रयच्छेत।
101. गौतम धर्मसूत्र, 28.2
102. मनुस्मृति 9.104
103. तत्रैव, 9.227
104. गौतम धर्मसूत्र, 28.23

श्रेण्य युग में स्त्रियों के साम्पत्तिक अधिकार

आलोचित अध्याय में विवेच्य विषय को प्रकाशित करनेवाले उस अवान्तर स्तर की चर्चा की जाएगी, जिसे अध्ययन की सुविधा के लिए श्रेण्य (क्लासिकल) युग की संज्ञा दी जाती है, तथा जिसके संवर्तन की अवधि लगभग द्वितीय शताब्दी ईस्वी से सातवीं शताब्दी ईस्वी तक माना जाता है। इस युग में साक्ष्यों में, सर्वाधिक महत्त्व याज्ञवल्क्य-स्मृति को प्रदान किया जाता है। यौली महोदय इसका समय चतुर्थ शताब्दी ईस्वी मानते हैं।[1] काणे ने इसे प्रथम शताब्दी ईसा पूर्व एवं तीन सौ ईस्वी की अन्तर्वर्ती अवधि में रखा है।[2] प्रामाणिकता की दृष्टि से इसे मनुस्मृति के उपरान्त रखा जाता है, किन्तु हिन्दू विधि-विधानों में याज्ञवल्क्य-स्मृति, मनुस्मृति की अपेक्षा अधिक लोकप्रिय रही है। परम्परा के अनुसार याज्ञवल्क्य मिथिला के निवासी थे, तथा उन्होंने ऋषियों की साग्रह प्रार्थना पर वर्णाश्रम धर्म एवं अन्य सामाजिक संस्थाओं का उपदेश प्रदान किया था। प्रस्तुत स्मृति में मनुस्मृति-सम विवरण पाए जाते हैं, किन्तु अपेक्षाकृत संक्षिप्तीकरण का प्रयास किया गया है। इसके तीसरे कांड में "व्यवहार" विमर्शित किया गया है, जिसमें सम्पत्ति-विभाजन के स्वरूप एवं प्रारूप की चर्चा की गई है। ऐसी स्थापना की गई है कि याज्ञवल्क्य वे पहले स्मृतिकार हैं, जिन्होंने मृत व्यक्ति की सम्पत्ति के दावेदारों का अनुक्रम विवेचित किया है।

आलोचित कालावधि के मूल स्रोतों के दूसरे क्रम पर विष्णुस्मृति को रखा जा सकता है। यद्यपि इसे मूल विष्णु धर्मसूत्र का अवान्तर-कालीन स्वरूप मानना प्राय: आपत्तिजनक प्रतीत होता है, तथापि अवान्तर-कालीन स्फीत प्रारूप मानने में कोई हानि नहीं दिखाई देती है। लुई रेनों ने मूल विष्णु धर्मसूत्र का समय 300 ई.पू. एवं 100 ईस्वी के बीच रखा है, तथा विष्णु स्मृति को इसका अवान्तर-कालीन स्फीत प्रारूप मानते हुए इसे 400 ईस्वी और 600 ईस्वी में रखा है।[3] यौली की समीक्षा के अनुसार प्रस्तुत रचना को तृतीय अथवा चतुर्थ शताब्दी ईस्वी में रखा जा सकता है। यही मत महामहोपाध्याय पी.वी.

काणे का भी रहा है। आलोचित परिच्छेद के विषयानुकूल एवं प्रसंगानुकूल प्राय: सभी अपेक्षित तथ्यों का परिचय एवं परिचर्चा सन्दर्भित में उपलब्ध होती है। ऐसी स्थापना की गई है कि साम्पत्तिक उत्तराधिकार के सन्दर्भ में अनुक्रम का निर्धारण विष्णुस्मृति में सविशेष किया गया है।[4] याज्ञवल्क्य-स्मृति में जो कुछ संयोजन प्रायोगिक एवं प्राविधिक रूप में किया गया है, उसका सम्यक् परिपल्लवन विष्णु-स्मृति में प्राप्त होता है। मिताक्षरा की पंक्तियों से यह सुव्यक्त हो जाता है कि वस्तुतः विष्णु-स्मृति ने ही पुत्री के पुत्र के साम्पत्तिक अधिकार को सुनिश्चित किया था।[5]

स्मृतिकार पराशर की तिथि के विषय में कुछ निश्चय के साथ कहना सुकर नहीं है। ऋषि के रूप में पराशर की सूचना महाभारत से प्राप्त होती है। महाकाव्य में इन्हें कृष्णद्वैपायन व्यास के जनक के रूप में प्रसंगित किया गया है। किन्तु स्मृतिकर्ता पराशर से इनकी एकता स्थापित करने के लिए ठोस प्रमाण उपलब्ध नहीं होता है। उपलब्ध पराशर-स्मृति में ऐसा प्रसंगित है कि जिस समय ऋषियों ने व्यास से धर्म-विषयक जिज्ञासा किया, उन्होंने ऋषियों को पराशर के पास जाने की सलाह दिया। पराशर ने इन्हीं ऋषियों की जिज्ञासा को पूरी करने के लिए प्रस्तुत स्मृति की रचना किया। उल्लेखनीय है कि स्मृतिकार के रूप में पराशर का सन्दर्भ याज्ञवल्क्य-स्मृति में भी दिया गया है, जो इनके पूर्ववर्ती होने के तथ्य को प्रमाणित करता है। पर ऐसी सम्भावना को स्वीकार करने में सबसे बड़ी यह कठिनाई दिखाई देती है कि पराशर-स्मृति ने भी याज्ञवल्क्य को सन्दर्भित किया है। अतएव इन प्रसंगों के आधार पर पराशर की पूर्वकालीनता अथवा उत्तरकालीनता से सम्बन्धित पृच्छाओं का समाधान नहीं किया जा सकता है। कौटिल्य ने "राजधर्म" के प्रसंग में पराशर का उल्लेख किया है, जब कि उपलब्ध स्मृति के प्रसंग "आचार" एवं "प्रायश्चित्त" तक ही सीमित हैं। अतएव मात्र सम्भावना ही की जा सकती है कि उपलब्ध पराशर-स्मृति का कोई पुराना संस्करण भी रहा होगा, जिसमें "आचार" एवं "प्रायश्चित्त" के अतिरिक्त अन्य अनेक प्रसंग संकलित रहे। होंगे। यद्यपि उपलब्ध पराशर-स्मृति की कोई निश्चित तिथि निर्धारित नहीं की जा सकती है, तथापि इतना तो कहा ही जा सकता है कि यह पूर्वमध्यकाल के अन्तिम चरण की रचना है, जिसके स्थलों की प्रामाणिकता को स्वीकार करते हुए मिताक्षरा, अपरार्क, स्मृति-चन्द्रिका आदि मध्य-कालीन रचनाओं में प्रसंगित किया गया है। आलोचित विषय के सन्दर्भ में पराशर-स्मृति का चतुर्थ अध्याय महत्त्वपूर्ण माना जाता है, जिसके अनुसार पुत्रहीन मृत व्यक्ति की

सम्पत्ति की अधिकारिणी अविवाहिता कन्या, अथवा ऐसी कन्या के अभाव में विवाहिता कन्या बन सकती है।[5क]

नारद-स्मृति को प्रायः पराशर-स्मृति के उपरान्त रखा जा सकता है, यद्यपि जैसा की पूर्व अनुच्छेद में प्रसंगित किया जा चुका है कि पराशर-स्मृति की निश्चित तिथि के विषय में कोई साहसिक निष्कर्ष नहीं निकाला जा सकता है। यौली की समीक्षा के अनुसार स्मृतिकार नारद का आविर्भाव सम्भवतः याज्ञवल्क्य के बाद हुआ था।[5ख] काणे के अनुसार नारद को या तो याज्ञवल्क्य का समकालीन अथवा किंचित् उत्तरकालीन माना जा सकता है।[5ग] सामान्यतया इनके आविर्भाव की सम्भावित तिथि 400 ईस्वी मानी जाती है। अपनी रचना के पुरोवाक् में नारद ने ऐसा स्वीकार किया है कि इन्होंने, मनुस्मृति में जो कुछ विवृत है, इसका संक्षिप्तीकरण करने का प्रयास किया है। किन्तु वास्तविकता ऐसी नहीं हैं। दोनों में अनेकांशतः महत्त्वपूर्ण भिन्नताएँ दृष्टिगोचर होती हैं। उदाहरणार्थ मनु की व्यवस्थापना के विपरीत नारद ने प्रचलित मान्यताओं एवं प्रथाओं को निबन्धित विधि-विधानों की अपेक्षा अधिक अभिभावी एवं प्रभावी माना है। प्रस्तुत स्मृति की विशेषता है कि इसमें ऐकान्तिक रूप में मात्र "व्यवहार" को विमर्श का विषय बनाया गया है, जिसमें अन्य तथ्यों के अतिरिक्त विधवा एवं अविवाहित कन्याओं के साम्पत्तिक अधिकारों को सम्मिलित किया गया है।[6]

क्रमानुसार नारद-स्मृति के उपरान्त बृहस्पति-स्मृति को रखा जाता है। यौली की समीक्षा के अनुसार बृहस्पति का आविर्भाव छठीं अथवा सातवीं शताब्दी ईस्वी में हुआ था[7], जब कि काणे के अनुसार इनका आविर्भाव 200 और 400 ईस्वी के बीच कभी हुआ था।[8] बृहस्पति-स्मृति विखंडित स्थिति में उपलब्ध हुई है। मनु के प्रति अपनी श्रद्धा-भाव को प्रदर्शित करते हुए बृहस्पति ने ऐसा व्यक्त किया है कि अभी तक कोई ऐसी विधि संहिता नहीं बन सकी है, जिसकी व्यवस्थापनाएँ मनु-स्मृति के विरोध में जा सकें। अधिकांशतः बृहस्पति ने साम्पत्तिक उत्तराधिकार के निबन्धन में याज्ञवल्क्य एवं विष्णु की व्यवस्थापनाओं का अनुगमन किया है।

आलोचित कालावधि के स्मृतिकारों में कात्यायन का महत्त्व इसलिए है, क्योंकि शंख-लिखित ने इन्हें धर्म-व्यवस्थापकों की कोटि में परिगणित किया है। जहाँ तक "व्यवहार" का प्रश्न है, इन्होंने नारद एवं बृहस्पति को अपना आदर्श माना है। किन्तु ऐसा प्रतीत होता है कि अपेक्षाकृत इन्हें बृहस्पति की प्रामाणिकता अधिक मान्य थी। अधिकांशतः इन्होंने अपनी

व्यवस्थापनाओं के समर्थनार्थ बृहस्पति को ही प्रसंगित किया है। इनकी उक्तियों से प्रतीत होता है कि पुत्री के पुत्र को साम्पत्तिक उत्तराधिकारी मानने के लिए ये तैयार नहीं थे, किन्तु आत्मजा के प्रति वात्सल्य-प्रेम के कारण इन्होंने साम्पत्तिक उत्तराधिकार की मान्यता अवश्य प्रदान किया था।

अवान्तर कालीन स्मृतिकार व्यास की विशेषता है कि इन्होंने अपनी रचना को चार अध्यायों में विभाजित कर इनमें विभिन्न भाष्यकारों की व्यवस्थापनाओं का संकलन किया है। व्यास ने दिवंगत भर्ता की सम्पत्ति पर विधवा के अधिकार पर विशेष बल दिया है। प्रस्तुत स्मृतिकार की व्यवस्थापना के अनुसार पैतृक सम्पत्ति पर पिता एवं पुत्र का समान अधिकार होता है।[9] इसके अतिरिक्त इन्होंने इस बात पर भी बल दिया है कि पुत्र अपने पिता की इच्छा के विरुद्ध भी सम्पत्ति-विभाजन का दावा प्रस्तुत कर सकता है।[10] व्यास स्मृति के इन अन्तः साक्ष्यों के आधार पर काणे ने ऐसा सुझाव रखा है कि व्यास का आविर्भाव याज्ञवल्क्य एवं बृहस्पति के काल में ही हुआ होगा, अर्थात् इनका समय द्वितीय एवं पाँचवीं शताब्दी के बीच में कहीं रखा जा सकता है।[11]

आलोचित कालावधि में विवेच्य विषय की वस्तुस्थिति पर हारीत-संहिता के उपलब्ध उद्धरणों पर भी सन्तोषजनक प्रकाश पड़ता है। ये उद्धरण आपस्तम्ब एवं वशिष्ठ द्वारा प्रसंगित किए गए हैं। किन्तु इनकी प्रामाणिकता के पोषणार्थ विश्वसनीय साक्ष्य नहीं मिलते हैं। यह महत्त्वपूर्ण है कि हारीत के उद्धरण सूत्ररूप में मिताक्षरा, दायभाग आदि निबन्ध-कृतियों में प्राप्त होते हैं। इससे यह अभिव्यक्त होता है कि मूलरूप में हारीत-सहिता का कोई वृहत् संस्करण रहा होगा, तथा इसकी रचना सूत्रपरक शैली में हुई होगी। जैसा कि काणे महोदय ने व्यवस्थापना किया है तथा अन्तः साक्ष्यों से भी यही व्यक्त होता है कि हारीत की व्यवस्थापनाएँ प्राङ् मनु काल को इंगित करती हैं। उदाहरणार्थं हारीत की स्थापना है कि पिता के दिवंगत होने के उपरान्त सम्पत्ति का बँटवारा सभी पुत्रों में समान रूप से होना चाहिए।[12]

साक्ष्यों की उक्त पृष्ठभूमि में आलोचित कालावधि में विवेच्य विषय पर विचार किया जाए तो ऐसा प्रतीत होगा कि, जबकि पूर्ववर्ती युग में पत्नी और पति का सम्पत्ति पर सह-स्वामित्व माना जाता था, इस युग में पत्नी का अधिकार जीवनयापन एवं निवेशन तक सीमित किया गया था। प्रस्तुत सन्दर्भ में याज्ञवल्क्य के कुछ-एक प्रसंगों का उल्लेख किया जा सकता है। उदाहरण के लिए उक्त स्मृतिकार ने शुद्ध आचरणवाली पत्नी के साथ विश्वासघात

करनेवाले पति की तीव्र भर्त्सना की है। इनकी व्यवस्थापना के अनुसार पति की आज्ञाकारिणी, गृह-सम्भार की व्यवस्था में सक्रिय एवं सक्षम, उत्तम पुत्र की जननी, मृदुभाषिणी पत्नी का परित्याग करनेवाले पति को सम्पत्ति का तृतीयांश उक्त पत्नी को मिलना चाहिए, तथा यदि पति निर्धन है तो ऐसी स्थिति में उसे पत्नी के लिए जीवन-यापन की व्यवस्था करनी चाहिए।[13] जहाँ तक सम्पत्ति-विभाजन का सम्बन्ध है पति के जीवन काल की स्थिति में पत्नी को पुत्रों के बराबर अंश मिलना चाहिए।[14] स्त्रीधन को सन्दर्भित करते हुए, स्मृतिकार ने ऐसा व्यवस्थापित किया है कि श्वसुर से मिले हुए स्त्रीधन के अर्द्धांश की वह अधिकारिणी बन सकती है, तथा इस बात पर भी बल दिया है कि यदि वह पितरों के लिए श्राद्ध-क्रिया सम्पन्न करती है तो सम्पत्ति-विभाजन के समय उसे स्त्रीधन का अपेक्षित समान अंश मिलना चाहिए।[15] यदि उसे पति से स्त्रीधन मिला हो, तो वह ऐसे धन के उतने ही अंश की अधिकारिणी बन सकती है, जो पुत्र को प्राप्त हुए धन के बराबर हो। याज्ञवल्क्य ने स्त्रीधन के स्वरूप की जो परिभाषा दिया है, वह अपने मूलरूप में वक्ष्यमाण है :

"पितृमातृपतिभ्रातृदत्तमध्यग्न्युपागतम् ।
आधिवेदनिकाद्यं च स्त्रीधनं परिकीर्त्तिम् ।।
बन्धुदत्तं तथा शुल्कमन्वाधेयकमेव च।"

(याज्ञवल्क्य-स्मृति, 2.143-144)

अर्थात् "पिता, माता, पति अथवा भाई द्वारा प्रदत्त, या जो कुछ विवाह अग्नि के समक्ष प्राप्त होता है, या पति द्वारा अन्य स्त्री के साथ विवाह करने की स्थिति में (हरजाना) के रूप में प्राप्त होता है—इन्हें स्त्रीधन कहा जाता है। (इसके अतिरिक्त) शुल्क एवं बन्धु-बान्धवों से उपहार के रूप में प्राप्त होता है। (उन्हें भी स्त्रीधन में सम्मिलित किया जाता है)

ऐसा प्रतीत होता है कि नारद-स्मृति के काल तथा स्त्रीधन की परिभाषा एवं स्वरूप में कोई उल्लेखनीय परिवर्तन नहीं आ सका था। नारद के अनुसार विवाह के अवसर पर जो कुछ दिया जाता है, विदाई के समय जो कुछ दिया जाता है, स्नेहवश जो कुछ दिया जाता है, तथा जो कुछ भाई से प्राप्त होता है, वही स्त्रीधन है।[15क]

स्त्रीधन के सन्दर्भ में परिवर्तन के तथ्य वस्तुतः कात्यायन-स्मृति में उपलब्ध होते हैं। कात्यायन ने 27 श्लोकों में निबन्धित स्त्रीधन की अतीव उदार परिभाषा दिया है। अपने वर्णन के क्रम में उन्होंने पूर्ववर्ती स्मृतिकारों की स्त्रीधन सम्बन्धी व्याख्या को अंगीकार किया है। कात्यायन की व्याख्या के

अनुसार विवाह के समय अग्नि के समक्ष जो दिया जाता है, उसे विद्वानों ने "अध्यग्नि" स्त्रीधन की संज्ञा दी है। पति के घर जाती हुई स्त्री जो कुछ पिता के घर से पाती है उसे "अध्यावहनिक" स्त्रीधन कहते हैं। श्वसुर अथवा सास द्वारा स्नेह-वश जो कुछ दिया जाता है उसे "प्रीतदत्त" स्त्रीधन कहते हैं। उसे "शुल्क" कहते हैं जो बरतनों, भारवाही पशुओं, आभूषणों एवं दासों के रूप में प्राप्त होता है। विवाहोपरान्त पतिकुल एवं पित्कुल के बन्धुजनों से जो कुछ मिलता है वह "अन्वाधेय" स्त्रीधन कहलाता है। भृगु के मत से स्नेह-वश जो कुछ पति या मात-पिता से प्राप्त होता है वह "अन्वाधेय" कहलाता है।[16] स्त्रीधन से सम्बन्धित उक्त उपकरणों में कात्यायन ने निम्नोक्त अन्य अतिरिक्त उपकरणों को भी सम्मिलित किया है। इनका विवरण वक्ष्यमाण है, इनमें पहले "शुल्क" का उल्लेख किया गया है। दूसरे क्रम पर "अन्वाधेय" को रखा गया है जो कन्या को पति-कुल अथवा पिता से मिलता था। तीसरे क्रम पर "सौदायिक" को रखा गया है, जो विवाहित स्त्री अथवा कुमारी को अपने पिता या पति के घर में मिल जाता है या भाई अथवा माता-पिता से मिल जाता है।[17] कात्यायन की यह भी विशेषता है कि इन्होंने स्त्रीधन को 200 पण तक सीमित किया है, तथा अचल सम्पत्ति को देना वर्जित माना है। इसके अतिरिक्त कात्यायन ने तकनीकी कला से अर्जित धन अथवा अपरिचित व्यक्ति द्वारा दिए गए उपहार को भी स्त्रीधन नहीं माना है।

उक्त विवरण से यह स्पष्ट हो जाता है कि आलोचित कालवधि की स्मृतियों में कुछ एक विशेष प्रकार के सम्पत्ति-उपकरणों को ही स्त्रीधन में सम्मिलित किया गया है। इनके मत में स्त्री के सभी सम्पत्ति-उपकरण स्त्रीधन की परिभाषा में अन्तर्हित नहीं हो सकते थे। यह भी स्पष्ट है कि इन स्मृतियों में किसी ने भी स्त्रीधन की स्पष्ट परिभाषा नहीं दिया है। इनमें अनेक प्रकार के स्त्रीधन गिनाए अवश्य गए हैं, किन्तु इनमें स्त्रीधन का तार्किक वर्गीकरण नहीं प्राप्त होता है। इनके अन्तः साक्ष्य यह भी स्पष्ट कर देते हैं कि स्त्रीधन के प्रकारों की संख्या में क्रमशः वृद्धि होती गई। कभी तो इनकी संख्या छह बताई गई है, तथा कभी इन्हें नौ तक परिगणित किया गया है। कात्यायन ने इनके छह प्रकारों का उल्लेख करते हुए, अन्य अतिरिक्त प्रकारों को भी संयोजित किया है।

आलोचित कालावधि की स्मृतियों के अन्तः परीक्षण के आधार पर स्त्रीधन पर स्त्री के अधिकार की इयत्ता का भी अनुमान लगाया जा सकता है। कात्यायन की व्याख्यापना के अनुसार विवाहोपरान्त अथवा विवाह के पूर्व जो

कुछ भी स्त्री को अपने पति के घर में अथवा पिता के घर में पति से अथवा माता-पिता से प्राप्त होता है उसे "सौदायिक" कहा जाता है। यह धन उसे अपने स्नेहिल सम्बन्धियों से प्राप्त होता है। स्निग्ध सम्बन्धियों की उदारता के परिणाम में जीवन-यापन के लिए मिले हुए इस धन पर स्त्री का पूर्ण अधिकार बन जाता है।[18] कात्यायन ने इस बात को स्पष्टतया स्वीकार किया है कि उक्त कोटि के स्त्रीधन को स्त्री स्वतन्त्र रूप में विक्रय आदि का विषय बना सकती है, भले ही वह अचल सम्पत्ति ही क्यों न हो।[19] सन्दर्भित स्मृतिकार ने इस बात पर भी बल दिया है कि पति, पिता, पुत्र अथवा भाई स्त्री को उक्त अधिकार से वंचित नहीं कर सकता है।[20] कात्यायन ने उक्त नियम को सीमाबद्ध भी किया है। स्त्री को भी सम्पत्ति अपने पति से उपहार के रूप में मिलती है, तथा यदि वह चल सम्पत्ति है तो ऐसी स्थिति में वह उसे पति के दिवंगत होने के उपरान्त ही विक्रय का विषय बना सकती है, किन्तु जब तक पति जीवित है, उसे ऐसी सम्पत्ति को मितव्ययी होकर सुरक्षित करना चाहिए अथवा परिवार को समर्पित कर देना चाहिए।[20क]

प्रस्तुत सन्दर्भ में नारद की व्यवस्थापना लगभग कात्यायन के समान है। नारद के अनुसार स्त्री को जो सम्पत्ति अपने पति से प्राप्त हुई है, उसका उपभोग वह स्वच्छन्दतापूर्वक कर सकती है। भूमि और घर के अतिरिक्त ऐसी सम्पत्ति को वह स्वेच्छया अन्य संक्रामिता का विषय बना सकती है।[21] "स्त्रीधन" पर स्त्री के एकाधिकार पर अन्य उत्तराधिकारियों का स्वत्व नहीं, अपनी व्यवस्थापना को और अधिक स्पष्ट करते हुए बृहस्पति ने इस बात पर विशेष बल दिया है कि ऐसी अचल अथवा चल सम्पत्ति जो स्त्री को अपने श्वसुर से प्राप्त होती है, समस्तरीय उत्तराधिकारियों द्वारा छीनी नहीं जा सकती है।[22]

इस प्रसंग में विषय-विवेचकों ने यह स्वाभाविक प्रश्न उठाया है कि स्त्रीधन के प्रयोग अथवा विनियोग में पति का वर्चस्व किस सीमा तक माना जा सकता है। सम्बन्धित साक्ष्यों से व्यक्त होता है कि परिवार पर कोई आपत्ति आने पर, धार्मिक क्रियाओं के सम्पादनार्थ अथवा (परिवार के किसी सदस्य के) रोगग्रस्त होने पर स्त्रीधन को पति प्रयोग में ला सकता था। यहाँ प्रश्न यह उठता है कि पति द्वारा इस प्रकार प्रयुक्त किया जानेवाला "स्त्रीधन" स्त्री को फिर से वापस किया जाता था, अथवा नहीं? कुछ एक व्यवस्थापक वापस किए जाने के पक्ष में हैं। याज्ञवल्क्य का मत इससे भिन्न है। प्रस्तुत व्यवस्थापक के अनुसार यदि पति ने ऐसे धन को दुर्भिक्ष की विभीषिका की

स्थिति में, धार्मिक क्रिया के सम्पादन की स्थिति में, अपनी रोगग्रस्तता की स्थिति में लेने पर लौटाने के लिए बाध्य नहीं है।[23] कात्यायन ने प्रस्तुत विषय को अधिक विस्तार के साथ विवृत किया है। इनकी व्यवस्थापना के अनुसार पति, पुत्र, पिता अथवा भ्राता, इनमें कोई भी स्त्री को उसके स्त्रीधन से वंचित नहीं कर सकता है और उसका प्रयोग भी नहीं कर सकता है।[24] इसके विपरीत आचरण करनेवाले उक्त श्रेणी के लोगों को, यदि स्त्री की इच्छा के विरूद्ध उसके स्त्रीधन का उपभोग करते हैं तो ऐसी स्थिति में उन्हें ब्याज सहित मूलधन को वापस करना पड़ेगा अथवा उन्हें दंड का भागी होना पड़ेगा।[25] इसी सन्दर्भ में कात्यायन आगे कहते हैं कि यदि किसी ने "स्त्रीधन" को स्त्री की सहमति से लिया है, तो समर्थ होने पर केवल मूलधन नहीं लौटाया जा सकता है।[26] इसी क्रम में कात्यायन अतीव कठोर शब्दों में कहते हैं कि यदि बीच में ही स्त्री के "स्त्रीधन" लेनेवाले पति ने दूसरी पत्नी रख लिया है, तो ऐसे पति को राजदंड का भागी बनते हुए पहली पत्नी को पूरा धन लौटाना पड़ेगा, भले ही उस धन को पति ने पत्नी की सहमति से लिया हो। यदि वह लौटाने की स्थिति में नहीं है, तो उसे अपनी सम्पत्ति से ही आवश्यक अंश देना पड़ेगा, तथा यदि वह बीच में दिवंगत हो जाता है, तो यह कार्य उसके उत्तराधिकारियों को पूरा करना पड़ेगा।[27] विष्णुस्मृति के अनुसार ऐसे आभूषण जो पत्नी अपने पति के जीवनकाल में धारण करती थी, उत्तराधिकारियों में बांटे नहीं जा सकते हैं।[28]

उक्त विवरण से निम्नांकित तथ्य सुव्यक्त हो जाते हैं। "सौदायिक" को छोड़कर पति स्त्रीधन को प्रयोग में ला सकता था, किन्तु समयानुसार इसे वापस भी करना पड़ता था। वह उपर्युक्त विशेष परिस्थितियों में ही स्त्रीधन को प्रयोग में ला सकता था। बिना पत्नी की सहमति के अन्यथा आचरण करने पर, वह अपराधी माना जाता था, तथा उसे ब्याज सहित मूलधन लौटाना पड़ता था। यदि वह स्त्रीधन से सम्बन्धित प्रथम पत्नी का दूसरी पत्नी के हित में उपेक्षा करता था, तो ऐसी स्थिति में अपनी सम्पत्ति से उचित अंश प्रथम पत्नी को देने के लिए उसे बाध्य किया जाता था।

आलोचित कालावधि की स्मृतियों में स्त्रीधन के उत्तराधिकारियों के प्रश्न का समाधान भी निरूपित किया जा सकता है। ऐसा प्रतीत होता है कि इस युग में "स्त्रीधन" पर स्त्री का अधिकार पहले की अपेक्षा विकास की दिशा में गतिशील हुआ था। पूर्ववर्ती युगों में "स्त्रीधन" को पुत्रों एवं पुत्रियों में समान रूप से बाँटा जाता था, किन्तु इस युग में "स्त्रीधन" पर पुत्री के एकाधिकार की व्यवस्थापना की गई थी। इस सन्दर्भ में, जहाँ तक साक्ष्यों का सम्बन्ध है उनमें

उतनी स्पष्टता नहीं है, जितना कि अपेक्षित है। इसके अतिरिक्त व्यवस्थापकों के मत में भी पर्याप्त वैषम्य दिखाई देता है। जब कि अन्य स्मृतिकारों ने स्त्रीधन के उत्तराधिकार के सन्दर्भ में पुत्रों की अपेक्षा पुत्रियों को वरीयता प्रदान किया है, कात्यायन, शंख लिखित और बृहस्पति ने दोनों को समान अधिकार प्रदान किया है। इस सन्दर्भ में कात्यायन का विवरण अधिक विस्तृत है। इनके अनुसार जीवित पतिवाली बहनें माता के "स्त्रीधन" पर भाइयों के साथ सहभागी हो सकती हैं, किन्तु ऐसी स्थिति में जब कि पुत्रियाँ नहीं रहती हैं तो दिवंगत माता के स्त्रीधन का न्यगमन पुत्रों में ही होता है।[28क]

तत्कालीन स्मृतिकारों ने कुमारी कन्या के धन के उत्तराधिकार के प्रश्न पर भी विचार किया है। इस सम्बन्ध में सभी स्मृतिकारों में सहमति दिखाई देती है। सर्वमान्य व्यवस्थापना के अनुसार ऐसी कन्या के दिवंगत होने के उपरान्त उसके स्त्रीधन का न्यगमन क्रमानुसार उसके सहोदर भ्राता, माता एवं पिता को होता है। याज्ञवल्क्य की व्यवस्थापना के अनुसार वाग्दत्ता कुमारी कन्या के विवाह के पूर्व ही दिवंगत होने पर, आवश्यक व्यय की क्षतिपूर्ति देकर "शुल्क" को वापस लेने का पूरा अधिकार है।[29] इस प्रसंग में याज्ञवल्क्य की एक दूसरी व्याख्यापना अतीव महत्त्वपूर्ण होती है, जिसके अनुसार आवश्यक ऋण चुकाने के बाद माता की सम्पत्ति में जो कुछ बच जाता है, उस पर पहले पुत्रियों का ही अधिकार बनता है। पुत्रियों के अभाव में ही यह अधिकार पुत्रों अथवा अन्य सन्तानों को मिलता है।[30] याज्ञवल्क्य की भाँति स्मृतिकार विष्णु ने भी ऐसी व्यवस्थापना किया है कि स्त्री का "स्त्रीधन" उसकी मृत्यु के बाद पुत्रियों को मिलना चाहिए।[31] लगभग समस्तरीय व्याख्यापना नारद ने भी किया है। इनके अनुसार माता के स्त्रीधन की उत्तराधिकारिणी पुत्रियाँ होती हैं, उनकी अनुपस्थिति में पुत्रियों की पुत्रियाँ, तथा उनके उपरान्त उनकी सन्तानों को यह अधिकार उपलब्ध होता है।[32] इसी प्रकार कात्यायन ने व्यवस्थापित किया है कि स्त्रीधन की उत्तराधिकारिणी अविवाहित पुत्रियाँ होती हैं। यदि अविवाहित पुत्रियाँ नहीं हैं तो ऐसी स्थिति में ऐसा उत्तराधिकार पुत्रों एवं विवाहित पुत्रियों में बराबर-बराबर बँट जाता है, तथा ऐसी स्थिति में जब कि पुत्री न हो तब इस उत्तराधिकार का न्यगमन मृत स्त्री के पुत्र को होता है।[33] किन्तु शंख लिखित एवं बृहस्पति की व्यवस्थापनाएँ इनसे भिन्न हैं। शंख लिखित के अनुसार माता की सम्पत्ति पुत्रों एवं अविवाहित पुत्रियों को बराबर-बराबर मिलती है।[34] बृहस्पति के अनुसार स्त्रीधन सन्तानों को मिलती है, जिसका तात्पर्य पुत्र एवं पुत्री दोनों से है।[35] बृहस्पति के समग्र वर्णन के अनुशीलन से कुछ अन्य महत्त्वपूर्ण तथ्य

भी सुव्यक्त हो जाते हैं।[36] सामान्यतया बृहस्पति यही कहते हैं कि स्त्रीधन के उत्तराधिकारी मृत माता की सन्तानें हैं। किन्तु इन्होंने वरीयता अविवाहित पुत्रियों को प्रदान किया है। विवाहित पुत्रियों के लिए इन्होंने पुत्री वात्सल्य के प्रतीक के रूप में स्त्रीधन के नामिक अंश की व्यवस्थापना किया है।

तत्कालीन व्यवस्थापकों ने नि:सन्तान स्त्री के "स्त्रीधन" को भी विवेचित किया है, तथा इस सन्दर्भ में याज्ञवल्क्य[37], विष्णु[38], नारद[39] तथा कात्यायन[40] की व्यवस्थापनाएँ समान बिन्दु पर केन्द्रित होती हैं। इनके अनुसार नि:सन्तान स्त्री का "स्त्रीधन" दिवंगत होने के उपरान्त पति को प्राप्त होता है, इस स्थिति में जबकि दोनों का परिणय विवाह के प्रथम चार प्रकारों के अनुसार सम्पन्न हुआ हो। इसका कारण यही माना जा सकता है कि इन चार प्रकारों में पिता अपनी पुत्री को भेंट उपहार के साथ उसके पति को सौंपता है। शेष चार प्रकारों में ऐसी व्यवस्था नहीं होती थी, भेंट उपहार वर को नहीं दिया जाता था, अतएव पितृकुल से निर्गत सम्पत्ति पिता को प्रत्यावर्तित की जाती थी। उक्त स्मृतिकारों की अपेक्षा बृहस्पति की व्यवस्थापना में अधिक विस्तार दिखाई देता है। इनके अनुसार मातृ-भगिनी, मातुल-पत्नी, पितृव्य-पत्नी, पितृ-भगिनी, पत्नी की माता तथा ज्येष्ठ-भ्राता की पत्नी माता के समान है। अतएव नि:सन्तान स्त्री के "स्त्रीधन" पर इनके वैध पुत्र का अधिकार माना जा सकता है। इनके भी नि:सन्तान होने की स्थिति में इनकी सौत के पुत्र तथा पुत्री के पुत्र को उक्त अधिकार की मान्यता दी जा सकती है।[41]

उक्त विवरण से यह प्राय: स्पष्ट हो जाता है कि सामान्यतया आलोचित कालावधि के व्यवस्थापकों के अनुसार स्त्रीधन का उत्तराधिकार पुत्रियों को मिलता था। अथवा अधिक सही शब्दों में स्त्रीधन के उत्तराधिकार के दावेदारों में वरीयता पुत्रियों को दी जाती थी। इनकी अनुपस्थिति में यह अधिकार उनकी सन्तानों को मिलता था। इनके भी अभाव की स्थिति में स्त्रीधन को उसके मूल स्रोत को प्रत्यावर्तित किया जाता था।

आलोचित युग में स्त्रीधन के प्रारूप का विवेचन विधवा की सामाजार्थिक दशा की पृष्ठभूमि में किया जा सकता है। तत्कालीन साक्ष्यों के परिशीलन से यह सुव्यक्त हो जाता है कि क्लासिकी युग में विधवा-विवाह तथा नियोग जैसी प्रथा को नितान्त निरुत्साहित कर दिया गया था। विधवा के लिए अपना शेष जीवन पूजा-पाठ, तपस्या जैसे धार्मिक एवं आध्यात्मिक कार्यों में व्यतीत करना अधिक श्रेयस्कर माना जाने लगा था। समाज एवं धर्म के व्यवस्थापकों एवं परिचिन्तकों ने ऐसा अवधारित एवं अनुभूत किया कि यदि विधवा को पुनर्विवाह

अथवा नियोग-जन्य पुत्र पाने का अधिकार नहीं दिया जा रहा है, तो ऐसी स्थिति में पारिवारिक सम्पत्ति में उसके उचित अंश को निश्चित किया जाना नितान्त अपेक्षित है। आलोचित युग के स्मृतिकारों में याज्ञवल्क्य को उस प्रथम अधिवाचक के रूप में ग्रहण किया जा सकता है जिन्होंने ऐसा व्यवस्थापित किया कि पुत्र के अभाव में पारिवारिक सम्पत्ति पर पूरा अधिकार सम्बन्धित विधवा का होता है। इन्होंने पारिवारिक सम्पत्ति पर निम्नोक्त व्यक्तियों को उत्तराधिकार की मान्यता प्रदान किया है: पत्नी, पुत्रियाँ, माता-पिता, भाई, सपिंड तथा उसके पुत्र, शिष्य, अध्यात्म-शिक्षा का सहपाठी। कहा गया है कि पुरुष सन्तान-विहीनता की स्थिति में परलोक गमन करनेवाले व्यक्ति की सम्पत्ति का उत्तराधिकार क्रमानुसार इन्हीं लोगों को मिलना चाहिए। ऐसा प्रतीत होता है कि पुरुष-सन्तान से पुत्र, पौत्र एवं प्रपौत्र का तात्पर्य है। न केवल याज्ञवल्क्य ही ने अपितु इनके भाष्यकारों ने भी मृत व्यक्ति की सम्पत्ति के उत्तराधिकारियों में वरीयता क्रम के अनुसार परलोकगामी व्यक्ति की (विधवा) पत्नी को प्रथम स्थान पर रखा है।[42]

यदि परम्परा-प्रवाह की दृष्टि से देखा जाए तो याज्ञवल्क्य के उक्त अधिवाचन को नितान्त अभिनव सर्जना नहीं माना जा सकता है। वस्तुतः इसमें उस पूर्ववर्ती अधिवाचन को विस्तार दिया गया है, जो परिच्छेदान्तर में विवेचित गौतम धर्मसूत्र में प्राप्त होता है जिसके अनुसार नि:सन्तान परलोकगामी व्यक्ति की सम्पत्ति का उत्तराधिकार उसकी (विधवा) पत्नी को प्राप्त होता है। इस सन्दर्भ में काणे महोदय ने हमारा ध्यान ऋग्वेद के एक विशेष सूक्त के प्रति आकर्षित किया है।[43] जिसे व्याख्यापित करते हुए यास्क ने ऐसा कहा है कि दक्षिण भारत में परलोकगामी व्यक्ति की पुत्र-विहीनता की स्थिति में उसकी (विधवा) पत्नी सभा भवन में पहुँचकर एक चौकी पर खड़ी होती थी, सभा भवन के सदस्य उस पर पाशक-प्रहार करते थे, तदुपरान्त वह दिवंगत पति की सम्पत्ति की उत्तराधिकारिणी घोषित होती थी। यास्क द्वारा व्याख्यापित इस आर्ष विवरण पर अपनी टिप्पणी प्रस्तुत करते हुए काणे ने ऐसा प्रस्तावित किया है कि यास्क काल में मृत व्यक्ति की सम्पत्ति का उसकी (विधवा) पत्नी को उत्तराधिकार की मान्यता उत्तर भारत में नहीं दी गई थी।[44] इससे प्रतीत होता है कि गौतम धर्मसूत्र में उस प्रथा का निर्वहन मिलता है, जो तत्कालीन दक्षिण भारत में प्रचलित था, तथा आगे चलकर आलोचित कालावधि में इसे देशव्यापी मान्यता मिली थी। उदाहरणार्थ याज्ञवल्क्य की ही भाँति स्मृतिकार विष्णु ने भी ऐसा अधिवाचित किया है कि परलोकगामी व्यक्ति के पुरुष सन्तान विहीनता

की स्थिति में उसकी सम्पत्ति की उत्तराधिकारिणी (विधवा) पत्नी होती है, पत्नी के अभाव में यह अधिकार उसकी पुत्री को मिलता है, पुत्री के अभाव में इसका अधिकारी पुत्री का पुत्र बनता है, ऐसे पौत्र के अभाव में मृत व्यक्ति के पिता, तथा पिता के अभाव में ऐसी सम्पत्ति की उत्तराधिकारिणी दिवंगत व्यक्ति की माता बनती है।[45] यह उल्लेखनीय है कि उत्तराधिकार से सम्बन्धित विधवा के लिए उक्त सम्पत्ति स्त्रीधन के अतिरिक्त होती थी। इस आशय का द्योतक साक्ष्य स्मृतिकार व्यास के विवरण में प्राप्त होता है, जिसके अनुसार दिवंगत व्यक्ति की (विधवा) पत्नी को उत्तराधिकार का उतना भाग मिलना चाहिए, जितना कि 200 पग के बराबर हो। आलोचित स्मृतिकार ने यह भी व्यक्त किया है कि यह सम्पत्ति उस सम्पत्ति के अतिरिक्त होती है, जो सम्बन्धित विधवा के स्त्रीधन के रूप में अपने पति से प्राप्त होता है।[46] यही विवरण महाभारत में भी मिलता है। किन्तु इस ग्रन्थ में 200 के स्थान पर 300 पण का उल्लेख किया गया है।[47] इतना होते हुए भी विधवा के उक्त साम्पत्तिक उत्तराधिकार पर तत्कालीन स्मार्त-व्यवस्था में अनेक प्रतिबन्ध भी लगाया गया था। स्मृतिकार बृहस्पति के अनुसार उत्तराधिकार में प्राप्त ऐसी सम्पत्ति को विधवा न तो बेच सकती थी, न उपहृत कर सकती थी और न बन्धक का विषय ही बना सकती थी। उन्होंने इस बात पर भी बल दिया है कि वह केवल इसे धार्मिक उद्देश्य से दान में लगा सकती थी।[48] प्रतिबन्ध लगाए हुए उक्त उत्तराधिकार की सम्पत्ति में स्त्रीधन भी सम्मिलित था, इस आशय का उल्लेख नारद-स्मृति में प्राप्त होता है, जिसमें पुरातन व्यवस्था की प्रमाणिकता को सन्दर्भित करते हुए कहा गया है कि विधवा ऐसी सम्पत्ति का केवल उपभोग कर सकती है। इसे वह विक्रय आदि का विषय नहीं बना सकती है।[49] यहाँ उल्लेखनीय है कि प्रस्तुत बिन्दु पर स्मृतिकार विष्णु एवं याज्ञवल्क्य मौन हैं, अर्थात् प्रकारान्तरतया यह अभिव्यक्त होता है कि विधवा के साम्पत्तिक उत्तराधिकार पर उक्त प्रतिबन्ध इन्हें मान्य नहीं हैं। आंशिक रूप में इस प्रतिबन्ध की अमान्यता का समर्थन द्वितीय शताब्दी ईस्वी से सम्बन्धित नासिक के उन महत्त्वपूर्ण अभिलेखों के द्वारा किया जा सकता है, जिनमें स्त्रियों द्वारा सम्पन्न अनुदान और भूमिदान का सन्दर्भ मिलता है।[50] अतएव, ऐसी सम्भावना को स्वीकार करने में कोई हानि नहीं दिखाई देती है। तत्कालीन अन्य स्मृतिकारों की अपेक्षा याज्ञवल्क्य एवं विष्णु की व्यवस्थापनाएँ अधिकांशत: व्यापनशील बन चुकी थीं।

आलोचित कालावधि की स्मार्त व्यवस्था के परिशीलन से यह भी स्पष्ट हो जाता है कि इस युग में कन्याओं के स्त्रीधन के अधिकार को अधिक सुरक्षित

करने का प्रयास किया गया था। इसके अनुसार माता के दिवंगत होने पर स्त्रीधन पर पुत्री का एकाधिकार माना जाता था। याज्ञवल्क्य की व्यवस्थापना के अनुसार दिवंगत माता की सम्पत्ति का वह अंश जो उसके ऋण आदि को देने के बाद बच जाता है, पुत्रियों का होता है, अथवा पुत्रियों की अविद्यमानता की स्थिति में पुत्रियों की सन्तानों का होता है।[51] समान मत की प्रतिष्ठापना स्मृतिकार विष्णु ने भी किया है, तथा ऐसा अधिवाचित किया है कि दिवंगत माता का स्त्रीधन पुत्री को मिलना चाहिए।[52] स्त्रीधन के उत्तराधिकार की समान व्यवस्थापना करते हुए, नारद ने ऐसा अधिवाचित किया है कि स्त्रीधन पर पुत्रियों का उत्तराधिकार होता है, तथा पुत्रियों के अभाव में यह अधिकार पुत्रियों की सन्तानों को मिलता है।[53] बृहस्पति की व्यवस्थापना के अनुसार माता का स्त्रीधन केवल अविवाहित पुत्रियों को उत्तराधिकार के रूप में मिलता है। इसके विपरीत जहाँ तक विवाहित पुत्रियों का प्रश्न है, उन्हें इसका मात्र नामिय अंश वात्सल्य के प्रतीक के रूप में प्राप्त होता है।[54] बृहस्पति की ही भाँति पराशर ने भी माता के स्त्रीधन के उत्तराधिकार के सन्दर्भ में अविवाहित पुत्रियों को वरीयता प्रदान किया है तथा इसके साथ ही ऐसा भी व्यवस्थापित किया है कि अविवाहित पुत्री की अविद्यमानता की स्थिति में इस धन का बँटवारा विवाहित पुत्री के पुत्र आपस में बराबर-बराबर कर सकते हैं।[55] किन्तु शंख लिखित ने व्यवस्थापित किया है कि माता का स्त्रीधन पुत्रों एवं विवाहित पुत्रियों में समान रूप में विभाजित किया जाता है।[56] स्मृतिकार कात्यायन के अनुसार सधवा बहनों एवं भाइयों में स्त्रीधन का बराबर बँटवारा होता है।[57]

उक्त विवरण से यह सुव्यक्त हो जाता है कि आलोचित कालावधि के व्यवस्थापकों ने अधिकांशतः स्त्रीधन के उत्तराधिकार के सन्दर्भ में पुत्रियों को वरीयता प्रदान किया है। तथापि, सभी व्यवस्थापकों ने उक्त प्रथा को मान्यता नहीं प्रदान किया था। कुछ-एक ने पुत्रियों के साथ पुत्रों को भी यह अधिकार प्रदान किया था। इसके अतिरिक्त कुछ-एक व्यवस्थापकों ने विवाहित पुत्रियों को स्त्रीधन में मात्र अंशाधिकार प्रदान किया था। विवेच्य विषय के स्पष्टीकरण में इस तथ्य का स्पष्टीकरण भी आवश्यक हो जाता है कि आलोचित कालावधि में ऐसे साम्पत्तिक उत्तराधिकार में भ्रातृविहीन कन्या की क्या स्थिति थी। याज्ञवल्क्य की व्यवस्थापना के अनुसार मृत व्यक्ति की सम्पत्ति के उत्तराधिकार में पहले क्रम पर उस व्यक्ति की विधवा पत्नी आती है, तथा दूसरे क्रम पर यह अधिकार (भ्रातृविहीन) पुत्री को प्राप्त होता है।[58] बृहस्पति के अधिवाचन के अनुसार भी पति की सम्पत्ति की प्रथम

उत्तराधिकारणी पत्नी होती है, पत्नी के अभाव में यह अधिकार (भ्रातृविहीन) पुत्री को प्राप्त होता है।[59] स्मृतिकार विष्णु के अनुसार भी पुत्र-विहीन व्यक्ति की सम्पत्ति माता को मिलती है, तथा माता के अभाव में इस पर पुत्री का अधिकार होता है।[60] ऐसा प्रतीत होता है कि इस युग में व्यवहार की दृष्टि से पुत्रिका की प्रथा लुप्त हो चुकी थी, यद्यपि इसके सन्दर्भ-निबन्धन का प्रचलन चल रहा था। उदाहरणार्थ विष्णु-स्मृति का कथन है कि, "पुत्रिका" के रूप में नियुक्त न होने पर भी पुत्री उतनी ही योग्य होती है जितनी कि नियुक्त पुत्रिका, अतएव माता के बाद (अथवा माता के अभाव में) सम्पत्ति की उत्तराधिकारिणी वही मानी जाती है।[61] उक्त व्यवस्थापना को स्मृतिकार नारद ने अधिक स्पष्ट शब्दों में प्रस्तुत किया है। इनके अनुसार किसी व्यक्ति की पुत्रविहीनता की स्थिति में उसकी सम्पत्ति की उत्तराधिकारिणी पुत्री होती है, क्योंकि वह पिता की वंश-शृंखला को ठीक वैसे चलाती है जैसे कि उस पिता का पुत्र चलाता है।[62] इसी अवधारणा को बृहस्पति ने "पुत्रिका" शब्द को सन्दर्भित करते हुए स्पष्ट किया है। इनके अनुसार पुत्र का पुत्र एवं "पुत्रिका" का पुत्र, ये दोनों ही मृत व्यक्ति की स्वर्ग-प्राप्ति में अपना योगदान देते हैं। अतएव दोनों साम्पत्तिक अधिकार के लिए सक्षम हैं।[63] इस सन्दर्भ में पराशर ने अविवाहित कन्या को वरीयता प्रदान किया है। इनकी व्यवस्थापना के अनुसार पुत्रविहीनता की स्थिति में परलोकगामी व्यक्ति की सम्पत्ति का उत्तराधिकार कुमारी कन्या को मिलता है। इस प्रकार यदि उक्त चारों स्मृतिकारों-याज्ञवल्क्य, विष्णु, बृहस्पति और पराशर को देखा जाए तो ऐसा प्रतीत होगा कि पहले तीनों स्मृतिकारों के अनुसार पैतृक सम्पत्ति का उत्तराधिकार विधवा माता के उपरान्त भ्रातृत्वहीन पुत्रियों को प्राप्त होना चाहिए। इस सन्दर्भ में इन तीनों स्मृतिकारों ने कुमारी एवं विवाहित कन्या में भेद नहीं स्थापित किया है। किन्तु पराशर ने स्पष्ट भेद स्थापित करते हुए ऐसा व्यवस्थापित किया है कि उक्त सम्पत्ति भ्रातृ-विहीनता की स्थिति में विधवा माता के बाद कुमारी कन्या को मिलना चाहिए। समान व्यवस्थापना का प्रतिपादन कात्यायन-स्मृति में भी किया गया है।[64] इसी सन्दर्भ में बृहस्पति ने ऐसा व्यवस्थापित किया है कि पुत्री के न रहने पर उसका पुत्र मातामह की सम्पत्ति का उत्तराधिकारी बन सकता है।[65] सामान्यतया ऐसा निष्कर्ष निकालने में कोई हानि नहीं दिखाई देती है कि पुत्री द्वारा साम्पत्तिक उत्तराधिकृत होने के सन्दर्भ में आलोचित कालावधि के व्यवस्थापकों में मतैक्य नहीं था। एक मत के अनुसार भ्रातृ-विहीनता की स्थिति में पैतृक सम्पत्ति की उत्तराधिकारणी पुत्री होती थी, इसके अधिवाचक नारद, कात्यायन एवं पराशर थे। दूसरे मत

के अनुसार ऐसी सम्पत्ति का उत्तराधिकार पहले माता को मिलता था। माता के अभाव में ही यह उत्तराधिकार पुत्री को प्राप्त होता था। यह भी ध्यातव्य है कि सामान्य रूप में विष्णु एवं नारद पैतृक सम्पत्ति में सभातृक पुत्री के भी उत्तराधिकार के हिमायती प्रतीत होते हैं। किन्तु इनके विवरण से यह स्पष्ट नहीं हो पाता कि इनका तात्पर्य कुमारी कन्या से है अथवा विवाहित कन्या से है। ऐसी केवल सम्भावना ही की जा सकती है कि सन्दर्भित दोनों स्मृतिकारों का तात्पर्य कुमारी कन्या से हैं। जहाँ तक मातृ-सम्पत्ति (माता के स्त्रीधन) का प्रश्न है, ऐसी सम्पत्ति का उत्तराधिकार पुत्री को अनिवार्यतः मिलता था। केवल शंख लिखित और कात्यायन ने पुत्रियों और पुत्रों के समान उत्तराधिकार का अधिवाचन किया है। अन्यथा अन्य व्यवस्थापकों ने पुत्रों की अपेक्षा पुत्रियों को वरीयता प्रदान किया है। इस सन्दर्भ में बृहस्पति एवं पराशर ने स्पष्टतया कुमारी पुत्रियों को प्रसंगित किया है।

आलोचित कालावधि में साम्पत्तिक उत्तराधिकार में माता की क्या स्थिति थी, उसे किन परिस्थितियों में कितना और कैसे उत्तराधिकार में मान्यता प्रदान की गई थी, इस प्रश्न पर सम्बन्धित व्यवस्थापकों ने भिन्न-भिन्न प्रतिष्ठापनाओं को प्रसंगित किया है। बृहस्पति ने ऐसी धारणा की ओर ध्यान आकर्षित किया है, जबकि कोई पुत्र बिना किसी पुत्र अथवा पत्नी को छोड़े ही परलोक-वासी हो जाता था। सन्दर्भित स्मृतिकार के अनुसार ऐसी स्थिति में वह सम्पत्ति माता को मिलनी चाहिए अथवा माता की सहमति से मृत पुत्र के भाई को मिलनी चाहिए।[66] नारद की व्यवस्थापना के अनुसार यदि कोई व्यक्ति (पुत्र) बिना पुत्र छोड़े ही दिवंगत होता है, तथा उसकी पत्नी एवं पुत्रियाँ भी जीवित नहीं हैं तो ऐसी स्थिति में उसकी सम्पत्ति का उत्तराधिकार उस मृत व्यक्ति के माता-पिता को मिलता है।[67] स्मृतिकार विष्णु ने इस विषय की प्रतिष्ठापना करते हुए ऐसा व्यवस्थापित किया है कि पुत्र-विहीन मृत व्यक्ति की सम्पत्ति का उत्तराधिकार उसकी पत्नी को मिलता है, पत्नी के अभाव में उसकी पुत्री को मिलता है, पुत्री के अभाव में उसके पिता को तथा पिता के अभाव में उसकी माता को मिलता है।[68] इस प्रकार सन्दर्भित स्मृतिकार ने ऐसी सम्पत्ति के उत्तराधिकार में पिता का क्रम माता के पहले रखा है। यही व्यवस्थापना कात्यायन स्मृति में भी प्रतिष्ठापित की गई है।[69] ऐसी स्थिति में यह कह सकते हैं कि चर्चित विशेष परिस्थिति में पुत्र की सम्पत्ति का उत्तराधिकार माता के लिए मान्य था, किन्तु मात्र बृहस्पति को छोड़कर अन्य स्मृतिकारों ने माता का क्रम पिता के उपरान्त ही रखा है।

आलोचित कालावधि के स्मृतिकारों ने साम्पत्तिक विभाजन में माता का अंश कितना होना चाहिए, इस प्रश्न पर भी विचार किया है। इस प्रसंग में यह उल्लेखनीय है कि कौटिल्य, मनु जैसे पूर्वकालीन व्यवस्थापकों ने माता को उत्तराधिकार केवल उसके "स्त्रीधन" पर ही माना था।[70] याज्ञवल्क्य-स्मृति के साक्ष्य से सुव्यक्त हो जाता है कि इस युग में स्त्रीधन के अतिरिक्त सम्पत्ति का अन्यांश भी उसे प्राप्त होता है। पति के परलोकगामी होने की स्थिति में सम्पत्ति का उतना ही अंश मिलता था, जितना कि पुत्रों को मिलता था। सह साम्पत्तिक अंश उस सम्पत्ति के (अर्थात् स्त्रीधन के) अतिरिक्त होता था, जो उसे अपने पितृकुल से मिलता था।[71] लगभग समस्तरीय व्यवस्थापना स्मृतिकार बृहस्पति एवं व्यास की उक्तियों में प्राप्त होती है। बृहस्पति की व्यवस्थापना अनुसार पिता के परलोकगामी होने पर माता को साम्पत्तिक अंश उतना ही मिलता है, जितना कि पुत्रों को प्राप्त होता है। अन्य माताओं को भी सम्पत्तिक अंश बराबर मिलता है, पुत्री चतुर्थांश की अधिकारणी होती है।[72] व्यास की व्यवस्थापना के अनुसार पिता की यदि पुत्रविहीन माताएँ हैं, तो उनको भी सम्पत्ति का समान अंश प्राप्त होता है। (मृत) पिता की माता भी सम्पत्ति के समानांश की अधिकारिणी है।[73] विष्णु, नारद एवं कात्यायन की व्यवस्थापनाएँ याज्ञवल्क्य की समस्तरीय हैं।[74]

उक्त अनेक साक्ष्य-सापेक्ष विवरणों से यहीं अभिव्यक्त होता है कि आलोचित कालावधि के व्यवस्थापकों ने पूर्ववर्ती व्यवस्थापकों की अपेक्षा स्त्रियों के साम्पत्तिक अधिकार के सन्दर्भ में अधिक उदार प्रवृत्ति का परिचय प्रस्तुत किया है। पूर्ववर्ती व्यवस्थापकों ने किसी भी माने में स्त्रियों के साम्पत्तिक अधिकार को नहीं स्वीकार किया है। कुछ-एक रूढ़िवादी व्यवस्थापकों को छोड़कर, सामान्यतया इनकी प्रवृत्ति उदार है, जिसके आधार पर हम यह कहने की स्थिति में हैं कि भारत के इतिहास में पहली बार पति की सम्पत्ति में पत्नी को पुत्रों के बराबर अंश मिलने लगा था। स्त्रीधन के आयाम में पहले की अपेक्षा अधिक विस्तार हुआ। इसमें पितृकुल से मिले हुए भेंट उपहार के अतिरिक्त पति कुल से मिली हुई सम्पत्ति समाहित हुई, जिसमें कभी-कभी अचल सम्पत्ति को भी सम्मिलित किया गया। मूलतया इन व्यवस्थापन की प्रस्तुतीकरण याज्ञवल्क्य की उक्तियों में दिखाई देती है, जो दक्षिण भारत के निवासी माने जाते हैं। किन्तु शीघ्र ही इनका आत्मसात् अन्य स्मृतिकारों की व्यवस्थापनाओं में किया गया, जिसके आधार पर इनकी लोकप्रियता एवं देश-व्यापी प्रचलनशीलता का अनुमान लगाया जा सकता है।[75]

सन्दर्भ निर्देश

1. यौली, हिन्दू लॉ एंड कस्टम्स, पृष्ठ 28
2. काणे, हिस्ट्री ऑफ धर्मशास्त्र भाग 1, पृष्ठ 447
3. जर्नल एशियाटिक 1961, पृष्ठ 163 172
4. विष्णु स्मृति, 7.4-16 के आधार पर
5. मिताक्षरा, 2.2.6

5क. दायभाग, 2.2.4 में उद्धृत

5ख. नारद-स्मृति, अंग्रेजी अनुवाद, प्राक्कथन, पृष्ठांक 17-18

5ग. काणे, तत्रैव, भाग 1, पृष्ठ 203

6. मनु स्मृति, 13, 26, 27
7. सेक्रेड बुक्स ऑफ दि ईस्ट, भाग 33, पृष्ठ 276
8. काणे, तत्रैव, भाग 1 पृष्ठ 488
9. अपरार्क, पृष्ठ 728 में उद्धृत
10. तत्रैव
11. काणे, तत्रैव, भाग 1 पृष्ठ 532
12. स्मृतिचन्द्रिका, द्वारा उद्धृत, पृष्ठ 614
13. याज्ञवल्क्य-स्मृति, 2.76
14. तत्रैव, 2.115
15. तत्रैव, 2.148

15क. नारद-स्मृति, दायभाग, 8

16. अपरार्क, पृष्ठ 715 द्वारा उद्धृत
17. तत्रैव, पृष्ठ 75.1
18. दायभाग, पृष्ठ 76 द्वारा उद्धृत
19. तत्रैव
20. तत्रैव, पृष्ठ 78

20क. तत्रैव पृष्ठ 76

21. अपरार्क द्वारा उद्धृत
22. बृहस्पति स्मृति, 24.86
23. याज्ञवल्क्य-स्मृति, 2.148
24. अपरार्क, पृष्ठ 752 द्वारा उद्धृत
25. तत्रैव, पृष्ठ 755.
26. तत्रैव, पृष्ठ 755-756
27. स्मृति चन्द्रिका, पृष्ठ 656 द्वारा उद्धृत
28. विष्णु स्मृति, 17.22

28क. अपरार्क, पृष्ठ 721 द्वारा उद्धृत

29. याज्ञवल्क्य-स्मृति, 2.146

30. तत्रैव, 2.117
31. तत्रैव, 17.21
32. मिताक्षरा, पृष्ठ 850 द्वारा उद्धृत
33. अपरार्क, पृष्ठ 721 द्वारा उद्धृत
34. दायभाग, पृष्ठ 79 द्वारा उद्धृत
35. बृहस्पति-स्मृति, 25.17
36. तत्रैव
37. याज्ञवल्क्य-स्मृति, 2.146
38. विवाद रत्नाकर में उद्धृत
39. विवाद रत्नाकर, पृष्ठ 519 में उद्धृत
40. स्मृति चन्द्रिका, पृष्ठांक 88-89 में उद्धृत
41. बृहस्पति-स्मृति, 25.88-89
42. याज्ञवल्क्य-स्मृति 2.136-137
43. ऋग्वेद, 1.124.7
44. काणे, हिस्ट्री ऑफ धर्मशास्त्र, भाग 3, पृष्ठ 585
45. विष्णु स्मृति, 17.4-17
46. अपरार्क, पृष्ठ 752 द्वारा उद्धृत
47. महाभारत, 13.82-24
48. स्मृति चन्द्रिका, पृष्ठ 677 द्वारा उद्धृत
49. नारद-स्मृति, 13.2
50. एपिग्रेफिया इंडिका, भाग 8, पृष्ठ 60, डी.सी. सरकार, सेलेक्ट इंसक्रिप्शंस, भाग 1, पृष्ठांक 164 तथा अनुवर्ती पृष्ठ
51. याज्ञवल्क्य-स्मृति, 2.117
52. विष्णु स्मृति, 17.21
53. नारद-स्मृति, 13.2
54. बृहस्पति-स्मृति, 25.87
55. पराशर माधवीय, 3, पृष्ठ 552 पर उद्धृत
56. दायभाग, पृष्ठ 79 पर उद्धृत
57. तत्रैव
58. याज्ञवल्क्य-स्मृति, 2.137
59. बृहस्पति-स्मृति, 25.55
60. विष्णु स्मृति, 25.56
61. तत्रैव, 17.4-13
62. स्मृति चन्द्रिका, पृष्ठ 683 पर उद्धृत
63. बृहस्पति-स्मृति, 25.37
64. स्मृति चन्द्रिका, पृष्ठ 191 पर उद्धृत

65. तत्रैव, पृष्ठ 687 पर उद्धृत
66. बृहस्पति-स्मृति, 25, 37, 58
67. तत्रैव, 25.63
68. नारद-स्मृति, 2.136, 173
69. विष्णु स्मृति, 17.4-13
70. स्मृति चन्द्रिका, पृष्ठ 698 पर उद्धृत
71. मनुस्मृति, 9.194-200, अर्थशास्त्र, पृष्ठांक 152-153
72. याज्ञवल्क्य-स्मृति, 2.115.
73. दायभाग, पृष्ठ 69 पर उद्धृत
74. तत्रैव, पृष्ठ 67-68 पर उद्धृत.
75. विष्णु, 18.34, नारद-स्मृति, 13.12, कात्यायन स्मृति, दायभाग, पृष्ठ 49 पर उद्धृत।

उत्तरवर्ती पुराणों में स्त्रियों के साम्पत्तिक अधिकार

पुराण साहित्य की ऐतिहासिक उपादेयता संशयरहित है। इसमें उपलब्ध सामग्री की समीक्षा अनेक विद्वानों द्वारा समय-समय पर की गई है। पुराण "वेद-समुपबृंहण" के आदर्श को प्रतिष्ठित करते हैं। पुराणों के लिए यह आकलित किया गया है कि जो वैदिक परम्परा में नहीं उपलब्ध होता है, वह स्मार्त परम्परा में प्राप्य है तथा जो स्मार्त परम्परा में नहीं प्राप्त होता है वह पौराणिक परम्परा में उपलब्ध होता है। पुराणों में जहाँ 'वैदिक परम्परा' का प्रतिबिम्बन होता है, वहीं इनमें नवीन मान्यताओं का भी समावेश हुआ है। बी.सी. मजूमदार का विचार है कि धार्मिक साहित्य की एक विशेष शाखा के रूप में पुराण वैदिक काल से ही विद्यमान थे तथा पुराण पंचम वेद के रूप में प्रतिष्ठित थे।[1] वी.आर. आर. दीक्षितार ने पुराणों को विश्वकोश के रूप में स्वीकृत कर, इस तथ्य पर बल दिया है कि इन्हें भारतीय संस्कृति एवं सभ्यता के अंकनार्थ अतीव उपयोगी माना जा सकता है। इनकी समीक्षा के अनुसार भारतीय नयशास्त्र, धर्म, दर्शन, वास्तु-कला, प्रतिमा विज्ञान तथा विधि विषयक इतिहास की संरचना की दृष्टि से पुराणों को महत्त्वपूर्ण स्रोत के रूप में स्वीकार किया जा सकता है।[2] प्रो. एस. एन. राय के अनुसार पुराणों में निबद्ध परम्परा को किसी विशेष मर्यादा में नहीं माना जा सकता है, किसी प्रकार यदि इसे लौकिक परम्परा मान भी लिया जाए तो ऐसी स्थिति में इसे वैदिक धार्मिक परम्परा से पृथक् नहीं किया जा सकता है।[3] यहाँ ध्यान देने योग्य बात यह है कि पुराण संरचना का प्रारम्भ उन प्रथाओं, परम्पराओं और मान्यताओं के समावेश के साथ हुआ था, जिन्हें साहित्यिक कलेवर नहीं मिला था तथा जो केवल स्मृति में सुरक्षित थे।[4] मेधातिथि ने अपने भाष्य में ऐसे अनेक उद्धरणों को सन्दर्भित किया है जिसके स्रोत पुराण माने गए हैं। इससे प्रतीत होता है कि पूर्व मध्यकाल में पुराणों की प्रामाणिकता स्मति परम्परा में भी प्रतिष्ठित हो चुकी थी।[5] उल्लेखनीय है स्मार्त परम्परा में प्रायः स्मृतियों एवं पुराणों को समान रूप से प्रामाणिक माना जाता था। हारीत संहिता में इस बात पर बल दिया गया है कि अनध्याय के दिनों

के निर्धारण के लिए स्मृतियों एवं पुराणों को आधार बनाना चाहिए।[6] ऐसा भी सुझाव रखा गया है कि हारीत के काल तक पुराणों को धर्म के आचार-परक पक्ष के प्रसंग में भी प्रामाणिक माना जाता था।[7] इस सन्दर्भ में विज्ञानेश्वर को सन्दर्भित किया जाता है, जिन्होंने न केवल प्रायश्चित्त के विधि विधान को ही प्रकाश में लाया है अपितु इस बात पर बल दिया है कि इनसे सम्बन्धित हारीत के परिचय के स्रोत पुराण हैं।[8] काणे ने हारीत का आविर्भाव काल छठी शती ई. माना है।[9] अतएव ऐसी स्थिति में स्मार्त व्यवस्था में पुराणों की प्रामाणिकता का समय पूर्वमध्यकाल का प्रारम्भ माना जा सकता है, जो प्रायः उत्तरवर्ती प्रमुख पुराणों के प्रणयन का काल भी है।[10]

इसमें सन्देह नहीं है कि सामाजिक गठन के नियामक तत्त्वों में अग्निपुराण की मान्यता स्मार्त परम्परा के द्वारा प्रभावित है। पुराणकार ने स्वयं स्वीकार किया है कि उसकी रचना में विभिन्न स्मृतिकारों की व्यवस्था का संक्षिप्त रूप प्रस्तुत किया गया है।[11] इसके अतिरिक्त पुराणकार ने मनु से लेकर शंखादि एवं लिखित तक बीस स्मृतिकारों को सन्दर्भित किया है। पुराण समीक्षकों की यह पृच्छा रही है कि जो विषय स्मृतियों एवं पुराणों में समान रूप से उपलब्ध होते हैं, उनमें अपेक्षाकृत प्रामाणिक किसे माना जाता था? प्रकारान्तर से इसी पृच्छा को प्रस्तावित करते हुए कहा गया है कि मौलिक समानता होते हुए भी जहाँ स्मृति एवं पुराण के प्रतिपाद्य सिद्धान्त परस्पर भिन्न थे, वहाँ दोनों में किसे प्रामाणिक माना जाता था? इस प्रश्न का समाधान प्रस्तुत करने का प्रयास डैरेट ने किया है तथा इसके लिए उन्होंने अपरार्क द्वारा सन्दर्भित स्मृति को आधार बनाया है। इस सन्दर्भ से यह स्पष्ट होता है कि विषय की समानता होते हुए भी यदि पौराणिक और स्मार्त सिद्धान्तों में विरोध हो तो व्यवहार की दृष्टि से पुराणों की व्यवस्था मान्य होनी चाहिए।[12] किन्तु हाजरा के लेखों से ज्ञात होता है कि स्मार्त पौराणिक व्यवस्था प्रारम्भ में कहीं परस्पर भिन्न भले ही मानी जाती हो किन्तु आगे चलकर दोनों को एक ही स्तर पर लाने का प्रयास किया गया था, क्योंकि मित्र मिश्र आदि ने व्यवहार के सन्दर्भ में स्मृति एवं पुराणों को प्रायः एक ही माना है।[13]

उत्तरवर्ती पुराणों के प्रणयन काल (लगभग 7वीं-8वीं शती ई. से 10वीं-11वीं शती ई.) की अवधि में जिस महत्त्वपूर्ण स्मृति की रचना सम्पन्न हुई, वह देवल-स्मृति है। इसके अतिरिक्त इस युग में अनेक भाष्यों एवं निबन्ध ग्रन्थों की रचना हुई थी, जिनमें स्त्री के साम्पत्तिक अधिकारों से सम्बन्धित सिद्धान्तों का सन्दर्भ प्राप्त होता है। पुराणों में विवेच्य विषय से सम्बन्धित अवधारणाओं को

समावेशित किया गया।[14] उदाहरणार्थ अग्नि पुराण ने दायभाग नामक अध्याय में स्त्रीधन विषयक स्थलों को समावेशित किया है। देवल-स्मृति अपने मूल रूप में सुरक्षित नहीं है। इसके उद्धरणों को जिन भाष्य रचनाओं से निरूपित किया जा सकता है उनमें कृत्यकल्पतरू, स्मृति चन्द्रिका तथा याज्ञवल्क्य पर अपरार्क का भाष्य उल्लेखनीय हैं। आलोचित कालावधि से सम्बन्धित अन्य रचनाओं में स्मृति संग्रह[15] के अतिरिक्त श्रीकर[16], असहाय[17], विश्वरूप[18] एवं मेधातिथि[19] जैसे भाष्यकारों को उल्लिखित कर सकते हैं।

आलोचित कालावधि की व्यवस्थापनाओं में इस प्रश्न के समाधान की चेष्टा की गई है कि सम्पत्ति पर पत्नी का स्वामित्व था अथवा नहीं? स्मार्त पौराणिक परम्परा में इस अवधारणा के प्राचीनतम प्रमाण मत्स्य पुराण एवं मनुस्मृति से प्राप्त होते हैं। मत्स्य पुराण में उल्लिखित है कि भार्या, दास एवं पुत्र ये तीनों निर्धन माने जाते हैं। क्योंकि ये तीनों जो कुछ अर्जित करते हैं उनपर इनका स्वामित्व नहीं रहता है।[20] समान उक्ति का अधिवाचन मनुस्मृति में प्राप्त होता है। जिसमें ऐसा विवृत है कि भार्या, पुत्र एवं दास के विषय में ऐसा घोषित किया गया है कि ये लोग सम्पत्ति विहीन होते हैं, क्योंकि यह जो कुछ अर्जित करते हैं, वह उस व्यक्ति का अधिकार होता है, जिसके अधीनस्थ होकर ये लोग काम करते है।[21] मेधातिथि ने मुनस्मृति के इस स्थल पर भाष्य करते हुए व्याख्यापित किया है कि ये तीनों सम्पत्ति तो रख सकते हैं किन्तु सम्बन्धित सम्पत्ति के स्वामी नहीं बन सकते हैं। अर्थात् स्त्री की सम्पत्ति पर पति का स्वामित्व, पुत्र की सम्पत्ति पर पिता का स्वामित्व तथा दास की सम्पत्ति पर स्वामी का स्वामित्व माना जाता है। ये तीनों अपनी इच्छानुसार सम्बन्धित सम्पत्ति का प्रयोग नहीं कर सकते हैं। प्रयोग करते समय इन्हें क्रमशः पत्नी को पति से, पुत्र को पिता से तथा दास को स्वामी से अनुमति लेनी पड़ती है। मेधातिथि ने ऐसे स्मृतिकारों को प्रसंगित किया है जिसके अनुसार संकटाकुल परिस्थितियों में पति, पिता और स्वामी क्रमशः पत्नी, पुत्र और दास की सम्पत्ति का अधिग्रहण कर सकते हैं।[22] मेधातिथि ने मनु की उस व्याख्यापना को भी सन्दर्भित किया है जिसके अनुसार पति के जीवनकाल में पत्नी सम्पत्ति के अंश को नहीं प्राप्त कर सकती है, किन्तु आज्ञाकारिणी होने की स्थिति में उसे जीवन-यापन का अधिकार अवश्य है।[23] मेधातिथि के अतिरिक्त कुल्लूकभट्ट एवं राघवानन्द जैसे मनु के भाष्यकारों ने पत्नी के उक्त अधिकार के सन्दर्भ में मनु की व्याख्यापना में सोदार परिवर्धन करने का प्रयास किया है। इनके अनुसार आज्ञाकारिणी पत्नी भरण-पोषण की अनिवार्य

अधिकारिणी है भले ही वह अपने पति से प्रेम न करती हो। मनु स्मृति के एक श्लोक की व्याख्या में मेधातिथि अधिवाचित करते हैं कि सदाचारिणी पत्नी भरण-पोषण की सर्वदा अधिकारिणी है[24], भले इसके लिए सैकड़ों प्रकार का दुष्कर्म करना पड़े।[25] प्रसंगान्तर में मनु की व्यास्थापना को भाषित करते हुए मेधातिथि अधिवाचित करते हैं कि आज्ञाकारिणी का परित्याग किसी भी स्थिति में नहीं करना चाहिए भले ही वह कुरूपा अथवा कटुभाषिणी हो।[26] अग्निपुराण का इस सन्दर्भ में कथन है कि पुत्रहीन एवं साध्वी पत्नियाँ भरण-पोषण की अधिकारिणी है। किन्तु जो पत्नियाँ व्यभिचारिणी हैं तथा पतियों के प्रतिकूल हों उन्हें निष्कासित कर देना चाहिए।[27] याज्ञवल्क्य-स्मृति पर भाष्य करते हुए मिताक्षरा में विज्ञानेश्वर ने यह व्याख्यापित किया है कि पत्नी को भरण-पोषण का अनिवार्य अधिकार है, भले ही वह व्यभिचारिणी हो और पति उससे घृणा करता हो।[28] इस सन्दर्भ में विश्वरूप ने याज्ञवल्क्य-स्मृति[29] पर अपना भाष्य प्रस्तुत करते हुए कहा है कि साम्पत्तिक विभाजन के अवसर पर स्त्री अपने अंश को ले सकती है, भले ही उस समय उसका पति और सन्तानें जीवित हों। ऐसी स्थिति में जब कि उसे 'स्त्रीधन' न मिला हो, वह पुत्रों के बराबर सम्पत्ति के अंश की अधिकारिणी होती है। अग्निपुराण की भी मान्यता है कि जिन पत्नियों को अपने पति अथवा श्वसुर से स्त्रीधन प्राप्त न हुआ हो उन्हें पुत्रों के समान अंश दिया जाना चाहिए।[30] विश्वरूप ने यह भी अधिवाचित किया है कि पहली पत्नी के जीवित रहने पर यदि पति ने दूसरा विवाह किया है, तो ऐसी स्थिति में पहली पत्नी को उतनी सम्पत्ति मिलनी चाहिए जितना कि दूसरे विवाह में व्यय किया गया है। किन्तु वह यदि 'स्त्रीधन' प्राप्त कर चुकी है, तो ऐसी स्थिति में उक्त व्यय का आधा भाग उसे मिलना चाहिए। किन्तु ऐसी व्यवस्था उसी स्थिति में लागू होनी चाहिए, जबकि दूसरा विवाह निर्धारित अवस्थाओं का उल्लंघन कर किया गया हो।[31]

आलोचित युग में 'स्त्रीधन' की क्या स्थिति थी, यह एक विचारणीय प्रश्न है। इसमें सन्देह नहीं युग-युगान्तर में स्मृतिमकारों एवं उनके भाष्यकारों तथा यदा-कदा पौराणिक ग्रन्थों में स्त्रीधन की परिभाषा में परिवर्तन एवं परिवर्धन होता रहा है। सातवीं शताब्दी ईस्वी के सामाजिक परिवेश में स्त्रीधन की परिभाषा के आयाम में विस्तार किया गया था। देवल-स्मृति के अनुसार भरण-पोषण (का व्यय), आभूषण, शुल्क एवं संलाभ, ये स्त्री के धन होते हैं।[32] ऐसा प्रतीत होता है कि कुछ एक सम्प्रदायों में असुर-विवाह को मान्यता दी जा रही थी, यद्यपि स्मार्त-पौराणिक परम्परा में कन्या-विक्रय कदापि मान्य

नहीं था। ऐसी सम्भावना सार्थक प्रतीत होती है कि असुर-विधि से सम्पन्न विवाह में पिता को जो "शुल्क" मिलता था, वह विवाहोपरान्त कन्या को लौटा दिया जाता था तथा इसे स्त्रीधन में सम्मिलित किया जाता था। स्त्रीधन के सन्दर्भ में अग्नि पुराण में विवरण मिलता है कि वह सम्पत्ति जो स्त्री को अपने पिता, माता, पति अथवा भाई से मिलती है, तथा वह सम्पत्ति जो विवाहाग्नि के सामने उसे भेंट-उपहार के रूप में मिलती है, तथा वह सम्पत्ति जो उसे "आधिवेदनिक" के रूप में मिलती है, स्त्रीधन में सम्मिलित होते हैं।[33] किन्तु विश्वरूप की व्याख्या कुछ भिन्न है। इसके अनुसार स्त्रीधन में "आधिवेदनिक" के अतिरिक्त वह सम्पत्ति भी सम्मिलित होती है, जो पति के दूसरे विवाह के कारण उसे क्षति-पूर्ति के रूप में प्राप्त होती है। इसमें वे उपकरण भी सम्मिलित हैं जो अन्य स्मृतियों में व्याख्यापित हैं, अर्थात् वह सम्पत्ति जो स्त्री को पिता तथा अन्य सम्बन्धियों से आभूषण आदि के रूप में प्राप्त होती है। इसके अतिरिक्त इसमें वे उपकरण भी सम्मिलित हैं, जो कन्या को वाग्दान के अवसर पर मिलता है।[34]

तत्कालीन स्मार्त व्यवस्थापकों ने "स्त्रीधन" पर स्त्री के अधिकार के प्रश्न पर भी अपनी व्यवस्थापना प्रस्तुत की है। इस सन्दर्भ में देवल की व्यवस्थापना रोचक एवं विस्तृत है। इनके अनुसार ऐसी सम्पत्ति जो स्त्री को भरण-पोषण के रूप में, आभूषणों के रूप में, शुल्क एवं उपहार के रूप में मिली रहती है—उन्हें केवल सम्बन्धित स्त्री ही प्रयोग में ला सकती है। आपातकालीन स्थिति के अतिरिक्त सामान्यतया इनका उपभोग पति भी नहीं कर सकता है। तुच्छ तरीके से वह इसे उपभोग का विषय नहीं बना सकता है। यदि वह ऐसा करता है, तो ऐसी स्थिति में उपयुक्त धन को ब्याज सहित लौटाना पड़ेगा। स्नेहिल रूप में, पत्नी की सहमति से यदि वह ऐसा करता है, तो ऐसी स्थिति में उसे खर्च किए गए स्त्रीधन का केवल मूलधन नहीं लौटाना पड़ेगा।[35] देवल पुनः व्याख्यापित करते हैं कि स्त्रीधन को यदि पति अपनी बीमारी में खर्च करता है अथवा महाजनों द्वारा सन्त्रस्त होने पर प्रयोग में लाता है, तो वह उसे समयानुसार अपनी इच्छा से लौटा सकता है।[36] देवल ने इस बात पर भी बल दिया है कि यदि किसी पिता ने अपनी पुत्री के लिए स्त्रीधन देने का वचन दिया है, तथा इसी बीच में यदि वह परलोकवासी हो जाता है, तो ऐसी स्थिति में उसके पुत्रों का यह कर्तव्य हो जाता है कि उस धन को पैतृक सम्पत्ति से उसी प्रकार उस पुत्री को दें, जैसे कि वे पिता के महाजनों का ऋण लौटाते हैं।[37] इस प्रसंग में विश्वरूप ने ऐसा व्याख्यापित किया है कि (असुर-विधि से विवाह के

सम्पन्न होने की स्थिति में) यदि किसी पिता ने वर से "शुल्क" लेकर कन्या-दान किया है, तथा कन्या को वर के कुल से वापस लेता है, तो वह राजदंड का भागी होता है, तथा लिए गए "शुल्क" को ब्याज-सहित लौटाना पड़ता है।[38] विश्वरूप की एक अन्य व्यवस्थापना के अनुसार यदि किसी पति ने अपनी पत्नी का (स्त्री) धन ऐसी परिस्थिति में लिया हो, जबकि नगर शत्रु-आक्रान्त हो अथवा अकाल पड़ा हो, अथवा कोई धार्मिक अनुष्ठान करना हो अथवा रोग-ग्रस्तता की स्थिति उत्पन्न हो गई हो, तो ऐसा धन वापस किया जाना आवश्यक नहीं है।[39] इस सन्दर्भ में अग्नि-पुराण ने ऐसा व्याख्यापित किया है कि यदि कोई पति ऐसे स्त्रीधन को दुर्भिक्ष के समय प्रयोग में लाता है, अथवा अपनी बीमारी की दवा-दारू में खर्च करता है, अथवा धार्मिक अनुष्ठानों में प्रयुक्त करता है, अथवा ऐसे धन को चोर अपहृत कर लिए हों, तो इस विशेष परिस्थितियों में वापस करना आवश्यक नहीं है। पुराण ने ऐसा भी अधिवाचित किया है कि कोई पति यदि पहली पत्नी की जीवित-स्थिति में ही दूसरा विवाह करता है, तो ऐसी दशा में उसे दूसरी पत्नी को अपनी सम्पत्ति का पहली पत्नी के बराबर स्त्रीधन की व्यवस्था करनी पड़ेगी। अपनी पुत्री की सम्पत्ति का हरण करनेवाले पिता के विषय में अग्नि-पुराण ने व्याख्यापित किया है कि ऐसा पिता राजदंड का भागी बनता है, तथा उसे अपनी पुत्री के विवाह एवं भरण-पोषण के लिए अपेक्षित सम्पत्ति की व्यवस्था के लिए बाध्य किया जा सकता है।[40]

आलोचित कालावधि के स्मार्त व्यवस्थापकों ने स्त्रीधन के उत्तराधिकार के प्रश्न को भी विचार-विमर्श का विषय बनाया है। देवल की व्यवस्थापना के अनुसार जब कोई स्त्री दिवंगत होती है, तो उसके स्त्रीधन पर पुत्रों एवं कुमारी कन्याओं का समान अधिकार माना जाता है।[41] ऐसी निर्धारणा पूर्ववर्ती युग में विहित निर्धारणा से मेल नहीं खाती है। अग्निपुराण की मान्यता है कि माता की सम्पत्ति से ऋण को निकालकर शेष धन पुत्रियाँ प्राप्त कर लेती हैं, पुत्रियों के अभाव में इसे पुत्रों को दे दिया जाता है।[42] ऐसी स्थिति में याज्ञवल्क्य की व्यवस्थापना है कि दिवंगत माता के स्त्रीधन पर समान अधिकार केवल पुत्रियों का होता है। पुत्रियों के अभाव में इस पर पुत्रों का अधिकार माना जाता है। याज्ञवल्क्य की इस व्याख्यापना पर अपना भाष्य प्रस्तुत करते हुए विश्वरूप प्रतिष्ठापित करते हैं कि जिस प्रकार पिता की सम्पत्ति के उत्तराधिकारी पुत्र होते हैं, ठीक उसी प्रकार माता की सम्पत्ति की उत्तराधिकारिणी पुत्रियाँ होती हैं। माता द्वारा लिए गए ऋण को चुकाने के बाद वे (पुत्रियाँ) मातृसम्पत्ति

का आपस में बँटवारा कर लेती हैं। किन्तु यदि माता ने कोई सम्पत्ति ही नहीं छोड़ रखा है, तो ऐसी स्थिति में वे ऋण चुकाने के लिए बाध्य नहीं हैं। इन्होंने ऐसा भी कहा है कि पुत्रियों के अभाव में 'अन्वयों' को यह अधिकार दिया जा सकता है। "अन्वय" का तात्पर्य अन्य वंशधरों, सम्भवतः पुत्रों से माना जा सकता है। अन्य स्मृतिकारों की व्याख्यापना के अनुसार पुत्रियों के अभाव में यह अधिकार पुत्रियों के पुत्रों को प्राप्त होता है। विश्वरूप इससे सहमत नहीं हैं। इनके अनुसार पुत्रियों के अभाव में माता की सम्पत्ति पर पुत्रों का अधिकार बनता है।[43] विश्वरूप ने पुनः व्याख्यापित किया है कि "बन्धुदत्त", "शुल्क" तथा "अन्वधेय" उपहार पुत्री के बान्धवों को प्राप्त होते हैं,[44] विश्वरूप के अनुसार उक्त तीनों प्रकार के अतिरिक्त अन्य स्त्रीधन, यदि कोई पुत्र नहीं है, तो पति को मिलता है, तथा यदि पुत्र नहीं है, तो ऐसी स्थिति में पुत्रियों को मिलता है।[45] किन्तु इस प्रकार की मान्यता तभी मिल सकती है, जब कि ऐसी पुत्री का विवाह संस्कार प्रथम चार विधियों (अर्थात् ब्रह्म, दैव, आर्ष एवं प्रजापत्य) से सम्पन्न हुआ हो।

उक्त सन्दर्भ में मनुस्मृति पर भाष्य करते हुए, मेधातिथि ने हमारा ध्यान "यौतक" के प्रति आकर्षित किया है। भाष्यकार के अनुसार प्रस्तुत शब्द स्त्री की उस पृथक् सम्पत्ति को द्योतित करता है, जिसकी वह ऐकान्तिक अधिकारिणी होती है, इसका सम्बन्ध उस सम्पत्ति से है, जो वह विवाह के समय पाती है, न कि उसकी सामान्य सम्पत्ति से। भाष्यकार ने ऐसा भी घोषित किया है कि स्त्री को आभूषण, वस्त्र तथा दैनिक गृह-कार्य सम्पन्न करने के लिए जो कुछ अपने पति से मिलता है, उस पर केवल कुमारी कन्याओं का अधिकार बनता है।[46] इसी प्रसंग में असहाय ने व्याख्यापित किया है कि स्त्री के "शुल्क" पर विमातृक भाइयों का अधिकार होता है यद्यपि बहुलांश समातृक भाइयों को ही प्राप्त होता है।[47] नारदस्मृति पर अपनी व्याख्या प्रस्तुत करते हुए, असहाय ने घोषित किया है कि यदि कोई पुत्रवती एवं स्त्रीधन की स्वामिनी विधवा कामान्ध होकर पुत्र का परित्याग कर किसी दूसरे व्यक्ति से विवाह करती है तो सम्बन्धित स्त्रीधन दूसरे पति से उत्पन्न पुत्रों को मिल सकता है, पहले पति से उत्पन्न पुत्रों को इस पर अधिकार नहीं माना जाता है। किन्तु ऐसी स्त्री के पास यदि स्त्रीधन नहीं है, तथापि पहले पति की सम्पत्ति यदि उसके पास है, तो ऐसी स्थिति में सम्बन्धित सम्पत्ति दूसरे पति को ही मिलती है।[48] उक्त आशय से सम्बन्धित अग्निपुराण ने एक विशिष्ट व्याख्यापना को प्रस्तुत किया है। पुराण के अनुसार यदि कोई स्त्री निःसन्तान ही दिवंगत होती

है तो उसकी ऐसी सम्पत्ति जो मित्रों एवं सम्बन्धियों से प्राप्त होती है, तथा वह सम्पत्ति जो आधिवेदनिक के अन्तर्गत आती है, उसके "बन्धुओं" के अधिकार में जाती है। ऐसा "स्त्रीधन" जो निःसन्तान पत्नियाँ छोड़ जाती हैं, सम्बन्धित पतियों को मिलती हैं, यदि उनका विवाह ब्राह्म आदि चार विधियों (ब्रह्म, दैव, आर्ष, प्रजापत्य) से हुआ हो। यदि पत्नियों की पुत्रियाँ हैं, तो इन पुत्रियों का ही वैध अधिकार ऐसी सम्पत्ति पर होता है किन्तु अन्य प्रकार के विवाहों से विवाहित स्त्री का धन, उसके सन्तान रहित मर जाने पर उसके माता-पिता को प्राप्त हो जाता है।

विवेच्य विषय की प्रसंगानुकूलता की दृष्टि से आलोचित कालावधि में विधवा के साम्पत्तिक उत्तराधिकार के प्रश्न पर विचार किया जा सकता है। देवल की व्याख्यापना के अनुसार पुत्र-विहीन विधवा को भरण-पोषण का अधिकार मिलता है। देवल ने ऐसा व्याख्यापित किया है कि यदि कोई व्यक्ति पुत्र-विहीनता की स्थिति में दिवंगत होता है तो ऐसी स्थिति में वरीयता के क्रमानुसार उसकी सम्पत्ति निम्नोक्त को प्राप्त होती है : मृत व्यक्ति के भाई, पुत्रियाँ, पिता, विमातृक, भ्राता तथा माता। इस प्रकार अन्य दावेदारों के अभाव में ही उक्त सम्पत्ति पर स्त्री का अधिकार माना गया है। तथापि, प्रत्येक स्थिति में विधवा को भरण-पोषण का अधिकार दिया गया है।[49] मनु की व्यवस्थापना पर अपना भाष्य प्रस्तुत करते हुए मेधातिथि ने ऐसा घोषित किया है कि यदि कोई विधवा अपनी स्मृति में पति के प्रति अपनी भक्ति को सँजोए हुए है, तो ऐसी स्थिति में शासक के संरक्षण में सम्पत्ति की अधिकारिणी बन सकती है। विपरीत स्थिति में वह ऐसे अधिकार से वंचित रहती है, तथा उसे निष्कासन का दंड मिलता है।[50]

विश्वरूप की व्याख्यापना से ऐसा प्रतीत होता है कि तद्‌युगीन व्यवस्थापक, जो स्त्रियों को "दाय" प्राप्त करने के विरोधी थे, वस्तुतः उनके साम्पत्तिक अधिकार में काट-छाँट करना चाहते थे। उन्होंने ऐसा घोषित किया कि स्त्रियाँ स्वतन्त्र रूप में "दाय" की अधिकारिणी नहीं हैं, अपितु उन्हें ऐसा अधिकार पुत्र या पति के साथ ही मिल सकता है। इनके अनुसार पुत्र-विहीन मृत व्यक्ति की विधवा उसकी सम्पत्ति की उत्तराधिकारिणी उसी स्थिति में हो सकती है, जबकि पति की मृत्यु के समय वह गर्भिणी हो अथवा वह पति के अनुज के साथ पुरातन परम्परा में विहित नियोग-प्रथा के अनुसार संयुक्त होकर मृत पति के लिए पुत्र की कामना करे।[51] इस सन्दर्भ में विश्वरूप ने वशिष्ठ धर्मसूत्र को प्रसंगित करते हुए ऐसा भाषित किया है कि मृत व्यक्ति कि सम्पत्ति के दावेदार

भाइयों को सम्पत्ति-विभाजन की क्रिया को उस समय तक के लिए स्थगित कर देना चाहिए, जब तक कि निःसन्तान विधवाओं को पुत्र की प्राप्ति नहीं हो जाती है।[52] ऐसी व्यवस्थापना से यह सम्भावित अर्थ निकलता है कि गर्भिणी विधवा को सम्पत्ति का कुछ अंश मिल सकता था। इस प्रसंग में स्मृतिसंग्राहक की व्यवस्थापना में कुछ विशिष्टता का बोध होता है। इनके अनुसार सन्तानविहीन मृत व्यक्ति की विधवा यदि वरिष्ठ लोगों के आदेश से नियोग को अपनाती है तो वह पति की पूरी सम्पत्ति की उत्तराधिकारिणी बन सकती है।[53] इस सन्दर्भ में अग्निपुराण में विहित व्यवस्था स्मार्त व्यवस्थापकों की विरोधात्मक व्यवस्थापनाओं की अपेक्षा अधिक विश्वसनीय मानी जा सकती है। पुराण के अनुसार पत्नी, पुत्री, माता-पिता, भाई, भ्रातृपुत्र, सगोत्री लोग, बन्धु शिष्य तथा सतीर्थ्य क्रमानुसार मृत व्यक्ति की सम्पत्ति के उत्तराधिकारी माने जा सकते हैं।[54] अग्निपुराण ने ऐसा भी व्यवस्थापित किया है कि ऐसी विधवा की सम्पत्ति की रक्षा करना राजा का कर्तव्य हो जाता है, जिसके विधवाकाल की अवधि में जिसका कोई वैध संरक्षक अथवा सम्बन्धी नहीं है। इसके अतिरिक्त पुराण ने ऐसी विधवा की सम्पत्ति की सुरक्षा राजा का कर्तव्य माना है, जिसके कुल में कोई न हो, जो दुःखी हो, जो प्रत्याश्रय में पतिव्रता रही है, किन्तु रोगग्रस्तता अथवा अक्षमता के कारण सम्पत्ति अपने उपयोगार्थं अनुकूल बनाने में समर्थ नहीं रही है। यदि कोई व्यक्ति उस सम्पत्ति को अधिग्रहण करने का प्रयास करता है तो ऐसे व्यक्ति को वही दंड मिलना चाहिए जो एक चोर को मिलता है।[55]

उक्त विवरण से यह प्रायः सुव्यक्त हो जाता है कि आलोचित कालावधि में पुत्र-विहीन विधवा के साम्पत्तिक अधिकार-आयाम में काफी काट-छाँट करने का प्रयास किया गया था। अग्निपुराण को छोड़कर अन्य किसी व्यवस्थापना में विधवा के साम्पत्तिक अधिकार के सन्दर्भ में उदार नीति नहीं अपनाई गई थी। कुछ एक व्यवस्थापकों ने विधवा को साम्पत्तिक अधिकार की प्राप्ति में नियोग-प्रथा की शर्त लगाई थी, जिसे वस्तुतः एतदर्थ अस्वीकृति का द्योतक माना जा सकता है। इस युग में नियोग-प्रथा को असम्मान का द्योतक माना जाता था। नियोग अपनाने के उपरान्त भी विधवा का साम्पत्तिक अधिकार अस्थायी ही सिद्ध होता था, क्योंकि नियोग से सन्तानोत्पत्ति के उपरान्त ऐसे अधिकार की इतिश्री हो जाती थी।

आलोचित कालावधि में सभ्रातृक पुत्री का साम्पत्तिक अधिकार किस सीमा तक माना गया था, यह एक विचारणीय प्रश्न है। प्राक्तन स्तर पर

स्मृतिकार याज्ञवल्क्य में ऐसा व्यवस्थापित किया था कि पुत्री को सम्पत्ति का चतुर्थांश प्राप्त हो सकता है। इस युग के स्मार्त भाष्यकारों ने उक्त व्यवस्था को अपने-अपने ढंग से भाषित करने का प्रयास किया था कुछ एक ने ऐसा अवधारित किया कि स्त्री की हैसियत से पुत्री को "दाय" का कोई भी अंश नहीं मिल सकता है, तथा इस सन्दर्भ में उसे जो कुछ भी प्राप्त होता है वह पिता की ओर से दिया गया उपहार है। उसे पिता की सम्पत्ति से मिला हुआ पुत्री का उत्तराधिकार नहीं माना जा सकता है। कुछ एक ने ऐसा भाषित किया है कि याज्ञवल्क्य ने पुत्री के लिए जो कुछ उत्तराधिकार का प्रसंग दिया है, उसका तात्पर्य यही है कि पुत्री को उतनी ही सम्पत्ति दी जाए जो भरण-पोषण एवं विवाह के व्यय के लिए पर्याप्त हो। विवाह के उपरान्त वह पतिकुल में चली जाती है, अतएव उसके भरण-पोषण का दायित्व पति एवं पतिकुल पर रहता है। अतएव ऐसी स्थिति में यह कह सकते हैं कि पूर्ववर्ती युग में याज्ञवल्क्य आदि स्मृतिकारों ने सम्पत्ति-विषयक जो कुछ अधिकार पुत्री को दिया था, उसे आलोचित कालावधि के स्मार्त पर अपना भाष्य प्रस्तुत करते हुए विश्वरूप ने ऐसा व्याख्यापित किया है कि मृत पिता की पुत्री के भाइयों को यह कर्तव्य है कि वे पिता द्वारा उस उद्देश्य के लिए सुरक्षित धन द्वारा उसका विवाह सम्पन्न करावे, अन्यथा स्थिति में ही वे इस कार्य में अपने उत्तराधिकांश का चतुर्थांश लगा सकते हैं।[56] उक्त व्याख्यापना से यही अभिव्यंजित होता है कि चतुर्थांश को इस कार्य में न्यस्त करना नियत व्यवस्था का अनिवार्य अंग नहीं था, प्रत्युत अन्यथा स्थिति के लिए यह केवल एक वैकल्पिक व्यवस्था थी तथा इससे यही निष्कर्ष सम्भावित प्रतीत होता है कि आलोचित कालावधि में पुत्री के अधिकार-आयाम को पहले की अपेक्षा काफी सीमित कर दिया गया था। इस सन्दर्भ में अग्निपुराण की उक्ति है कि बहनों के विवाह आदि का संस्कार भाइयों को अपना-अपना चतुर्थांश देकर करना चाहिए।[57] पुराण ने इस सन्दर्भ म़ें विकल्पता की स्थिति का उल्लेख न करके, किंचित् उदारता का परिचय दिया है।

प्रस्तुत प्रसंग में मेधातिथि की कुछ एक अभिभाषित व्याख्यापनाएँ प्रसंगानुकूल प्रतीत होती हैं। मुनस्मृति में प्रसंगित क्रमशः "कन्या" एवं "अनुढा" शब्दों का उल्लेख करते हुए, इनका तात्पर्य अविवाहित कन्या से लिया है, तथा ऐसा व्याख्यापित किया है कि पिता की सम्पत्ति का जो कुछ अंश पुत्री के लिए अलग किया जाता है, वह सवर्णकन्या के ही विवाहार्थ मान्य होता है। प्रत्येक भाई का यह व्यवस्थापित कर्तव्य है कि वह अपने अंश का चतुर्थांश अपनी

बहन के लिए सुरक्षित करें, किन्तु उसी स्थिति में जबकि वह बहन अपने ही वर्ण की हो।[58]

तत्कालीन कुछ एक व्यवस्थापकों की अवधारणाओं से प्रतीत होता है कि भाई के "चतुर्थांश" का बहन को मिलना सर्वमान्य नहीं था। उदाहरणार्थ देवल ने ऐसा अधिवाचित किया है कि पिता की सम्पत्ति का उतना अंश पुत्री को मिलना चाहिए, जितना कि उसके विवाह-व्यय के लिए आवश्यक है।[59] भारूचि के अनुसार बहन के विवाह में भाई के अंश का उतना अंश व्यय करना अपेक्षित है, जितना कि आवश्यक हो। इसे "चतुर्थांश" में बाँधा नहीं जा सकता है।[60] मिताक्षरा "चतुर्थांश" पर ही बल देती है।

उक्त आलेख्यों के आधार पर यह निष्कर्ष निकालना अनुचित नहीं होगा कि आलोचित कालावधि के व्यवस्थापकों में सभातृक कन्याओं के साम्पत्तिक अधिकार के सम्बन्ध में कुछ एक अपवादों को छोड़कर प्रायः मतैक्य था। उन्होंने सम्बन्धित व्यवस्था में जो कुछ विस्तार एवं परिवर्द्धन लाने का प्रयास किया था, उनमें वैधानिकता की अपेक्षा व्यवहारिकता का दृष्टिकोण अधिक अपनाया गया था। वस्तुतः ऐसी व्यवस्थापना पूर्ववर्ती स्मार्त व्यवस्थापनाओं के विरोध में आती है, जबकि स्मृतिकारों ने सभ्रातृक पुत्री के पैतृक सम्पत्ति के चतुर्थांश को आवश्यक घोषित किया था। इसके अतिरिक्त ऐसा भी प्रतीत होता है कि तदयुगीन उक्त व्यवस्था को सार्वजनीन स्मार्त मान्यता नहीं मिली थी, क्योंकि देवल ने इस बात पर विशेष बल दिया है कि यदि बहन के विवाह में धन की (चतुर्थांश से) अधिक आवश्यकता पड़ती है, तो उसका भार वहन सम्बन्धित भाइयों को अपने अंश से करना चाहिए।

आलोचित कालावधि के व्यवस्थापकों ने भ्रातृ-विहीनता की स्थिति में पुत्री के साम्पत्तिक अधिकार के सन्दर्भ में अपनी व्यवस्थापनाएँ प्रस्तुत की हैं। इस प्रसंग में याज्ञवल्क्य-स्मृति पर अपना मत व्याख्यापित करते हुए विश्वरूप[61] ने घोषित किया है कि यदि सम्मिलित परिवार में कोई व्यक्ति पुत्र-विहीनता की स्थिति में दिवंगत होता है, तो ऐसी स्थिति में उसकी पुत्रियाँ, 'पुत्रिका' की हैसियत से उसकी सम्पत्ति की उत्तराधिकारिणी हो जाती है। विश्वरूप ने इसी व्यवस्थापना में यह भी स्पष्ट कर दिया है कि पुत्री (स्वयमेव) पुत्रिका कहलाती है, तथा सम्मिलित परिवार में उसे वे सभी उत्तराधिकार उपलब्ध होते हैं जो भ्राताओं एवं भ्रातृव्यों को प्राप्त होते हैं। इस सन्दर्भ में मनुस्मृति पर अपना भाष्य व्याख्यापित करते हुए, मेधातिथि ने "दुहिता" शब्द को प्रसंगित किया है, तथा ऐसा स्पष्ट किया है कि वस्तुतः यह शब्द "पुत्रिका" का समस्तरीय है।

मेधातिथि के अनुसार पिता को घोषित करना पड़ता है कि दुहिता (पुत्रिका) से उत्पन्न पुत्र उसी पिता का वंशधर है, जिसे सम्बन्धित पिता के परलोक-गामी होने के उपरान्त उसकी सम्पत्ति का उत्तराधिकार प्राप्त होना चाहिए।[62] स्मृति-संग्रह की व्यवस्थापना में मृत व्यक्ति की विधवा एवं पुत्रिका दोनों में अपेक्षाकृत विधवा को वरीयता देते हुए कहा गया है कि पुत्र-विहीनता की स्थिति में ऐसे व्यक्ति के परलोक-गामी होने पर साम्पत्तिक उत्तराधिकार में पहले क्रम पर विधवा आती है, उसके बाद ही पुत्रिका का क्रम आता है।[63] अग्निपुराण ने इस सन्दर्भ में उल्लिखित किया है कि अभ्रातक पुत्री को साम्पत्तिक उत्तराधिकार माता के पश्चात ही प्राप्त होता है।[64]

उक्त विवरण से यह प्रायः स्पष्ट हो जाता है कि आलोचित कालावधि में पुत्र-विहीन व्यक्ति के साम्पत्तिक उत्तराधिकार के सन्दर्भ में प्रायः परस्पर-भिन्न व्यवस्थापनाएँ मान्यता अथवा आमन्यता की विषय बन रही थी। काणे[65] के सुझाव के अनुसार इस युग में "पुत्रिका" की प्रथा अन्तर्निहीत हो चुकी थी, तथा मृत व्यक्ति की सम्पत्ति का उत्तराधिकार वरीयता के अनुसार पहले विधवा को मिलता था, उसके बाद पुत्री का क्रम आता था। इस सुझाव में किंचित् परिवर्तन कर ऐसा कह सकते हैं कि जहाँ तक औपचारिकता का प्रश्न है, "पुत्रिका" प्रथा का वस्तुतः तिरोधान हो चुका था, किन्तु व्यवहारतः सम्बोधनार्थ "पुत्रिका" प्रसंगित की जाती थी, तथा पुत्रों को "पुत्रिका" की श्रेणी में रखकर ही उसे साम्पत्तिक उत्तराधिकार के लिए योग्य माना जाता था। गंगानाथ झा के इस सुझाव में श्रद्धेयता नहीं दिखाई देती थी कि इस युग में पुत्रिका की प्रथा को पुनरुज्जीवित किया गया था।[66] वस्तुतः ऐसी प्रथा को पुनरुज्जीवित नहीं किया गया था, प्रत्युत दुहिता, कन्या एवं पुत्री को स्वयमेव पुत्रिका की कोटि में उस स्थिति में रखा जाता था, जबकि उसे उत्तराधिकार देने का समय आता था। विश्वरूप और मेधातिथि से सम्बन्धित भाष्यों से प्रतीयमान व्यवस्था से यही स्पष्ट होता है कि भले ही औपचारिकता के स्तर पर "पुत्रिका" की अवधारणा को मान्यता न दी गई हो, किन्तु व्यवहारिकता के स्तर पर इसे स्वीकार कर भातृ-विहीन कन्या को साम्पत्तिक उत्तराधिकार मिलने की प्रवृत्ति प्रचलित हो चुकी थी।

माता के साम्पत्तिक अधिकार की स्थिति को स्पष्ट करते हुए अग्निपुराण का कथन है कि यदि पुत्रों को समान अंश दिया जाए तो उन पत्नियों को भी समान भाग देना चाहिए जिन्हें अपने पति अथवा श्वसुर से स्त्रीधन प्राप्त न हुआ हो।[67] प्रसंगान्तर में पुराण यह व्यवस्थित करता है कि पिता की मृत्यु के बाद विभाजन होने पर माता भी समान अंश प्राप्त कर लेती है।[68] याज्ञवल्क्य स्मृति

पर अपना भाष्य प्रस्तुत करते हुए विश्वरूप" ने व्याख्यापित किया है कि ऐसी माता अपने पुत्र के बराबर सम्पत्ति का अंश प्राप्त करती है, जिसके पास अपना कोई "स्त्रीधन" नहीं होता है। इसी के साथ-साथ विश्वरूप ने याज्ञवल्क्य-स्मृति के एक दूसरे श्लोक के आधार पर अपनी व्याख्यापना प्रस्तुत किया है कि श्लोक में प्रसंगित 'पितरों' शब्द माता और पिता दोनों का द्योतक है। चूँकि दोनों को द्वन्द्व समास में अन्तर्हित किया गया है, अतएव यह स्पष्ट होता है कि दोनों ही साम्पत्तिक अधिकार के लिए वैध दावेदार हैं। ऐसी सम्भावना में सार्थकता दिखाई देती है कि वरीयता की दृष्टि से पिता की अपेक्षा माता को प्राथमिकता दी जाती थी, क्योंकि चर्चित भाष्यकार के अनुसार सन्तान-विहीनता की स्थिति में पुत्र की सम्पत्ति का उत्तराधिकार माता को प्राप्त होता है।[69] अपने व्यवस्थापना के क्रम में विश्वरूप ने मनुस्मृति[70] में विहित व्यवस्था को प्रसंगित किया है जिसके अनुसार पुत्र-विहीन पुत्र के "रिक्थ" को पिता प्राप्त करता है। विश्वरूप के अनुसार इसका अभिव्यंज्यमान तात्पर्य है कि यह स्थिति तभी बनती है, जबकि सम्बन्धित माता स्वर्गगामिनी हो चुकी है।[71]

अग्निपुराण एवं स्मार्त व्याख्यापनाओं से यही प्रतीत होता है कि आलोचित युग में स्त्री के साम्पत्तिक अधिकार की वास्तविक स्थिति के संवर्ग में, परस्पर युग समस्तरीय साक्ष्य नहीं मिलते हैं। यदि अधिकांश साक्ष्य इसके अवनमन का बोध कराते हैं, तो स्वल्पांशतः ऐसे साक्ष्य भी हैं जो उन्नमन का भी परिचय प्रस्तुत करते हैं। "प्राधान्येनैव व्यपदेशाः भवन्ति" जैसी उक्ति की संज्ञापना के अनुसार यह कह सकते हैं कि सामान्यतया अतीत युगों की अपेक्षा आलोचित अवान्तर युग में स्थिति ह्रासोन्मुख बन बैठी थी।[72] यद्यपि देवल जैसे उदारचेता स्मार्त व्यवस्थापक ने "स्त्रीधन" के आयाम को विस्तारित करने का प्रयास किया था। आपत्कालीन एवं अन्य परिस्थितियों में ऐसे "स्त्रीधन" को प्रयोग हेतु पति आवश्यक कार्यों के लिए पत्नी से ले सकता था। इसी प्रकार पहले के विपरीत इस युग में "पुत्रिका" ही सम्पत्ति की वैध दावेदार बन सकती थी, सामान्य पुत्री नहीं, वह भी अकेले नहीं अपितु अपने भाइयों की सहभागिता में ही।[73] इसी प्रकार सामान्य तथा विधवा को पति की सम्पत्ति का उत्तराधिकार उसी स्थिति में मिलना सम्भव था, जबकि वह नियोग का शरण लेती थी।[74] यह अधिकार भी वस्तुतः उसे नहीं मिलता था, अपितु इसके अधिकारी नियोग-जन्य पुत्र अथवा "पुत्रिका" ही होते थे। माता के अधिकार को सुरक्षित करने का प्रयास केवल विश्वरूप ने किया है, अन्य व्यवस्थापकों ने इसे कहाँ तक मान्यता दी थी, इसके प्रमाणक साक्ष्य नहीं मिलते हैं। यहाँ यह भी उल्लेखनीय

है कि इस सन्दर्भ में अग्निपुराण की मान्यताएँ सामान्यत: स्मार्त परम्परा के लगभग समस्तरीय ही हैं।[75]

सन्दर्भ निर्देश एवं टिप्पणी

1. ए.एस. जे. कामोरेशन वाल्यूम ओरियंटेलिया, 3 पृ. 7-30
2. पूना ओरियंटलिस्ट 3, पृ. 77-83 .
3. सिद्धेश्वरी नारायण राय, पौराणिक धर्म एवं समाज, इलाहाबाद, 1968, पृ. 23
4. तत्रैव, पृ. 26
5. विशेष विवरण के लिए द्रष्टव्य आर. सी. हाजरा, स्टडीज इन दि पुराणिक रेकडेस ऑन हिन्दू राइट्स एंड कस्टम्स, ढाका, 1940, पूनर्मुद्रित दिल्ली, 1987, पृ. 6. सिद्धेश्वरी नारायण राय, तत्रैव, पृ. 38-39
6. हारीत संहिता, 4/70
7. आर.सी. हाजरा, तत्रैव, पृ. 6
   सिद्धेश्वरी नारायण राय, तत्रैव, पृ. 39
8. याज्ञवल्क्य-स्मृति, 3/289 के आधार पर विज्ञानेश्वर.
9. पी.वी. काणे, हिस्ट्री ऑफ धर्मशास्त्र, भाग-1, पृ. 75, 146
10. अग्नि पुराण सामान्यतः पूर्व मध्यकालीन रचना मानी जाती है। इसके विषयों के संकलन के तीन स्तर स्वीकार किए जाते हैं जिनकी व्याप्ति 700 ई. से 1100 ई. मानी जाती हैं विशेष विवरण के लिए द्रष्टव्य एस.डी. ज्ञानी, अग्निपुराण ए स्टडी, वाराणसी, 1964, पृ. 29-30, हर्ष कुमार : अग्निपुराण का ऐतिहासिक अध्ययन, पटना, 2002, पृ. 27-36 12.
11. अग्निपुराण, 162/1-2
12. याज्ञवल्क्य-स्मृति (1/7) के आधार पर अपरार्क द्रष्टव्य जे.डी.एम. डेरेट, पुराणाज इन दि व्यवहार पोर्शस ऑफ मेडिवल स्मृति वर्क, पुराणम् भाग-5, अंक-1, पृ. 13
13. याज्ञवल्क्य-स्मृति (2/21) के आधार पर मित्र मिश्र, द्रष्टव्य सिद्धेश्वरी नारायण राय, तत्रैव, पृ. 40
14. विशेष
15. अग्निपुराण, 256
16. देवल-स्मृति अपने मूलरूप में सुरक्षित नहीं है। देवल ने भारत में अरबों के संक्रमण का प्रसंग दिया है, अतएव सम्भवत: इनका आविर्भाव अरब आक्रमण के आस-पास हुआ होगा। इनके विवेच्य विषय में इस बात पर बल दिया गया है कि ऐसी स्त्रियों को समाज में पुनर्ग्रहण कर लिया जाए, जो अरब आक्रमणकारियों के अनैतिक आचरण का विषय बन चुकी थी। 'सम्पत्ति विभाजन' एवं "स्त्रीधन" पर स्त्री के अधिकार के

सन्दर्भ में देवल-स्मृति की प्रामाणिकता को अपरार्क एवं स्मृति चन्द्रिका में सन्दर्भित किया गया है। अतएव देवल-स्मृति की रचनाकल उक्त ग्रन्थों के पूर्व मान जा सकता है। यह परम सम्भावित है कि इनका आर्विभाव अरब आक्रमण के उपरान्त हुआ होगा, ऐसी स्थिति में यह स्वीकार करने में कोई हानि नहीं दिखाई देती है कि देवल का आविर्भाव आठवीं शताब्दी ई. के पूर्वाद्ध में हुआ था।

17. स्मृति-संग्रह के अस्तित्व का बोध इसके उद्धृत स्थलों से होता है। इसके रचयिता के विषय में कोई सूचना नहीं मिलती है। काणे (हिस्ट्री ऑफ धर्मशास्त्र, भाग-3, पृ. 540) ने इसका काल 8वीं-10वीं शताब्दी के मध्य रखा है। इनकी व्यवस्थापना में दो महत्त्वपूर्ण तथ्य दिखाई पड़ते हैं। प्रथम—इन्होंने उत्तराधिकार के सन्दर्भ में गौतम आदि पूर्ववर्ती व्यवस्थापकों की अवधारणा को अमान्य सिद्ध करने का प्रयास किया है। द्वितीय इन्होंने ऐसी विलक्षण मान्यता स्थापित करने का प्रयास किया है, जिसके अनुसार इन्होंने पारिवारिक विभाजन के समय विधवा स्त्री का एकान्तिक उत्तराधिकार ऐसी स्थिति में माना है जबकि उसने नियोग क्रिया को अपने वरिष्ठों के आदेश के अनुसार अपनाया हो। (द्रष्टव्य आर.सी. मजूमदार, एज ऑफ इम्पीरियल, कन्नौज, पृ. 253-254)

18. श्रीकर का आविर्भाव काल काणे ने 9वीं शताब्दी ईस्वी का प्रारम्भ माना है। (काणे, हिस्ट्री ऑफ धर्मशास्त्र, भाग-3, पृ. 564) इन्होंने याज्ञवल्क्य की संहिता से सम्बन्धित स्थलों की व्याख्या पर विशेष बल दिया है तथा उन्होंने अपने पूर्ववर्ती विधि व्यवस्थापकों के सिद्धातों का वर्गीकरण एवं संक्षिप्तीकरण कर अपने सन्निवेश क्षेत्र के अनुकूल बनाने का प्रयास किया है।

19. असहाय ने अपनी रचना में गौतम धर्मसूत्र, मनुस्मृति, नारदस्मृति को अपने अधिवाचनों के पोषणार्थ प्रसंगित किया है। इनकी दो महत्त्वपूर्ण व्यवस्थापनाएँ उल्लेखनीय हैं। प्रथम तो यह कि इन्होंने कुमारी कन्या का पैतृक सम्पत्ति का अधिकार चतुर्थांश घोषित किया है, जो कि उसके विवाह के पूर्वोपाय की निधि के रूप में गृहीत किया जाता था। द्वितीय, स्त्री-शुल्क के उत्तराधिकारियों में समातृक भाइयों के साथ-साथ विमातृक भाइयों को भी सम्मिलित किया है यद्यपि समातृकों के लिए बहुलांश की व्यवस्थापना किया है। असहाय की यह व्यवस्थापना मिताक्षरा के अनुकूल है।

20. विश्वरूप को याज्ञवल्क्य-स्मृति के एक महत्त्वपूर्ण भाष्यकर्ता के रूप में ग्रहण किया जाता है। इनका भाष्य बालक्रीड़ा के नाम से विख्यात है। आचार एवं प्रायश्चित्त के अतिरिक्त इन्होंने साम्पत्तिक विभाजन की महत्त्वपूर्ण व्याख्या लिखी है। जिसे विज्ञानेश्वर की व्याख्यापनाओं का पुरोगामी माना जा सकता है। विज्ञानेश्वर की ही भाँति इन्होंने भी इस बात पर बल दिया है कि साम्पत्तिक विभाजन एक ऐसा पहलू है कि जिसका स्वरूप साहसिक नहीं होता, अपितु इसका आधार वह सम्पत्ति जिसमें

मौलिक अधिकृतित्व सम्मिलित होता है। विश्वरूप के अनुसार यदि पिता के द्वारा सम्पत्ति विभाजन समान रूप से होता है, तो ऐसी स्थिति में पुत्र के बराबर ही उन (मृत-पुत्रों की) विधवाओं को भी अंश पाने का अधिकार है जिन्हें पति से अथवा श्वसुर से कोई सम्पत्ति न मिली हो (द्रष्टव्य याज्ञवल्क्य-स्मृति, 2.118 पर विश्वरूप)

21. मेधातिथि का भाष्य सुरक्षित रूप में उपलब्ध होता है। मनुस्मृति पर किए गए भाष्यों में यह सबसे प्राचीन है। इसे साम्पत्तिक अधिकार के सन्दर्भ में सर्वोत्कृष्ट भाष्य के रूप में ग्रहण किया जाता है। अपने भाष्य में निबन्धित व्याख्यापनाओं को मेधातिथि ने गौतम धर्मसूत्र, बौधायन धर्मसूत्र, नारदस्मृति, बृहस्पतिस्मृति आदि पूर्ववर्ती व्यवस्थापकों के आलोक में परीक्षित करने का प्रयास किया है। इनकी रचना में असहाय एवं कुमारिल का सन्दर्भ है इसीलिए काणे ने इनका आविर्भाव काल 825 और 900 ई. के अन्तर्वर्तीकाल में रखा है। (काणे, हिस्ट्री ऑफ धर्मशास्त्र, भाग-3, पृ. 583) मेधातिथि का महत्त्व इस दृष्टि से माना जाता है, क्योंकि इन्होंने मनु की व्यवस्थापनाओं को तत्कालीन मान्यताओं के अनुसार परिवर्द्धित करने की चेष्टा किया है। उदाहरणार्थ मनु ने ज्येष्ठ पुत्र के लिए पैतृक सम्पत्ति में अधिकांश की मान्यता प्रदान किया है। इस सन्दर्भ में मेधातिथि ने घोषित किया है कि उक्त मान्यता का सम्बन्ध पुरातन युग से है, वर्तमान (मेधातिथि के युग) में यह ग्राह्य नहीं है।
22. त्रय एव अधना राजन, भार्या दासस्तथा सुतः । यत्ते समधि गच्छन्ति यस्त ते तस्य तदनम् ।। मत्स्य पुराण, 31.32
23. मनुस्मृति 8.416
24. मनुस्मृति 8.416 पर मेधातिथि
25. मनुस्मृति, 9.95
26. मनुस्मृति, 9.95 पर मेधातिथि, द्रष्टव्य बूलर, लाज ऑफ मनु, सेक्रेड बुक ऑफ दि ईस्ट, भाग-25, पृ. 344, टिप्पणी संख्या 95
27. मनुस्मृति 4.25 तथा 9.77 पर मेधातिथि
28. मनुस्मृति 9.95 पर मेधातिथि
29. अग्निपुराण, 256.29.
30. याज्ञवल्क्य-स्मृति, 1.70 पर विज्ञानेश्वर
31. याज्ञवल्क्य-स्मृति 2.148 पर विश्वरूप
32. अग्निपुराण, 256.2
33. याज्ञवल्क्य-स्मृति 2.148 पर विश्वरूप
34. अपरार्क, पृ. 755 पर उद्धृत
35. अग्निपुराण, 256.30.

36. याज्ञवल्क्य-स्मृति, 2.144-70 पर विश्वरूप
37. अपरार्क, पृ. 755 पर उद्धृत
38. विवाद-चिन्तामणि, पृ. 220 पर उद्धृत
39. तत्रैव
40. याज्ञवल्क्य-स्मृति 2.146 पर विश्वरूप
41. याज्ञवल्क्य-स्मृति, 2.147 पर विश्वरूप
42. अग्निपुराण, 256.34-35
43. वीरमित्रोदय, पृ. 694 पर उद्धृत
44. अग्निपुराण, 256.4.
45. याज्ञवल्क्य-स्मृति, 2,144 पर विश्वरूप
46. याज्ञवल्क्य-स्मृति, 2.145 पर विश्वरूप
47. याज्ञवल्क्य-स्मृति 2.146 पर विश्वरूप
48. मनुस्मृति, 9.131 पर मेधातिथि
49. स्मृतिचन्द्रिका, पृ. 384 पर उद्धृत
50. नारद-स्मृति, 1.20 पर असहाय
51. अग्निपुराण, 256.31-32
52. अपरार्क, पृ. 741 पर उद्धृत.
53. मनुस्मृति, 9.76 पर मेधातिथि
54. याज्ञवल्क्य-स्मृति, 2.135 पर विश्वरूप
55. बौधायन धर्मसूत्र 17.41
56. स्मृतिचन्द्रिका, पृ. 681 पर उद्धृत
57. अग्निपुराण, 256.22-23
58. तत्रैव, 223.17-21
59. याज्ञवल्क्य-स्मृति 2.124 पर विश्वरूप
60. अग्निपुराण, 256.11
61. मनुस्मृति, 9.118 पर मेधातिथि
62. स्मृतिचन्द्रिका, पृ. 615 पर उद्धृत
63. पराशर माधवीय में उद्धृत
64. याज्ञवल्क्य-स्मृति, 2.124 पर मिताक्षरा
65. याज्ञवल्क्य-स्मृति, 2.136-134 पर विश्वरूप
66. मनुस्मृति 9.130 पर मेधातिथि

67. स्मृतिचन्द्रिका, पृ. 656 पर उद्धृत
68. अग्निपुराण, 256.22.
69. पी.वी. काणे, हिस्ट्री ऑफ धर्मशास्त्र, भाग-3, पृ. 174
70. गंगानाथ झा, हिन्दू लॉ इन इट्स सोर्सेज
71. अग्निपुराण, 256.2
72. अग्निपुराण, 256.10
73. याज्ञवल्क्य-स्मृति, 2.123 पर विश्वरूप
74. याज्ञवल्क्य-स्मृति, 2.136 पर विश्वरूप
75. मनुस्मृति, 9.185

पूर्व मध्यकाल के प्रथम स्तर में स्त्रियों के साम्पत्तिक अधिकार

विवेच्य विषय के आलोचनार्थ पूर्व मध्यकाल के प्रथम स्तर से सम्बन्धित साक्ष्यों एवं तत्सम्बन्धी वैदुष्य-निष्कर्षों के स्वरूप एवं प्रकार को विचार का विषय बनाया जाएगा। समीक्षण-सुविधा की दृष्टि से चर्चित काल की संवर्तन अवधि लगभग सातवीं शताब्दी ईस्वी से 1000 ईस्वी तक मानी जा सकती है। इस कालावधि से सम्बन्धित मूल साक्ष्यों की विशेषता है कि यद्यपि इस अवधि में स्मृतियों में केवल देवल-स्मृति की रचना सम्पन्न हुई, तथापि इस युग ने अनेक भाष्यों एवं निबन्ध-ग्रन्थों की संरचना का अनुभव किया था। यहाँ तक कि पुराणों में भी विवेच्य विषय से सम्बन्धित अवधारणाओं को समावेशित किया गया। उदाहरणार्थ वराह-पुराण का उल्लेख कर सकते हैं, जिसमें 'स्त्रीधन' पर प्रकाश डालनेवाले पूरे एक खंड को ही निबन्धित किया गया था। भाष्य-परक ग्रन्थों की परम विशेषता रही है कि इनमें स्मृतियों के सम्बन्धित स्थलों को युगानुकूल प्रवृत्तियों एवं मान्यताओं के अनुकूल व्याख्यापनाओं को समावेशित किया गया।[1] इन मूल स्रोतों के स्वरूप एवं महत्त्व का अनुशासन वक्ष्यमाण अनुच्छेद में प्रस्ताव्य है।

जैसा कि उक्त अनुच्छेद में प्रासंगिक किया गया है कि आलोचित कालावधि में विरचित स्मृति-ग्रन्थों में केवल देवल-स्मृति की सूचना मिलती है, जो कि अपने मूल रूप में सुरक्षित नहीं है। केवल इसके उद्धरणों को भाष्य-रचनाओं में निरूपित किया जा सकता है, जिनमें कृत्यकल्पतरु, स्मृति-चन्द्रिका तथा याज्ञवल्क्य पर अपरार्क का भाष्य उल्लेखनीय है। देवल ने भारत में अरबों के संक्रमण का प्रसंग दिया है, अतएव सम्भवत: इनका आविर्भाव अरब-आक्रमण के आसपास हुआ होगा। इनके विवेच्य विषय में इस बात पर बल दिया गया है कि ऐसी स्त्रियों को समाज में पुनर्ग्रहण कर लिया जाए जो अरब-आक्रमणकारियों के अनाचार एवं अनैतिक आचरण का विषय बन

चुकी थीं। सम्पत्ति-विभाजन एवं 'स्त्रीधन' पर स्त्री के अधिकार के सन्दर्भ में देवल-स्मृति की प्रामाणिकता को अपरार्क एवं स्मृति-चन्द्रिका में सन्दर्भित किया गया है। अतएव, देवल-स्मृति का रचना-काल उक्त ग्रन्थों के पूर्व माना जा सकता है। यह परम सम्भावित है कि इनका आविर्भाव अरब आक्रमण के सद्यः उपरान्त हुआ होगा, ऐसी स्थिति में यह स्वीकार करने में कोई हानि नहीं दिखाई देती है कि देवल का आविर्भाव आठवीं शताब्दी ईस्वी के पूर्वार्द्ध में हुआ था। विवेच्य मूल स्रोतों के दूसरे क्रम पर स्मृति-संग्रह को रखा जा सकता है, जिसके अस्तित्व का मूल्यांकन केवल इसके उद्धृत स्थलों के आधार पर किया जा सकता है। इसके रचयिता के विषय में कोई सूचना नहीं मिलती है। किन्तु इनके आविर्भाव का काल आठवीं एवं दसवीं शताब्दी के बीच सम्भावित किया जाता है।[2] इनकी व्यवस्थापनाओं में दो बातें महत्त्वपूर्ण दिखाई देती हैं। एक तो इन्होंने साम्पत्तिक उत्तराधिकार के सन्दर्भ में गौतम आदि पूर्ववर्ती व्यवस्थापकों की अवधारणाओं को अमान्य सिद्ध करने का प्रयास किया है। दूसरे इन्होंने ऐसी विलक्षण मान्यता स्थापित करने की चेष्टा किया है, जिसके अनुसार इन्होंने पारिवारिक विभाजन के समय विधवा स्त्री का ऐकान्तिक उत्तराधिकार माना है, ऐसी स्थिति में जब कि उसने नियोग-क्रिया को अपने वरिष्ठों के आदेश के अनुसार अपनाया हो। इसके अतिरिक्त इनकी इस मान्यता में भी विलक्षणता का तत्त्व प्रतिभासित होता है कि पितामही को साम्पत्तिक उत्तराधिकार माता के उपरान्त तथा पिता के पूर्व ही प्राप्त होता है।[3] तीसरे क्रम पर श्रीकर को रखा जा सकता है। इन्होंने याज्ञवल्क्य की संहिता से सम्बन्धित स्थानों की व्याख्या पर विशेष बल दिया है। काणे ने इनका आविर्भाव काल नवीं शताब्दी ईस्वी का प्रारम्भ माना है।[4] श्रीकर की विशेषता रही है कि इन्होंने अपने पूर्ववर्ती विधि-व्यवस्थापकों के सिद्धान्तों का वर्गीकरण एवं संक्षिप्तीकरण कर अपने सन्निवेश क्षेत्र के अनुकूल बनाने का प्रयास किया था। चौथे क्रम पर असहाय को रखा जा सकता है। अपनी रचना में इन्होंने गौतम धर्मसूत्र, मनुस्मृति, नारदस्मृति को अपने अधिवाचनों के पोषणार्थं प्रसंगित किया। अपनी रचना में इन्होंने पाटलिपुत्र के लिए सम्मानसूचक शब्द श्रीपाटलिपुत्र का व्यवहार किया है, तथा 'ठक्कुर' शब्द सन्दर्भित किया है, जो इनके आधुनिक बिहार (अथवा बंगाल?) का निवासी होने की सम्भावना का सन्निबोधक है। सम्भवतः इनका आविर्भाव पाल राजवंश के अभ्युदय-काल (आठवीं शताब्दी ईस्वी) में हुआ था, तथा यह परम सम्भावित है कि वे पाल राजवंश के सुख्यात शासक धर्मपाल की

राज्य-सभा से सम्बन्धित थे। इनकी दो महत्त्वपूर्ण व्याख्यापनाएँ उल्लेखनीय हैं। एक तो यह कि इन्होंने कुमारी कन्या का पैतृक सम्पत्ति का चतुर्थांश घोषित किया है, जो कि उसके विवाह के पूर्वोपाय की निधि के रूप में ग्रहीत किया जाता था। दूसरे, स्त्री-शुल्क के उत्तराधिकारियों में समातृक भाइयों के साथ-साथ वैमातृक भाइयों को भी सम्मिलित किया है, यद्यपि समातृकों के लिए बहुलांश की व्यवस्थापना किया है। असहाय की यह व्यवस्थापना मिताक्षरा के समयानुकूल है।[4क] पाँचवें क्रम पर विश्वरूप को रखा जा सकता है, जिन्हें याज्ञवल्क्य-स्मृति के एक महत्त्वपूर्ण भाष्यकर्ता के रूप में ग्रहण किया जाता है। इनका भाष्य बालक्रीड़ा के नाम से विख्यात है। काणे द्वारा प्रस्तावित सम्भावना के अनुसार ये दक्षिण के निवासी थे, तथा चालुक्य राजवंश के किसी प्रारम्भिक नरेश की राज्य-सभा से इनका सम्बन्ध रहा होगा। 'आचार' एवं 'प्रायश्चित्त' के अतिरिक्त इन्होंने साम्पत्तिक विभाजन की महत्त्वपूर्ण व्याख्या लिखी है, जिसे अनेकांशतः विज्ञानेश्वर की व्याख्यापनाओं का पुरोगामी माना जा सकता है। विज्ञानेश्वर की ही भाँति इन्होंने भी इस बात पर बल दिया है कि साम्पत्तिक विभाजन एक ऐसा पहलू है कि इसका स्वरूप साहसिक नहीं होता, अपितु इसका आधार यह सम्पत्ति है जिसका मौलिक अधिकृतित्व सम्मिलित होता है। विश्वरूप ने ऐसी भी व्यवस्थापना किया है कि यदि पिता के द्वारा सम्पत्ति-विभाजन समान रूप से होता है, तो ऐसी स्थिति में पुत्र के बराबर ही उन (मृत पुत्र की) विधवाओं को भी समान अंश पाने का अधिकार है, जिन्हें पति से अथवा श्वसुर से कोई सम्पत्ति न मिली हो।[5] छठें क्रम पर मेधातिथि को रखा जा सकता है। मेधातिथि-भाष्य की विशेषता है कि यह सुरक्षित रूप में उपलब्ध हुआ है। इसे साम्पत्तिक उत्तराधिकार के सन्दर्भ में सर्वोत्कृष्ट भाष्य के रूप में ग्रहण किया जाता है। मनुस्मृति पर किए गए भाष्यों में इसे सबसे पुरातन माना जाता है। अपने भाष्य में निबन्धित व्याख्यापनाओं को मेधातिथि ने गौतम धर्मसूत्र, बौधायन धर्मसूत्र, नारदस्मृति, बृहस्पतिस्मृति आदि पूर्ववर्ती व्यवस्थापकों के आलोक में परीक्षित करने का प्रयास किया है। इनकी रचना में असहाय एवं कुमारिल सन्दर्भित हुए हैं, अतएव ऐसी स्थिति में, काणे ने इनका आविर्भाव-काल 825 और 900 ईस्वी के अन्तर्वर्ती काल में रखा है।[6] मेधातिथि का महत्त्व इस दृष्टि से माना जाता है, क्योंकि इन्होंने मनु की व्यवस्थापनाओं को तत्कालीन मान्यताओं के अनुसार परिवर्द्धित करने की चेष्टा किया है। उदाहरणार्थ मनु ने ज्येष्ठ पुत्र के लिए पैतृक सम्पत्ति में अधिकांश की मान्यता प्रदान किया है। इस सन्दर्भ में

मेधातिथि ने घोषित किया है कि उक्त मान्यता का सम्बन्ध पुरातन युग से है, वर्तमान (मेधातिथि के युग) में यह ग्राह्य नहीं है।

उक्त साक्ष्य-सन्दर्भों के आलोक में विवेच्य विषय का समीक्षण निम्नोक्त अवधारणाओं के अनुसार किया जा रहा है:

उक्त कालावधि की व्यवस्थापनाओं में ऐसा प्रश्न उठाया गया है, तथा इसका समाधान करने की चेष्टा भी की गई है कि सम्पत्ति पर पत्नी का स्वामित्व माना जा सकता है अथवा नहीं? स्मार्त-पौराणिक परम्परा में ऐसी अवधारणा की पुरातनता प्रमापक स्थल मत्स्य पुराण एवं मनुस्मृति में प्राप्त होते हैं। मत्स्य पुराण में ऐसा आख्यापित है कि भार्या, दास एवं पुत्र, ये तीनों निर्धन माने जाते हैं, क्योंकि ये तीनों जो कुछ अर्जित करते हैं उन पर इनका स्वत्व नहीं रहता है। सम्बन्धित पौराणिक पंक्ति यहाँ प्रस्तुत की जा सकती है, जिसका मूल रूप वक्ष्यमाण है:

'त्रिय एवं अधना राजन् भार्या दासस्तथा सुतः
यत्ते समधिगच्छन्ति यस्य ते तस्य तदनम् ।।' मत्स्यपुराण, 31.32

समान उक्ति का अधिवाचन मनुस्मृति में प्राप्त होता है, जिसमें ऐसा विवृत है कि भार्या, पुत्र एवं दास के विषय में ऐसा घोषित किया गया है कि ये लोग सम्पत्ति विहीन होते हैं क्योंकि जो कुछ अर्जित करते हैं वह उस व्यक्ति का होता है जिसके अधीनस्थ होकर ये लोग काम करते हैं।[7] मेधातिथि ने इस स्मार्त वचन को सन्दर्भित करते हुए अपने भाष्य में ऐसा व्याख्यापित किया है कि ये तीनों सम्पत्ति तो रख सकते हैं, किन्तु सम्बन्धित सम्पत्ति के स्वामी नहीं बन सकते हैं। अर्थात् स्त्री की सम्पत्ति पर पति का स्वामित्व, पुत्र की सम्पत्ति पर पिता का स्वामित्व तथा दास की सम्पत्ति पर उसके शास्ता का स्वामित्व माना जाता है। ये तीनों अपनी इच्छानुसार सम्बन्धित सम्पत्ति का प्रयोग नहीं कर सकते हैं। प्रयोग करते समय इन्हें क्रमशः पत्नी को पति से, पुत्र को पिता से, तथा दास को अपने शास्ता से अनुमति लेनी पड़ती है। मेधातिथि ने ऐसे स्मृतिकारों की व्याख्यापना को प्रसंगित किया है, जिसके अनुसार संकटाकुल परिस्थितियों में पति, पिता और शास्ता क्रमशः भार्या, पुत्र और दास से उनकी सम्पत्ति का अधिग्रहण कर सकते हैं।[8] मेधातिथि ने मनु की उस व्याख्यापना को भी सन्दर्भित किया है जिसके अनुसार पति के जीवनकाल में पत्नी सम्पत्ति के अंश को नहीं प्राप्त कर सकती है, किन्तु आज्ञाकारिणी होने की स्थिति में उसे जीवन-यापन का अधिकार अवश्य है[9] मेधातिथि तथा इनके अतिरिक्त कुल्लूकभट्ट एवं राघवानन्द जैसे मनु के भाष्यकारों ने पत्नी

के उक्त अधिकार के सन्दर्भ में मनु की व्याख्यापना को सोदार परिवर्द्धन करने का प्रयास किया है। इनके अनुसार आज्ञाकारिणी पत्नी भरण-पोषण की अनिवार्य अधिकारिणी है, भले ही वह अपने पति से प्रेम न करती हो।[10] मनु के कर्तृत्व को सन्दर्भित करते हुए एक श्लोक की व्याख्यापना में मेधातिथि ने ऐसा अधिवाचित किया है कि सदाचारिणी पत्नी भरण-पोषण की सर्वदा अधिकारिणी है, भले इसके लिए सैकड़ों प्रकार का दुष्कर्म करना पड़े।[11] प्रसंगान्तर में मनु की व्याख्यापना को भाषित करते हुए, मेधातिथि अधिवाचित करते हैं कि आज्ञाकारिणी का प्रत्याख्यान (परित्याग) किसी भी स्थिति में नहीं करना चाहिए, भले ही वह कुरुपा अथवा कटुभाषिणी हो।[12] मेधातिथि ने याज्ञवल्क्य-स्मृति पर अपने महत्त्वपूर्ण भाष्य को प्रस्तुत करते हुए व्याख्यापित करते हैं कि पत्नी को भरण-पोषण का अनिवार्य अधिकार है, भले ही वह अपने पति से घृणा करती हो। किन्तु यदि वह विजातीय बन बैठती है, तो उसका प्रत्याख्यान करना ही उचित है।[13] प्रस्तुत प्रसंग पर विश्वरूप की व्याख्यापना भी उदाहरणीय है। याज्ञवल्क्य-स्मृति[14] पर अपना भाष्य प्रस्तुत करते हुए विश्वरूप ऐसा अधिवाचित करते हैं कि साम्पत्तिक विभाजन के अवसर पर स्त्री अपने अंश को ले सकती है, भले ही उस समय उसके पति और सन्तानें जीवित हों। ऐसी स्थिति में जब कि उसे 'स्त्रीधन' न मिला हो, वह पुत्रों के बराबर सम्पत्ति के अंश की अधिकारिणी होती है। विश्वरूप ने ऐसा भी अधिवाचन किया है कि पहली पत्नी की जीवित अवस्था में यदि पति ने दूसरा विवाह किया है, तो ऐसी स्थिति में पहली पत्नी को उसकी सम्पत्ति मिलनी चाहिए जितना कि दूसरे विवाह में व्यय किया गया है। किन्तु वह यदि 'स्त्रीधन' प्राप्त कर चुकी है, तो ऐसी स्थिति में उक्त व्यय का आधा भाग उसे मिलना चाहिए। किन्तु ऐसी व्यवस्था उसी स्थिति में लागू होना चाहिए जबकि दूसरा विवाह निर्धारित अवस्थाओं का उल्लंघन कर किया गया हो।[15]

आलोचित युग में 'स्त्रीधन' की क्या स्थिति थी, यह एक विचारणीय प्रश्न है। इसमें सन्देह नहीं युग-युगान्तर में समृतिकारों एवं उनके भाष्यकारों, तथा यदा-कदा पौराणिक ग्रन्थों में स्त्रीधन की परिभाषा संवृद्धि एवं परिवृद्धि की विषय रही है। सातवीं शताब्दी ईस्वी के सामाजिक परिवेश में स्त्रीधन की परिभाषा के आयाम में विस्तार किया गया था। देवल-स्मृति के अनुसार भरण-पोषण (का व्यय), आभूषण, शुल्क एवं संलाभ, ये स्त्री के धन होते हैं।[16] ऐसा प्रतीत होता है कि कुछ एक सम्प्रदायों में असुर-विवाह को मान्यता दी जा रही थी, यद्यपि स्मार्त-पौराणिक परम्परा में कन्या-विक्रय कदापि मान्य नहीं

था। ऐसी सम्भावना सार्थक प्रतीत होती है कि असुर-विधि से सम्पन्न विवाह में पिता को जो 'शुल्क' मिलता था, वह विवाहोपरान्त कन्या को लौटा दिया जाता था, तथा इसे स्त्रीधन में सम्मिलित किया जाता था। पूर्वमध्यकाल (नवीं शताब्दी ईस्वी) में विरचित अग्निपुराण में कहा गया है कि वह सम्पत्ति जो स्त्री को अपने पिता, माता, पति अथवा भाई से मिलती है, तथा वह सम्पत्ति जो विवाहाग्नि के सामने उसे भेंट-उपहार के रूप में मिलती है, तथा वह सम्पत्ति जो उसे 'आधिवेदनिक' के रूप में मिलती है, स्त्रीधन में सम्मिलित होते हैं।[17] किन्तु विश्वरूप की व्याख्या कुछ भिन्न है। इसके अनुसार स्त्रीधन में 'आधिवेदनिक' के अतिरिक्त वह सम्पत्ति भी सम्मिलित होती है, जो पति के दूसरे विवाह के कारण उसे क्षति-पूर्ति के रूप में प्राप्त होती है। इसमें वे उपकरण भी सम्मिलित हैं जो अन्य स्मृतियों में व्याख्यापित हैं, अर्थात् वह सम्पत्ति जो स्त्री को पिता तथा अन्य सम्बन्धियों से आभूषण आदि के रूप में प्राप्त होती है। इसके अतिरिक्त इसमें वे उपकरण भी सम्मिलित हैं, जो कन्या को वाग्दान के अवसर पर मिलता है।[18]

तत्कालीन स्मार्त व्यवस्थापकों ने 'स्त्रीधन' पर स्त्री के अधिकार की इयत्ता एवं इदृक्ता के प्रश्न पर भी विचार किया है। इस सन्दर्भ में देवल की व्यवस्थापना रोचक एवं विस्तृत है। इनके अनुसार ऐसी सम्पत्ति जो स्त्री को भरण-पोषण के रूप में, आभूषणों के रूप में, शुल्क एवं उपहार के रूप में मिली रहती है—उन्हें केवल सम्बन्धित स्त्री ही प्रयोग में ला सकती है। आपातकालीन स्थिति के अतिरिक्त सामान्य तथा इनका उपभोग पति नहीं कर सकता है। तुच्छ तरीके से वह इसे उपभोग का विषय नहीं बना सकता है। यदि वह ऐसा करता है तो ऐसी स्थिति में उपभुक्त धन को ब्याज सहित लौटाना पड़ेगा। स्नेहिल रूप में, पत्नी की सहमति से यदि वह ऐसा करता है, तो ऐसी स्थिति में उसे खर्च किए गए स्त्रीधन का केवल मूलधन लौटाना पड़ेगा।[19] देवल पुन: व्याख्यापित करते हैं कि स्त्रीधन को यदि पति अपनी बीमारी में खर्च करता है अथवा महाजनों द्वारा सन्त्रस्त होने पर प्रयोग में लाता है, तो वह उसे समयानुसार अपनी इच्छा से लौटा सकता है।[20] देवल ने इस बात पर भी बल दिया है कि यदि किसी पिता ने अपनी पुत्री के लिए स्त्रीधन देने का वचन दिया है, तथा इसी बीच में यदि वह परलोकवासी हो जाता है, तो ऐसी स्थिति में उसके पुत्रों का यह कर्त्तव्य हो जाता है कि उस धन को पैतृक सम्पत्ति से उसी प्रकार उस पुत्री को दें, जैसे कि वे पिता के महाजनों का ऋण लौटाते हैं।[21] इस प्रसंग में विश्वरूप ने ऐसा व्याख्यापित किया है कि (असुर-विधि से

विवाह के सम्पन्न होने की स्थिति में) यदि किसी पिता ने वर से 'शुल्क' लेकर कन्या-दान किया है, तथा कन्या को वर के कुल से वापस लेता है, तो वह राजदंड का भागी होता है, तथा लिए गए 'शुल्क' को ब्याज-सहित लौटाना पड़ता है।[22] विश्वरूप की एक अन्य व्यवस्थापना के अनुसार यदि किसी पति ने अपनी पत्नी का (स्त्री) धन ऐसी परिस्थिति में लिया हो, जब कि नगर शत्रु आक्रान्त हो अथवा अकाल पड़ा हो, अथवा कोई धार्मिक अनुष्ठान करना हो अथवा रोगग्रस्तता की स्थिति उत्पन्न हो गई हो, तो ऐसा धन वापस किया जाना आवश्यक नहीं है।[23] इस सन्दर्भ में अग्नि पुराण ने ऐसा व्याख्यापित किया है कि यदि कोई पति ऐसे स्त्रीधन को दुर्भिक्ष के समय प्रयोग में लाता है, अथवा अपनी बीमारी की दवा-दारू में खर्च करता है, अथवा धार्मिक अनुष्ठानों में प्रयुक्त करता है, अथवा ऐसे धन को चोर ने अपहृत कर लिया हो, तो इन विशेष परिस्थितियों में वापस करना आवश्यक नहीं है। चर्चित पुराण ने ऐसा भी अधिवाचित किया है कि कोई पति यदि पहली पत्नी की जीवित-स्थिति में ही दूसरा विवाह करता है, तो ऐसी दशा में उसे दूसरी पत्नी को अपनी सम्पत्ति का पहली पत्नी के बराबर स्त्रीधन की व्यवस्था करनी पड़ेगी। अपनी पुत्री की सम्पत्ति का हरण करनेवाले पिता के विषय में प्रसंगित पुराण ने व्याख्यापित किया है कि ऐसा पिता राजदंड का भागी बनता है, तथा उसे अपनी पुत्री के विवाह एवं भरण-पोषण के लिए अपेक्षित सम्पत्ति की व्यवस्था के लिए बाध्य किया जा सकता है।[24]

आलोचित कालावधि के स्मार्त व्यवस्थापकों ने स्त्रीधन के उत्तराधिकार के प्रश्न को भी विचार-विमर्श का विषय बनाया है। देवल की व्यवस्थापना के अनुसार जब कोई स्त्री दिवंगत होती है, तो उसके स्त्रीधन पर पुत्रों एवं कुमारी कन्याओं का समान अधिकार माना जाता है।[25] ऐसी निर्धारण पूर्ववर्ती युग में विहित निर्धारणा से मेल नहीं खाती है। ऐसी स्थिति में याज्ञवल्क्य की व्यवस्थापना है कि दिवंगत माता के स्त्रीधन पर समान अधिकार केवल पुत्रियों का होता है। पुत्रियों के अभाव में इस पर पुत्रों का अधिकार माना जाता है। याज्ञवल्क्य की इस व्याख्यापना पर अपना भाष्य प्रस्तुत करते हुए विश्वरूप प्रतिष्ठापित करते हैं कि जिस प्रकार पिता की सम्पत्ति के उत्तराधिकारी पुत्र होते हैं, ठीक उसी प्रकार माता की सम्पत्ति की उत्तराधिकारिणी पुत्रियाँ होती हैं। माता द्वारा लिए गए ऋण को चुकाने के बाद वे (पुत्रियाँ) मातृसम्पत्ति का आपस में बँटवारा कर लेती हैं। किन्तु यदि माता ने कोई सम्पत्ति ही नहीं छोड़ रखा है, तो ऐसी स्थिति में वे ऋण चुकाने के लिए बाध्य नहीं हैं। इन्होंने ऐसा भी कहा

है कि पुत्रियों के अभाव में 'अन्वयों' को यह अधिकार दिया जा सकता है। 'अन्वय' का तात्पर्य अन्य वंशधरों, सम्भवतः पुत्रों से माना जा सकता है। अन्य स्मृतिकारों की व्याख्यापना के अनुसार पुत्रियों के अभाव में यह अधिकार पुत्रियों के पुत्रों को प्राप्त होता है। विश्वरूप इससे सहमत नहीं हैं। इनके अनुसार पुत्रियों के अभाव में माता की सम्पत्ति पर पुत्रों का अधिकार बनता है।[26] विश्वरूप ने पुनः व्याख्यापित किया है कि 'बन्धुदत्त', 'शुल्क' तथा 'अन्वधेय' उपहार पुत्री के बान्धवों को प्राप्त होते हैं।[27] चर्चित व्यवस्थापक के अनुसार उक्त तीनों प्रकार के अतिरिक्त अन्य स्त्रीधन, यदि कोई पुत्र नहीं है तो पति को मिलता है, तथा यदि पुत्र हैं तो ऐसी स्थिति में पुत्रियों को मिलता है।[28] किन्तु इस प्रकार की मान्यता तभी मिल सकती है, जब कि ऐसी पुत्री का विवाह संस्कार प्रथम चार विधियों (अर्थात् ब्रह्म, देव, आर्ष एवं प्रजापत्य) से सम्पन्न हुआ हो।

उक्त सन्दर्भ में मनुस्मृति पर भाष्य करते हुए, मेधातिथि ने हमारा ध्यान ''यौतक' के प्रति आकर्षित किया है। भाष्यकार के अनुसार प्रस्तुत शब्द स्त्री की उस पृथक् सम्पत्ति को द्योतित करता है, जिसकी वह एकान्तिक अधिकारिणी होती है, इसका सम्बन्ध उस सम्पत्ति से है, जो वह विवाह के समय पाती है, न कि उसकी सामान्य सम्पत्ति से। भाष्यकार ने ऐसा भी घोषित किया है कि स्त्री को आभूषण, वस्त्र तथा दैनिक गृह-कार्य सम्पन्न करने के लिए जो कुछ अपने पति से मिलता है, उस पर केवल कुमारी कन्याओं का अधिकार बनता है।[29] इसी प्रसंग में असहाय ने व्याख्यापित किया है कि स्त्री के 'शुल्क' पर विमातृक भाइयों का अधिकार होता है, यद्यपि बहुलांश समातृक भाइयों को ही प्राप्त होता है। नारदस्मृति पर अपनी व्याख्या प्रस्तुत करते हुए, असहाय ने घोषित किया है कि यदि कोई पुत्रवती एवं स्त्रीधन की स्वामिनी विधवा का मान्य होकर पुत्र का परित्याग कर किसी दूसरे व्यक्ति से विवाह करती है तो सम्बन्धित स्त्रीधन दूसरे पति से उत्पन्न पुत्रों को मिल सकता है, पहले पति से उत्पन्न पुत्रों का इस पर अधिकार नहीं माना जाता है। किन्तु ऐसी स्त्री के पास यदि स्त्रीधन नहीं है, तथापि पहले पति की सम्पत्ति यदि उसके पास है, तो ऐसी स्थिति में सम्बन्धित सम्पत्ति दूसरे पति को ही मिलती है।[30] उक्त आशय से सम्बन्धित अग्निपुराण ने एक विशिष्ट व्याख्यापना को प्रस्तुत किया है। चर्चित पुराण के अनुसार यदि कोई स्त्री निःसन्तान ही दिवंगत होती है तो उसकी ऐसी सम्पत्ति जो मित्रों एवं सम्बन्धियों से प्राप्त होती है, तथा वह सम्पत्ति जो अन्वेधेयक के अन्तर्गत आती है, उसके 'बन्धुओं' के अधिकार में जाती है। ऐसा 'स्त्रीधन' जो निःसन्तान पत्नियाँ छोड़ जाती हैं, सम्बन्धित पतियों

को मिलती है, चाहे वे किसी भी वर्ण के हों, यदि ऐसी पत्नियों की पुत्रियाँ हैं, तो इन पुत्रियों का ही वैध अधिकार ऐसी सम्पत्ति पर होता है, उस स्थिति में जब कि ऐसी पुत्रियों की अपनी पुत्रियाँ हों। विपरीत स्थिति में वह सम्पत्ति मृत स्त्री के पिता के पास वापस चली जाती है।[31]

विवेच्य विषय की प्रसंगानुकूलता की दृष्टि से आलोचित कालावधि में विधवा के साम्पत्तिक उत्तराधिकार के प्रश्न पर विचार किया जा सकता है। देवल की व्याख्यापना के अनुसार पुत्र-विहीन विधवा को भरण-पोषण का अधिकार मिलता है। चर्चित स्मृतिकार ने ऐसा व्याख्यापित किया है कि यदि कोई व्यक्ति पुत्र-विहीनता की स्थिति में दिवंगत होता है तो ऐसी स्थिति में वरीयता के क्रमानुसार उसकी सम्पत्ति पर स्त्री का अधिकार माना गया है। तथापि, प्रत्येक स्थिति में विधवा को भरण-पोषण का अधिकार दिया गया था।[32] मनु की व्यवस्थापना पर अपना भाष्य प्रस्तुत करते हुए मेधातिथि ने ऐसा घोषित किया है कि यदि कोई विधवा अपनी स्मृति में पति के प्रति अपनी भक्ति को संजोए हुए हैं, तो ऐसी स्थिति में शासक के संरक्षण में सम्पत्ति की अधिकारिणी बन सकती है। विपरीत स्थिति में वह ऐसे अधिकार से वंचित रहती है, तथा उसे निष्कासन का दंड मिलता है।[33]

विश्वरूप की व्याख्यापना से ऐसा प्रतीत होता है कि तदयुगीन व्यवस्थापक, जो स्त्रियों को 'दाय' प्राप्त करने के विरोधी थे, वस्तुतः उनके साम्पत्तिक अधिकार में काट छाँट करना चाहते थे। उन्होंने ऐसा घोषित किया कि स्त्रियाँ स्वतन्त्र रूप में 'दाय' की अधिकारिणी नहीं हैं, अपितु उन्हें ऐसा अधिकार पुत्र या पति के साथ ही मिल सकता है। इनके अनुसार पुत्र-विहीन मृत व्यक्ति की विधवा उसकी सम्पत्ति की उत्तराधिकारिणी उसी स्थिति में हो सकती है, जबकि पति की मृत्यु के समय वह गर्भिणी हो अथवा वह पति के अनुज के साथ पुरातन परम्परा में विहित नियोग-प्रथा के अनुसार संयुक्त होकर मृत पति के लिए पुत्र की कामना करे।[34] इस सन्दर्भ में विश्वरूप ने वसिष्ठ धर्मसूत्र को प्रसंगित करते हुए ऐसा भाषित किया है कि मृत व्यक्ति की सम्पत्ति के दावेदार भाइयों को सम्पत्ति-विभाजन की क्रिया को उस समय तक के लिए स्थगित कर देना चाहिए, जब तक कि निःसन्तान-विधवाओं को पुत्र की प्राप्ति नहीं हो जाती है।[35] ऐसी व्यवस्थापना से यह सम्भावित अर्थ निकलता है कि गर्भिणी विधवा को सम्पत्ति का कुछ अंश मिल सकता था। इस प्रसंग में स्मृतिसंग्रहकर की व्यवस्थापना में कुछ विशिष्टता का बोध होता है। इनके अनुसार सन्तानविहीन मृत व्यक्ति की विधवा यदि वरिष्ठ लोगों के आदेश से नियोग को अपनाती

है तो वह पति की पूरी सम्पत्ति की उत्तराधिकारिणी बन सकती है।[35क] इस सन्दर्भ में अग्निपुराण में विहित व्यवस्था स्मार्त व्यवस्थापकों की विरोधात्मक व्यवस्थापनाओं की अपेक्षा अधिक विश्वसनीय मानी जा सकती है। चर्चित पुराण के अनुसार पत्नी, पुत्री, माता-पिता, भाई, भ्रातृपुत्र, सगोत्री लोग, बन्धु तथा शिष्य क्रमानुसार मृत व्यक्ति की सम्पत्ति के उत्तराधिकारी माने जा सकते हैं।[36] अग्निपुराण ने ऐसा भी व्यवस्थापित किया है कि ऐसी विधवा की सम्पत्ति की रक्षा करना राजा का कर्तव्य हो जाता है, जिसके विधवाकाल की अवधि में जिसका कोई वैध संरक्षक अथवा सम्बन्धी नहीं है। इसके अतिरिक्त पुराण ने ऐसी विधवा की सम्पत्ति की सुरक्षा राजा का कर्तव्य माना है, जो पतिव्रता रही है, किन्तु रोगग्रस्तता अथवा अक्षमता के कारण सम्पत्ति अपने उपयोगार्थ अनुकूल बनाने में समर्थ नहीं रही है। यदि कोई व्यक्ति उस सम्पत्ति का अधिग्रहण करने का प्रयास करता है तो ऐसे व्यक्ति को वही दंड मिलना चाहिए जो एक चोर को मिलता है।[37]

उक्त विवरण से यह प्रायः सुव्यक्त हो जाता है कि आलोचित कालावधि में पुत्र-विहीन विधवा के साम्पत्तिक अधिकार-आयाम में काफी काट-छाँट करने का प्रयास किया गया था। अग्निपुराण को छोड़कर अन्य किसी व्यवस्थापना में विधवा के साम्पत्तिक अधिकार के सन्दर्भ में उदार नीति नहीं अपनाई गई थी। कुछ एक व्यवस्थापकों ने विधवा को साम्पत्तिक अधिकार की प्राप्ति में नियोग-प्रथा की शर्त लगाई थी, जिसे वस्तुतः एदर्थ अस्वीकृति का द्योतक माना जा सकता है। इस युग में नियोग-प्रथा को असम्मान का द्योतक माना जाता था। नियोग अपनाने के उपरान्त भी विधवा का साम्पत्तिक अधिकार अस्थायी ही सिद्ध होता था, क्योंकि नियोग से सन्तानोत्पत्ति के उपरान्त ऐसे अधिकार की इतिश्री हो जाती थी।

आलोचित कालावधि में सभ्रातृक पुत्री का साम्पत्तिक अधिकार किस सीमा तक माना गया था, यह एक विचारणीय प्रश्न है। प्राक्तन स्तर पर स्मृतिकार याज्ञवल्क्य ने ऐसी व्यवस्थापना किया था कि पुत्री को सम्पत्ति का चतुर्थांश प्राप्त हो सकता है। इस युग के स्मार्त भाष्यकारों ने उक्त व्यवस्थापना को अपने-अपने ढंग से भाषित करने का प्रयास किया था। कुछ-एक ने ऐसा अवधारित किया कि स्त्री की हैसियत से पुत्री को 'दाय' का कोई भी अंश नहीं मिल सकता है, तथा इस सन्दर्भ में उसे जो कुछ भी प्राप्त होता है वह पिता की ओर से दिया गया उपहार है। उसे पिता की सम्पत्ति से मिला हुआ पुत्री का उत्तराधिकार नहीं माना जा सकता है। कुछ-एक ने ऐसा भाषित किया

है कि याज्ञवल्क्य ने पुत्री के लिए जो कुछ उत्तराधिकार का प्रसंग दिया है उसका तात्पर्य यही है कि पुत्री को उतनी ही सम्पत्ति दी जाए जो भरण-पोषण एवं विवाह के व्यय के लिए पर्याप्त हो । विवाह के उपरान्त वह पतिकुल में चली जाती है, अतएव उसके भरण-पोषण का दायित्व पति एवं पतिकुल पर रहता है। अतएव ऐसी स्थिति में यह कह सकते हैं कि पूर्ववर्ती युग में याज्ञवल्क्य आदि स्मृतिकारों ने सम्पत्ति-विषयक जो कुछ अधिकार पुत्री को दिया था, उसे आलोचित कालावधि के स्मार्त भाष्यकारों ने भेंट-उपहार तक सीमित कर दिया था। इस सन्दर्भ में याज्ञवल्क्य-स्मृति पर अपना भाष्य प्रस्तुत करते हुए विश्वरूप ने ऐसा व्याख्यापित किया है कि मृत पिता की पुत्री के भाइयों का यह कर्तव्य है कि वे पिता द्वारा उस उद्देश्य के लिए सुरक्षित धन द्वारा उसका विवाह सम्पन्न करावें, अन्यथा स्थिति में ही वे कार्य में अपने उत्तराधिकारांश का चतुर्थांश इस कार्य में लगा सकते हैं।[38] उक्त व्याख्यापना से यही अभिव्यंजित होता है कि चतुर्थांश को इस कार्य में न्यस्त करना नियत व्यवस्था का अनिवार्य अंग नहीं था, प्रत्युत अन्यथा स्थिति के लिए यह केवल एक वैकल्पिक व्यवस्था थी। अतएव ऐसा निष्कर्ष निकालना संगत प्रतीत होता है कि आलोचित कालावधि में पुत्री के अधिकार-आयाम को पहले की अपेक्षा काफी सीमित कर दिया गया था।

प्रस्तुत प्रसंग में मेधातिथि की कुछ एक अभिभाषित व्याख्यापनाएँ प्रसंगानुकूल प्रतीत होती हैं। मनुस्मृति एवं किसी एक अनामधेया स्मृति में प्रसंगित क्रमशः 'कन्या' एवं 'अनुढा' शब्दों का उल्लेख करते हुए, इनका तात्पर्य अविवाहित कन्या से लिया है, तथा ऐसा व्याख्यापित किया है कि पिता की सम्पत्ति का जो कुछ अंश पुत्री के लिए अलग किया जाता है, वह सवर्णकन्या के ही विवाहार्थ मान्य होता है। प्रत्येक भाई का यह व्यवस्थापित कर्तव्य है कि वह अपने अंश का चतुर्थांश अपनी बहन के लिए सुरक्षित करे, किन्तु उसी स्थिति में जबकि वह बहन अपने ही वर्ण की हो।[39]

तत्कालीन कुछ एक व्यवस्थापकों की अवधारणाओं से प्रतीत होता है कि भाई के 'चतुर्थांश' का बहन को मिलना सर्वमान्य नहीं था। उदाहरणार्थ देवल ने ऐसा अधिवाचित किया है कि पिता की सम्पत्ति का उतना अंश पुत्री को मिलना चाहिए, जितना कि उसके विवाह-व्यय के लिए आवश्यक है।[40] भारुचि के अनुसार बहन के विवाह में भाई के अंश का उतना अंश व्यय करना अपेक्षित है, जितना कि आवश्यक है। इसे 'चतुर्थांश' में बाँधा नहीं जा सकता है।[41] मिताक्षरा 'चतुर्थांश' पर ही बल देता है।[42]

उक्त आलेख्यों के आधार पर यह निष्कर्ष निकालना अनुचित नहीं होगा कि आलोचित कालावधि के व्यवस्थापकों में सभातृक कन्याओं के साम्पत्तिक अधिकार के सम्बन्ध में कुछ एक अपवादों को छोड़कर प्रायः मतैक्य था। उन्होंने सम्बन्धित व्यवस्था में जो कुछ विस्तार एवं परिवर्द्धन लाने का प्रयास किया था, उनमें वैधानिकता की अपेक्षा व्यावहारिकता का दृष्टिकोण अधिक अपनाया गया था। वस्तुतः ऐसी व्यवस्थापना पूर्ववर्ती स्मार्त व्यवस्थापनाओं के विरोध में जाती है, जबकि स्मृतिकारों ने भ्रातृक पुत्री के पैतृक सम्पत्ति के चतुर्थांश को आवश्यक घोषित किया था। इसके अतिरिक्त ऐसा भी प्रतीत होता है कि तदयुगीन उक्त व्यवस्था को सार्वजनीन स्मार्त मान्यता नहीं मिली थी, क्योंकि देवल ने इस बात पर विशेष बल दिया है कि यदि बहन के विवाह में धन की (चतुर्थांश से) अधिक आवश्यकता पड़ती है, तो उसका भार बहन सम्बन्धित भाइयों को अपने अंश से करना चाहिए।

आलोचित कालावधि के व्यवस्थापकों ने भ्रातृ-विहीनता की स्थिति में पुत्री के साम्पत्तिक अधिकार के सन्दर्भ में अपनी व्यवस्थापनाएँ प्रस्तुत किया है। इस प्रसंग में याज्ञवल्क्य-स्मृति पर अपना मत व्याख्यापित करते हुए विश्वरूप[43] ने घोषित किया है कि यदि सम्मिलित परिवार में कोई व्यक्ति पुत्र-विहीनता की स्थिति में दिवंगत होता है, तो ऐसी स्थिति में उसकी पुत्रियाँ, पुत्रिका की हैसियत से उसकी सम्पत्ति की उत्तराधिकारिणी हो जाती हैं। चर्चित भाष्यकार ने इसी व्यवस्थापना में यह भी स्पष्ट कर दिया है कि पुत्री (स्वयमेव) पुत्रिका कहलाती है, तथा सम्मिलित परिवार में उसे वे सभी उत्तराधिकार उपलब्ध होते हैं जो भ्राताओं एवं भ्रातृव्यों को प्राप्त होते हैं। इस सन्दर्भ में मनुस्मृति पर अपना भाष्य व्याख्यापित करते हुए, मेधातिथि ने 'दुहिता' शब्द को प्रसंगित किया है, तथा ऐसा स्पष्ट किया है कि वस्तुतः यह शब्द 'पुत्रिका' का समस्तरीय है। मेधातिथि के अनुसार पिता को घोषित करना पड़ता है कि दुहिता (पुत्रिका) से उत्पन्न पुत्र उसकी पिता का वंशधर है, जिसे सम्बन्धित पिता के परलोक-गामी होने के उपरान्त उसकी सम्पत्ति का उत्तराधिकार प्राप्त होना चाहिए।[44] स्मृति संग्रह की व्यवस्थापना में मृत व्यक्ति की विधवा एवं पुत्रिका दोनों में अपेक्षाकृत विधवा को वरीयता देते हुए कहा गया है कि पुत्र-विहीनता की स्थिति में ऐसे व्यक्ति के परलोक-गामी होने पर साम्पत्तिक उत्तराधिकार में पहले क्रम पर विधवा आती है, उसके बाद ही पुत्रिका का क्रम आता है।[45]

उक्त विवरण से यह प्रायः स्पष्ट हो जाता है कि आलोचित कालावधि में पुत्र-विहीन व्यक्ति के साम्पत्तिक उत्तराधिकार के सन्दर्भ में प्रायः परस्पर-

भिन्न व्यवस्थापनाएँ मान्यता अथवा अमान्यता की विषय बन रही थीं। काणे[46] के सुझाव के अनुसार इस युग में 'पुत्रिका' की प्रथा अन्तर्निहित हो चुकी थी, तथा मृत व्यक्ति की सम्पत्ति का उत्तराधिकार वरीयता के अनुसार पहले विधवा को मिलता था, उसके बाद पुत्री का क्रम आता था। इस सुझाव में किंचित् परिवर्द्धन कर ऐसा कह सकते हैं कि जहाँ तक औपचारिकता का प्रश्न है, 'पुत्रिका' प्रथा का वस्तुतः तिरोधान हो चुका था, किन्तु व्यवहारतः सम्बोधनार्थ 'पुत्रिका' प्रसंगित की जाती थी, तथा पुत्री को 'पुत्रिका' की श्रेणी में रखकर ही उसे साम्पत्तिक उत्तराधिकार के लिए योग्य माना जाता था। गंगानाथ झा के इस सुझाव में श्रद्धेयता नहीं दिखाई देती थी कि इस युग में पुत्रिका की प्रथा को पुनरुज्जीवित किया गया था।[46क] वस्तुतः ऐसी प्रथा को पुनरुज्जीवित नहीं किया गया था, प्रत्युत दुहिता, कन्या एवं पुत्री को स्वयमेव पुत्रिका की कोटि में उस स्थिति में रखा जाता था, जबकि उसे उत्तराधिकार देने का समय आता था। विश्वरूप, और मेधातिथि से सम्बन्धित भाष्यों से प्रतीयमान व्यवस्था से यही स्पष्ट होता है कि भले ही औपचारिकता के स्तर पर 'पुत्रिका' की अवधारणा को मान्यता न दी गई हो, किन्तु व्यवहारिकता के स्तर पर इसे स्वीकार कर भातृ-विहीन कन्या को साम्पत्तिक उत्तराधिकार मिलने की प्रवृत्ति प्रचलित हो चुकी थी।

आलोचित कालावधि में साम्पत्तिक अधिकार के सन्दर्भ में माता की क्या स्थिति थी, इसे आलोचित परिच्छेद में विमर्शित किया जा सकता है। इस प्रसंग में याज्ञवल्क्य-स्मृति पर अपना भाष्य प्रस्तुत करते हुए विश्वरूप[47] ने व्याख्यापित किया है कि ऐसी माता अपने पुत्र के बराबर सम्पत्ति का अंश प्राप्त करती है, जिसके पास अपना कोई 'स्त्रीधन' नहीं होता है। इसी के साथ-साथ विश्वरूप ने याज्ञवल्क्य-स्मृति के एक दूसरे श्लोक के आधार पर अपनी व्याख्यापना प्रस्तुत किया है कि श्लोक में प्रसंगित 'पितरौ' शब्द माता और पिता दोनों का ही द्योतक है। चूँकि दोनों को द्वन्द्व समास में अन्तर्हित किया गया है, अतएव यह स्पष्ट होता है कि दोनों ही साम्पत्तिक अधिकार के लिए वैध दावेदार हैं। ऐसी सम्भावना में सार्थकता दिखाई देती है कि वरीयता की दृष्टि से पिता की अपेक्षा माता को प्राथमिकता दी जाती थी, क्योंकि चर्चित भाष्यकार के अनुसार सन्तान-विहीनता की स्थिति में पुत्र की सम्पत्ति का उत्तराधिकार माता को प्राप्त होता है।[48] अपनी व्यवस्थापना के क्रम में विश्वरूप में मनुस्मृति में विहित व्यवस्थापना को प्रसंगित किया है जिसके अनुसार पुत्र-विहीन पुत्र के 'रिक्थ' को पिता प्राप्त करता है। विश्वरूप के अनुसार इसका अभिव्यज्यमान

तात्पर्य है कि यह स्थिति तभी बनती है, जब कि सम्बन्धित माता स्वर्गगामिनी हो चुकी हो।[49]

उक्त सभी स्मार्त एवं पौराणिक व्याख्यापनाओं के परीक्षणोपरान्त यही प्रतीत होता है कि आलोचित युग में स्त्री के साम्पत्तिक अधिकार की वास्तविक स्थिति क्या थी? इसके संकेतक परस्पर समस्तरीय साक्ष्य नहीं मिलते हैं। यदि अधिकांश साक्ष्य इसके अवनमन का बोध कराते हैं, तो स्वल्पांशतः ऐसे साक्ष्य भी हैं जो उन्नयन का भी परिचय प्रस्तुत करते हैं। 'प्राधान्येनैव व्यपदेशाः भवन्ति' जैसी उक्ति की संज्ञापना के अनुसार यह कह सकते हैं कि सामान्यतया अतीत युगों की अपेक्षा आलोचित अवान्तर युग में स्थिति ह्रासोन्मुख बन बैठी थी। यद्यपि देवल जैसे उदारचेता स्मार्त व्यवस्थापक ने 'स्त्रीधन' के आयाम को विस्तारित करने का प्रयास किया था। आपातकालीन एवं अन्य परिस्थितियों में ऐसे 'स्त्रीधन' को प्रयोग हेतु पति आवश्यक कार्यों के लिए पत्नी से ले सकता था। इसी प्रकार पहले के विपरीत इस युग में 'पुत्रिका' ही सम्पत्ति की वैध दावेदार बन सकती थी, सामान्य पुत्री नहीं, वह भी अकेले नहीं अपितु अपने भाइयों की सहभागिता में ही। इसी प्रकार सामान्यतया विधवा को पति की सम्पत्ति का उत्तराधिकार उसी स्थिति में मिलना सम्भव था, जब कि वह नियोग का शरण लेती थी। यह अधिकार भी वस्तुतः उसे नहीं मिलता था, अपितु इसके अधिकारी नियोग-जन्य पुत्र अथवा 'पुत्रिका' ही होते थे। माता के अधिकार को सुरक्षित करने का प्रयास केवल विश्वरूप ने किया है, अन्य व्यवस्थापकों ने इसे कहाँ तक मान्यता दी थी, इसके प्रमापक साक्ष्य नहीं मिलते हैं।

सन्दर्भ-निर्देश

1. आर. सी. मजूमदार, एज आफ इम्पीरियल कन्नौज, पृष्ठ 284
2. काणे, हिस्ट्री आफ धर्मशास्त्र, भाग 3, पृष्ठ 540
3. आर. सी. मजूमदार, तत्रैव, पृष्ठांक 253-254
4. काणे, तत्रैव, पृष्ठ 564

4क. याज्ञवल्क्य, 2.124 पर मिताक्षरा

5. याज्ञवल्क्य-स्मृति, 2118 पर विश्वरूप
6. काणे, तत्रैव, पृष्ठ 583
7. मनुस्मृति 8.416
8. मनुस्मृति 8.416 पर मेधातिथि।
9. मनुस्मृति, 9.95

10. मनुस्मृति 9.95 पर मेधातिथि, द्रष्टव्य बूलर, लाज ऑफ मनु, सेक्रेड बुक आफ दि ईस्ट, भाग 25, पृष्ठ 344, टिप्पणी संख्या 95

11. मनुस्मृति 4.25 तथा 9.77 पर मेधातिथि

12. मनुस्मृति, 9.95 पर मेधातिथि

13. याज्ञवल्क्य-स्मृति, 1.70 पर मेधातिथि

14. याज्ञवल्क्य-स्मृति, 2.148 पर विश्वरूप

15. तत्रैव

16. अपरार्क, पृष्ठ 755 पर उद्धृत

17. अग्निपुराण, 256.30

18. याज्ञवल्क्य-स्मृति, 2.144-145 पर विश्वरूप

19. अपरार्क, पृष्ठ 755 पर उद्धृत

20. विवाद- चिन्तामणि, पृष्ठ 220 पर उद्धृत

21. तत्रैव

22. याज्ञवल्क्य-स्मृति, 2.146 पर विश्वरूप

23. याज्ञवल्क्य-स्मृति, 2.147 पर विश्वरूप

24. तत्रैव

25. वीरमित्रोदय, पृष्ठ 694 पर उद्धृत

26. याज्ञवल्क्य-स्मृति, 2.144 पर विश्वरूप

27. याज्ञवल्क्य-स्मृति, 2.145 पर विश्वरूप

28. याज्ञवल्क्य-स्मृति, 2.146 पर विश्वरूप

29. मनुस्मृति, 9.131 पर मेधातिथि

29 क. स्मृतिचन्द्रिका, पृष्ठ 384 पर उद्धृत

30. नारद-स्मृति, 1.20 पर असहाय

31. अग्निपुराण, 256.30

32. अपरार्क, पृष्ठ 741 पर उद्धृत

33. मनुस्मृति, 9.76 पर मेधातिथि

34. याज्ञवल्क्य-स्मृति, 2.135 पर विश्वरूप

35. बौधायन धर्मसूत्र, 17.41

35क. स्मृतिचन्द्रिका, पृष्ठ 681 पर उद्धृत

36. अग्निपुराण, 253 12-13

37. तत्रैव, 223. 17-21

38. याज्ञवल्क्य-स्मृति, 2. 124 पर विश्वरूप

39. मनुस्मृति, 9.118 पर मेधातिथि

40. स्मृतिचन्द्रिका, पृष्ठ 615 पर उद्धृत
41. पराशर माधवीय में उद्धृत.
42. याज्ञवल्क्य-स्मृति 2.124 पर मिताक्षरा
43. याज्ञवल्क्य-स्मृति, 2.136-134 पर विश्वरूप
44. मनुस्मृति, 9.130 पर मेधातिथि
45. स्मृतिचन्द्रिका, पृष्ठ 656 पर उद्धृत
46. काणे, तत्रैव, पृष्ठ 714
46क. गंगानाथ झा, हिन्दू लॉ इन इट्स सोर्सेज़
47. याज्ञवल्क्य-स्मृति, 2.123 पर विश्वरूप
48. याज्ञवल्क्य-स्मृति, 2.136 पर विश्वरूप
49. मनुस्मृति, 9.185

पूर्व मध्यकाल के द्वितीय स्तर में स्त्रियों के साम्पत्तिक अधिकार

प्रस्तुत परिच्छेद में विवेच्य पर प्रकाश डालनेवाले उन साक्ष्यों की समीक्षा की जाएगी, जिनका सम्बन्ध पूर्व मध्यकाल के द्वितीय स्तर से है, जिसकी कालावधि लगभग 1000 ईस्वी से 1200 ईस्वी तक माना जा सकती है। चर्चित काल में जो निबन्ध एवं स्मृति-भाष्य लिखे गए, वे प्राचीन हिन्दू विधि-व्यवस्था के विकास में महत्त्वपूर्ण स्थान रखते है। इन रचनाओं से यह स्पष्ट हो जाता है कि आलोचित कालावधि प्राचीन एवं अवान्तरकालीन हिन्दू विधि-व्यवस्था के अन्तरागम को सुस्पष्ट कर देती है। इनके परिशीलन से यह परिलक्षित हो जाता है कि आलोचित युग, सम्पत्ति-विभाजन एवं साम्पत्तिक उत्तराधिकार की दृष्टि से अतीव महत्त्वपूर्ण था। अनेक भाष्यों के संकलन एवं संघात-प्रतिघात के परिणाम में इस समय हिन्दू-विधि से सम्बन्धित दो विशिष्ट विचारधाराएँ मुखरित हुईं, एक का प्रतिनिधान मिताक्षरा में, तथा दूसरे का दायभाग में हुआ।[1]

तत्कालीन निबन्धकारों में पहले क्रम पर जितेन्द्रिय को रखा जा सकता है। जीमूतवाहन ने अपने काल विवेक, व्यवहारमातृका एवं दायभाग में इन्हें प्रसंगित करते हुए, सम्पत्ति-विभाजन एवं साम्पत्तिक उत्तराधिकार जैसे विषयों पर इनके भाष्यों को उद्धृत किया है। काणे के मतानुसार, इनका आविर्भाव सम्भवत: 1000 ईस्वी एवं 1050 ईस्वी के बीच हुआ था, तथा ये बंगाल के निवासी थे।[2] ऐसी सम्भावना की गई है कि ये जीमूतवाहन के सध: पूर्ववर्ती थे, तथा इनकी रचना काफी विस्तृत थी, जो सम्प्रति अनुपलब्ध है। इसके साथ-साथ ऐसा भी सुझाव रखा गया है कि अपेक्षाकृत अधिक प्रतिभासम्पन्न जीमूतवाहन के आविर्भाव के उपरान्त इनका महत्त्व अतीत में अन्तर्हित हो गया।[3] जितेन्द्रिय की निम्नोक्त व्याख्यापनाएँ महत्त्वपूर्ण मानी जाती है। इनके अनुसार पुत्री के पुत्र को तत्काल उत्तराधिकार प्राप्त होता है। पुत्र-विहीन विधवा, चाहे वह अलग रहती हो अथवा सम्मिलित परिवार में पति की सम्पत्ति की उत्तराधिकारिणी

बनती है। महत्त्व की दृष्टि से जितेन्द्रिय के बाद बालक को रखा जाता है। इनके अस्तित्व की सूचना जीमूतवाहन, रघुनन्दन एवं शूलपाणि के उद्धरणों से मिलती है। सम्भवत: इनका दूसरा नाम बालोक था, जिन्हें भट्ट भवदेव के प्रायश्चित्त प्रकरण में बार-बार प्रसंगित किया गया है।[4] दायभाग के साक्ष्य के आधार पर काणे ने सुझाव रखा है कि बालरूप भी इनका एक नाम था।[5] बालरूप सम्भवत: बंगाल के निवासी थे, तथा इनका आविर्भाव 1100 ईस्वी के पहले हुआ था। इनकी व्याख्यापनाओं के अनुसार पुत्र-विहीनता की स्थिति में दिवंगत व्यक्ति का उत्तराधिकार अविवाहिता पुत्री को प्राप्त होता है, तथा विवाहिता का क्रम इसके बाद ही आता है। इसके अतिरिक्त इन्होंने "आत्मबन्धु", "पितृबन्धु" और "मातृबन्धु" के क्रम में साम्पत्तिक उत्तराधिकारियों को रखा है।[6] तीसरे निबन्धकार योग्लोक की सूचना जीमूतवाहन एवं रघुनन्दन की रचनाओं से मिलती है। ये सम्भवत: बंगाल के निवासी थे, तथा इनका आविर्भाव 950 ईस्वी एवं 1010 ईस्वी के बीच हुआ था। यद्यपि इन्होंने साम्पत्तिक वैधता के सन्दर्भ में श्रीकर का अनुकरण किया है, तथापि साम्पत्तिक उत्तराधिकार से सम्बन्धित इनकी व्याख्यापनाएँ महत्त्वपूर्ण नहीं मानी जाती हैं। चौथे क्रम पर धारेश्वर को रखा जाता है, जिनका तादात्म्य मालवा के शासक परमारवंशी राजा भोज से किया जाता था, जिनकी राजधानी धारा में प्रतिष्ठित थी, तथा जिनका राज्य-काल 1005 ईस्वी से लगभग 1045 ईस्वी तक माना जाता है। इनके बार में जनुश्रुति है कि इन्होंने अपने राज्य के प्रतिष्ठित पंडितों का एक सम्मेलन किया था, जिसमें विधि-विषयक प्रथम प्रामाणिक सार-संग्रह तैयार किया गया था, जो सम्प्रति उपलब्ध नहीं है। सम्भवत: कथित सार-संग्रह में निहित व्यवस्थापनाओं का सम्बन्ध उत्तर भारत से था। यही कारण है कि सभी भाष्यकारों ने भोज को धारा का स्वामी कहते हुए प्रसंगित किया है। कई एक महत्त्वपूर्ण तथ्यों पर धारेश्वर और मिताक्षरा की व्यवस्थापनाओं में विषमता के तत्त्व दृष्टिगोचर होते है। उदाहरणार्थ धारेश्वर ने सम्पत्ति स्वामित्व के निश्चयार्थ शास्त्र को प्रमाण माना है, किन्तु मिताक्षरा ने लौकिक मान्यता को अपेक्षाकृत अधिक प्रामाणिक माना है। किन्तु कहीं-कहीं दोनों में समानता की द्योतक व्यवस्थापनाएँ भी प्राप्त होती हैं, विशेषतया पुत्री के पुत्र के उत्तराधिकार के प्रसंग में। धारेश्वर ने इस बात पर भी बल दिया है कि याज्ञवल्क्य स्मृति में प्रयुक्त "दुहिता" का अर्थ सम्पत्ति उत्तराधिकार की वैध दावेदार "पुत्रिका" होती है। पाँचवें क्रम पर हरदत्त को रखा जाता है, जिनके महत्त्व का प्रतिनिधान उनके गौतम धर्मसूत्र एवं आपस्तम्ब धर्मसूत्र से सम्बन्धित भाष्यों में केन्द्रित है।

वीरमित्रोदय में हरदत्त और देवग भट्ट दोनो ही दाक्षिणात्य निबन्धकार घोषित किए गए हैं। अतएव इनका दक्षिण-भारतीय होना निःसन्दिग्ध सत्य माना जा सकता है। ये विज्ञानेश्वर के पूर्ववर्त्ती थे, तथा ऐसी स्थिति में काणे ने इनका आविर्भाव-काल 1100 ईस्वी और 1300 ईस्वी के बीच रखा है।[7] अपनी व्यवस्थापनाओं में ये मेधातिथि के समकक्ष प्रतीत होते हैं तथा मेधातिथि की ही भाँति विधवा के साम्पत्तिक उत्तराधिकार को वैध नहीं माना है।[8] छठें क्रम पर विज्ञानेश्वर को रखा जाता है, जिनकी सुप्रसिद्ध मिताक्षरा नामक रचना पंजाब, मालाबार, बंगाल एवं आसाम को छोड़कर सम्पूर्ण भारत में प्रामाणिक मानी जाती है। मिताक्षरा में याज्ञवल्क्य स्मृति के स्थल भाषित किए गए हैं। काणे ने इसकी रचना का काल अनुमानतः 1070 ईस्वी और 1100 ईस्वी के बीच रखा है।[9] विज्ञानेश्वर एक धार्मिक भिक्षु थे। इन्होंने अपनी रचना के उपसंहृत श्लोकों में अपने आप को "विज्ञानयोगी" कहा है। इसी संज्ञा को सम्बोधित करते हुए उत्तरकालीन लेखकों ने भी इन्हें प्रसंगित किया है। एक ज्ञान-सम्पन्न संन्यासी होने के कारण इनकी कृति की प्रामाणिकता ने विश्वरूप एवं धारेश्वर जैसे भाष्यकारों को अपदस्थ कर दिया था। एक कुशल एवं प्रतिभासम्पन्न लेखक होने की इनकी क्षमता का परिज्ञान इसी तथ्य से हो जाता है कि, यद्यपि इन्होंने अपनी रचना में अस्सी से भी अधिक स्मार्त व्यवस्थापकों को प्रसंगित किया है, तथापि इनकी रचना में लेखन-योजना की अन्विति एवं क्रमबद्धता पर व्याघात नहीं पहुँचा है। सातवें क्रम पर गोविन्दराज को रखा जाता है, जिनकी रचना स्मृति-मंजरी के नाम से सुख्यात है। धर्मशास्त्र के लिए अपेक्षित सभी विषयों का समाहार इस रचना में प्राप्त होता है। इन्होंने धारेश्वर भोजराज को प्रसंगित किया है, तथा कल्पतरु एवं दायभाग में ये स्वयं प्रसंगित हुए हैं। अतएव, ऐसी स्थिति में काणे ने इनका समय 1100 ईस्वी एवं 1110 ईस्वी के बीच रखा है।[10] आठवें क्रम पर अपरार्क को रखा जाता है, जिनकी रचना अपरार्क-याज्ञवल्क्य निबन्ध के नाम से प्रसिद्ध है। इसकी रचना-शैली में भाष्य एवं निबन्ध दोनों का ही दर्शन प्राप्त होता है। ये शीलहारवंश के नरेश थे।

इनकी गृह्य-सूत्र एवं धर्मसूत्र से सम्बन्धित उद्धरणों की भरमार मिलती है। ऐसी अवधारणा स्थापित की गई है कि ऐसी अनेक व्यवस्थापनाएँ जिनका कर्तृत्व-सम्बन्ध जीमूतवाहन से माना जाता है, वस्तुतः अपरार्क की प्रज्ञा-प्रसूति हैं। मिताक्षरा की ही भाँति अपरार्क ने भी ऐसी व्यवस्थापना की है कि मृत व्यक्ति के लिए धार्मिक आचारों को सम्पन्न करनेवाला व्यक्ति उसकी सम्पत्ति का वैध दावेदार माना जा सकता है। किन्तु कहीं-कहीं इनकी व्यवस्थापनाएँ

मिताक्षरा से भिन्न हैं। उदाहरणार्थ मिताक्षरा के विपरीत इन्होंने पुत्र-विहीन पुत्र के परलोकगामिता की स्थिति में माता की अपेक्षा पिता के उत्तराधिकार को प्राथमिकता प्रदान किया है। उल्लेखनीय है कि मिताक्षरा एवं अपरार्क की रचनाएँ समकालीन हैं, किन्तु एक ने दूसरे को सन्दर्भित नहीं किया है। दोनों की व्यवस्थापनाओं में अनेक समानताएँ भी प्राप्त होती हैं। किन्तु इसमें अनुकृत और अनुकर्ता के प्रश्न को सुलझाने के लिए कोई सुराग नहीं मिलता है, तथा यह भी स्पष्ट नहीं हो पाता कि दोनों को क्या मूलभूत एक ही स्रोत से प्रेरणा मिली है। नवें क्रम पर दायभाग के रचयिता जीमूतवाहन को रखा जा सकता है। काणे ने इनके आविर्भाव का सम्भावित काल ग्यारहवीं शताब्दी ईस्वी के अन्तिम चरण एवं बारहवीं शताब्दी ईस्वी के बीच माना है। ये बंगाल के रहनेवाले थे, तथा बंगाल के उत्तरकालीन भाष्यकारों एवं निबन्धकारों में सर्वोत्कृष्ट माने जाते हैं। अपनी व्याख्यापनाओं में इन्होंने साम्पत्तिक उत्तराधिकार, साम्पत्तिक विभाजन पर विशेष बल दिया है, जिसकी प्रामाणिकता बंगाल में विशेषतया स्वीकृत हुई थी। विज्ञानेश्वर के विपरीत इन्होंने "स्त्रीधन" को अधिकांशतः पारिभाषित अर्थ में ग्रहण किया है, अर्थात् सम्बन्धित स्त्री अपनी इच्छानुसार पति से असम्पृक्त रूप में इसका विक्रय, दान अथवा उपभोग कर सकती है। इसका न्यगमन समयानुसार समान रूप में पुत्रों एवं अविवाहित पुत्रियों को होता है।[11] दसवें क्रम पर स्मृतिचन्द्रिका के लेखक देवण भट्ट को रखा जा सकता है, जो दाक्षिणात्य थे तथा 1150 ईस्वी एवं 1225 ईस्वी के बीच आविर्भूत हुए थे। अपनी विस्तृत रचना में अन्य अनेक स्मार्त व्यवस्थापकों के उद्धरणों को प्रचुर संख्या में प्रस्तुत करते हुए, उन पर अपनी व्याख्याओं को क्रमबद्ध रूप में निबन्धित किया है। अनेक प्रसंगों में, विशेषतया "दाय" के प्रकरण में इन्होंने मिताक्षरा की परिभाषा के प्रति असहमति प्रदर्शित किया है। इसके अतिरिक्त पैतृक सम्पत्ति के असमान विभाजन के पक्ष में इन्होंने अपनी असहमति प्रकट किया है, विशेषतया इन्होंने इस बात को नहीं माना है कि पुत्र-विहीनता की स्थिति में दिवंगत पुत्र की सम्पत्ति पर पहले माता का अधिकार बनता है, उसके बाद ही इसका दावेदार पिता बन सकता है। इनके अनुसार चर्चित सम्पत्ति पर माता एवं पिता दोनों का अधिकार समान रूप से बनता है।[12] ग्यारवें क्रम पर कुल्लूक भट्ट को रखा जा सकता है। इन्होंने मनुस्मृति पर "मन्वर्थमुक्तावली" नामक भाष्य की रचना की थी, जो मनुस्मृति के भष्यों में सर्वोष्कृट माना जाता है। इन्होंने अनावश्यक विवादों से परिहार किया है, तथा अपनी व्याख्यापनाओं में स्पष्टवादी होने का परिचय दिया है। मेधातिथि तथा

गोविन्दराज जैसे भाष्यकारों की इन्होंने अनेक प्रसंगों में कटु आलोचना किया है। काणे की समीक्षा के अनुसार इनका आविर्भाव 1150 ईस्वी एवं 1300 ईस्वी के बीच हुआ था, तथा इनकी रचना 1250 ईस्वी में सम्पन्न हुई थी।[12क]

उक्त मूल स्रोतों एवं तत्सम्बन्धी आधुनिक विद्वानों के निष्कर्षों के आलोक में आलोचित कालावधि में विवेच्य विषय की स्थिति का विशदीकरण एवं मूल्यांकन वक्ष्यमाण अनुच्छेदों में प्रस्ताव्य है:

स्त्री के साम्पत्तिक अधिकार के सन्दर्भ में आलोचित कालावधि के व्यवस्थापकों ने प्रायः पुरातन व्यवस्थापकों को प्रसंगित किया है, जिन्होंने अधिकांशतः स्त्री को सामान्यतया साम्पत्तिक उत्तराधिकार के लिए अयोग्य घोषित किया है। तथापि विशेष परिस्थितियों में युगानुकूल मान्यताओं को स्वीकार करते हुए, इन्होंने उदार प्रवृत्ति का परिचय दिया है। जीमूतवाहन ने कुछ एक स्मृतियों को सन्दर्भित करते हुए ऐसा व्यवस्थापित किया है कि पुत्री, विधवा, माता तथा मातामही को पितामह की सम्पत्ति का उत्तराधिकार दिया जा सकता है।[13] ऐसी व्यवस्थापना याज्ञवल्क्य-स्मृति में निहित व्यवस्थापना की समस्तरीय प्रतीत होती है।[14] चर्चित स्मृतिकार ने, इस सन्दर्भ में विशेषक शब्द "गोत्रज" का प्रयोग किया है। इस शब्द पर बल देते हुए दायभाग ने भाषित किया है कि यतः "गोत्रज" शब्द यहाँ पुल्लिंग एकवचन में प्रयुक्त किया गया है, अतएव इससे व्यक्त होता है कि "गोत्रज" स्त्री को इस अधिकार से वंचित किया गया है। कुल्लूक एवं अपरार्क की व्याख्या समानार्थक है। इस प्रसंग में मिताक्षरा ने भिन्न व्याख्या दिया है। इसके अनुसार "गोत्रज" शब्द यहाँ बहुवचन में प्रयुक्त है, तथा स्त्रीलिंग एवं पुल्लिंग दोनों को ही अभिव्यंजित करता है। कहा गया है कि प्रसंगित "गोत्रज" शब्द की अभिव्यंजना के अनुसार वैध उत्तराधिकारियों में पत्नी सम्मिलित है। पुत्री इसलिए सम्मिलित नहीं की जा सकती है, क्योंकि विवाहोपरान्त उसका गोत्र बदल जाता है। किन्तु "बन्धु" शब्द के बहुवचन में प्रयुक्त होने के कारण (अविवाहित) पुत्रियों को सम्मिलित किया जा सकता है। स्मृतिचन्द्रिका के अनुसार, यतः चर्चित प्रसंग में "गोत्रज" शब्द बहुवचन में प्रयुक्त है, अतएव ऐसी स्थिति में यह शब्द स्त्री एवं पुरुष दोनों को ही संज्ञापित करता है।

तत्कालीन व्यवस्थापकों ने मनुस्मृति के उस बहुचर्चित श्लोक को पुनर्व्याख्या का विषय बनाया है, जिसमें स्त्री को "अर्धना" घोषित करते हुए कहा गया है कि अर्जित धन पर उसका स्वतव नहीं रहता है। जैसा कि परिच्छेदान्तर में प्रसंगित किया गया है, यह वर्णन मत्स्य पुराण में भी मिलता

है। अर्थात् दूसरे शब्दों में पूर्ववर्ती युग में ऐसी अवधारणा व्यापक बन बैठी थी। उक्त श्लोकों को पुनर्व्याख्यापित करते हुए देवण भट्ट ने ऐसी स्थापना किया है कि स्मृतिकार के कहने का तात्पर्य यह नहीं है कि स्त्रियाँ सर्वदा सम्पत्ति-विहीन होती हैं। वे सम्पत्ति को अपने पास रख सकती हैं। किन्तु बिना पति की सहमति के वे उसे खर्च नहीं कर सकती हैं।[15] लगभग समस्तरीय व्याख्यापना को अभिव्यक्त करते हुए, विज्ञानेश्वर ऐसी स्थापना करते हैं कि यद्यपि स्त्रियाँ स्वतन्त्र नहीं होती है, तथापि ऐसी परतन्त्रता उनके साम्पत्तिक अर्जन के मार्ग में बाधा नहीं बनती है।[16] कुल्लूक ने ऐसा व्याख्यापित किया है कि साम्पत्तिक अधिकार के सन्दर्भ में मनु की स्थापना को शब्दश: एवं अक्षरश: नहीं ग्रहण किया जा सकता है। वस्तुत: स्वयं मनु ने छह प्रकार के स्त्रीधन को परिगणित किया है, तथा इस बात के लिए अनुमति प्रदान किया है कि वह धार्मिक अनुष्ठानों के सम्पन्नार्थ पति की अनुमति प्राप्त कर अपनी सम्पत्ति का उपयोग कर सकती है।[17] गौतम धर्मसूत्र एवं आपस्तम्ब धर्मसूत्र को सन्दर्भित करते हुए ऐसा व्याख्यापित किया है कि ऐसी स्त्रियाँ सम्पत्ति की सक्षम दावेदार मानी जा सकती हैं, जिन्हें स्मार्त व्यवस्था में स्पष्टतया प्रसंगित किया गया है।[18] बौधायन को सन्दर्भित करते हुए दायभाग में व्यवस्थापित किया गया है कि पत्नी साम्पत्तिक उत्तराधिकार के लिए योग्य है, क्योंकि याज्ञवल्क्य-स्मृति एवं विष्णुस्मृति में एतदर्थ सपक्ष व्यवस्थापना की गई है।[19]

स्त्रीधन की स्थिति तत्कालीन परिस्थितियों में क्या थी? इस पृच्छा के परिचयार्थ एवं समाधानार्थ सर्वप्रथम विज्ञानेश्वर की अधिवक्तृता का मूल्यांकन किया जा सकता है। इसमें सन्देह नहीं तत्कालीन व्यवस्थापकों में स्त्रियों के साम्पत्तिक अधिकार के सन्दर्भ में सर्वाधिक अनुकूलता की प्रवृत्ति विज्ञानेश्वर में दिखाई देती है। वस्तुत: विज्ञानेश्वर ने स्त्रीधन के आयाम को विस्तार देने का प्रयास किया था। याज्ञवल्क्य-स्मृति के विवरण की प्रामाणिकता को स्वीकार करते हुए, इन्होंने ऐसा अधिवाचित किया है कि विवाह के अवसर पर विवाहाग्नि के समक्ष कन्या को जो कुछ पिता, माता, पति या भाई से मिलता है, अथवा जो पति के द्वितीय विवाह करने के परिणाम में क्षतिपूर्ति के रूप में मिलता है अथवा चर्चित स्मृति में सन्दर्भित "आध" शब्द में सम्मिलित है, ये सभी स्त्री की सम्पत्ति (स्त्रीधन) के अन्तर्गत आते हैं।[19क] विज्ञानेश्वर ने इस बात पर विशेष बल दिया है कि वस्तुत: मनु ने स्त्रीधन के जिन छह प्रकारों को परिगणित किया है, वे विस्तार के विषय हैं। इनके मातानुसार स्त्रीधन की पारिभाषिक और शाब्दिक व्याख्याओं में शाब्दिक व्याख्या ही ग्रहण करने के

योग्य है, तथा ऐसी स्थिति में इसे विस्तारित किया जा सकता है। ऐसा इन्होंने विशेषतया अधिवचित किया है कि जो कुछ सम्पत्ति स्त्री के अधिग्रहण का विषय बन सकती है, वह स्त्रीधन की संज्ञापक है। सम्बन्धित स्त्री को ऐसी सम्पत्ति वैध रूप में भी मिल सकती है, अथवा उत्तराधिकार, क्रय क्रिया, अथवा विभाजन के समय भी मिल सकती है।[20]

इसमें सन्देह नहीं कि विज्ञानेश्वर की उक्त अधिवक्तृता को तत्कालीन अथवा सघः उत्तरकालीन स्तरों पर काफी मान्यता मिल चुकी थी। कमलाकर, बालभट्ट, नन्दपंडित के अतिरिक्त सुख्यातनामा अपरार्क ने प्रसंगानुकूल सन्दर्भों में इनको समर्थित करने का प्रयास किया है। अपरार्क ने इस बात पर विशेषतया बल दिया है कि स्त्रीधन में उन सभी प्रकार की सम्पत्ति को सम्मिलित किया जा सकता है, जो स्त्री को कुमारावस्था में, पत्याश्रय की स्थिति में अथवा वैधव्य-व्यवसन के अवसर पर प्राप्त होता है। इसके अतिरिक्त अपरार्क ने कात्यायन के उस विवरण को सन्दर्भित किया है, जिसके अनुसार "स्त्रीधन" के रूप में स्त्री को 2000 पण का उपहार मिलना चाहिए। अर्थात् यह धनराशि उसे एकमुश्त रूप में मिलती थी। उक्त व्यवस्थापना के शिथिलिकरण के प्रयास में अपरार्क ने ऐसा अधिवाचित किया है कि यह धनराशि स्त्री को प्रतिवर्ष मिलना चाहिए अपरार्क की इस अधिवक्तृता को, तथा अन्य विभिन्न समकालीन व्यवस्थापकों की समानार्थक अधिवक्तृताओं को ध्यान में रखते हुए प्रस्तावित वैदुष्य निष्कर्ष को स्वीकार करने में कोई हानि नहीं दिखाई देती है कि आलोचित युग के अधिकांश व्यवस्थापकों ने स्त्रीधन की पूर्वकालीन सीमा को अतिक्रान्त कर उनके साम्पत्तिक अधिकार के प्रति उदार विचारधारा को अग्रसारित किया था। उन व्यवस्थापकों में, जिन्हें स्त्रीधन को उक्त परिभाषा मान्य नहीं है, जीमूतवाहन का नाम विशेषतया उल्लेखनीय है। इनकी परिभाषा के अनुसार स्त्रीधन केवल उसी सम्पत्ति का नाम है, जिसके दान, विक्रय अथवा उपभोग के लिए स्त्री स्वतन्त्र है। एतदर्थ उसे पति से अनुमति लेना आवश्यक नहीं है। इस प्रकार की स्वतन्त्र स्थिति में स्त्री किस कोटि की सम्पत्ति विन्यास का विषय बनाने की अधिकारिणी है, इस सन्दर्भ में जीमूतवाहन ने अपनी व्याख्या नहीं दिया है। किन्तु उक्त व्याख्यापना के बाद ही कात्यायन एवं नारद-स्मृतियों को सन्दर्भित करते हुए ऐसा भी कहा है कि अचल सम्पत्ति को छोड़कर स्त्री को जो कुछ अपने सम्बन्धियों से प्राप्त होता है, स्त्रीधन के अन्तर्गत आता है। इसके अतिरिक्त इसमें अपरिचितों के वे भेंट-उपहार भी अन्तर्हित होते हैं, जो उसे विवाहाग्नि के समक्ष अथवा वैवाहिक प्रक्रम के अवसर पर प्राप्त होते हैं।[20क]

इसके साथ-साथ जीमूतवाहन ने, स्त्रीधन में उस धन को भी सम्मिलित किया है, जो अपनी तकनीकी कलाओं द्वारा अर्जित करती है।[21] स्त्रीधन के उक्त लक्षणों से, देवणभट्ट सहमत नहीं प्रतीत होते हैं। इन्होंने स्त्रीधन में निम्नोक्त प्रकारों को सम्मिलित किया है, "अध्यग्नि" अर्थात् वैवाहिक अग्नि के समक्ष मिलने वाली सम्पत्ति, "अध्यावाहनिक" अर्थात् भेंट-उपहार, जो वैवाहिक प्रक्रम के अवसर पर प्राप्त होता है, "प्रीतिदत्त" वह धन जो उसे पति, माता-पिता, अथवा पुत्र अथवा सगोत्रियों से प्राप्त होता है, "आधिवेदनिक" अर्थात् वह धन जो पति द्वारा दूसरा विवाह करने की क्षतिपूर्ति के रूप में मिलता है, तथा (कात्यायन द्वारा प्रसंगित) "अन्वाधेय" अर्थात् वह उपहार जो अनुवर्ती स्तरों पर प्राप्त होता है।[22] इसके साथ-साथ इन्होंने अपरिचितों से मिलनेवाले उपहारों एवं स्त्री द्वारा तकनीकी कलाओं से अर्जित धन को स्त्रीधन में सम्मिलित नहीं किया है, जिनका वर्णन दायभाग में प्राप्त होता है।

उक्त दोनों स्मार्त व्यवस्थापकों के वर्णन सम्बन्धी अन्तर का कारण क्या हो सकता है, यह निश्चय के साथ नहीं कहा जा सकता है। अधिक-से-अधिक यही कह सकते हैं कि इन व्यवस्थापकों की अवधारणाओं में अक्षरश: एवं शब्दश: समानताएँ नहीं थीं, जिसके परिणाम में विज्ञानेश्वर की मान्यता में विस्तार करने की प्रवृत्ति, जीमूतवाहन में पुरातन व्यवस्था को प्राय: स्थिर रखने की प्रवृत्ति तथा देवण भट्ट में संकुचीकरण की प्रवृत्ति परिलक्षित होती है। तथापि इसमें सन्देह नहीं कि अधिकांशत उत्तरकालीन व्यवस्थापकों ने विज्ञानेश्वर की व्यवस्थापनाओं का ही अनुसरण किया है, अतएव ऐसी स्थिति में यह कह सकते हैं कि अपेक्षाकृत विज्ञानेश्वर को ही लोकप्रियता मिली थी।

"स्त्रीधन" पर स्त्री के अधिकार एवं स्वरूप का प्रारूप क्या था, इसके निश्चयार्थ तत्कालीन व्यवस्थापकों में मिताक्षरा की उक्ति उल्लेखनीय है, जिसके अनुसार पिता अथवा किसी सगोत्रीय व्यक्ति का अधिकर स्त्री के "स्त्रीधन" धन पर नहीं बन पाता।[23] इसका अभिव्यज्यमान तात्पर्य यही है कि कौमार्य अवस्था में "स्त्रीधन" पर उसके अधिकार को प्रतिबन्धित नहीं किया था। केवल उसके संरक्षण का दायित्व माता-पिता तथा अन्य सम्बन्धियों पर रहता था। जहाँ पत्याश्रय के स्तर का सम्बन्ध है, "स्त्रीधन" पर स्त्री के अधिकार पर पुरातन स्मृतियों ने कतिपय प्रतिबन्ध अवश्य लगाया था। किन्तु इन प्रतिबन्धों को आलोचित कालावधि के व्यवस्थापकों ने काफी हद तक हटा दिया था। इस सन्दर्भ में मिताक्षरा एवं दायभाग की शाखाओं में भिन्नता दिखाई देती है। मिताक्षरा में इस बात पर विशेष बल दिया गया है कि कुछ-एक विशेष

परिस्थितियों में ही सपुत्रिका की स्थिति में भी स्त्री का किसी भी कोटि का स्त्रीधन अपन प्रयोगार्थं पति ले सकता है, किन्तु सामान्य परिस्थितियों में यदि वह अपनी पत्नी के "स्त्रीधन" को हड़पता है, तो इसे अवैध माना जाएगा।[24] इसके विपरीत कात्यायन को सन्दर्भित करते हुए दायभाग ने ऐसा व्यवस्थापित किया है कि आपत्काल-विहीन सामान्य परिस्थितियों में भी पति को "स्त्रीधन" के उस अंश को अधिग्रहण करने का पूर्ण अधिकार है, जो उसे अपरिचितों से भेंट-उपहार के रूप में, अथवा तकनीकी कलाओं के अर्जन से प्राप्त होता है।[25] इस सन्दर्भ में देवण भट्ट ने स्थापना किया है कि आपत्काल का स्वरूप कुछ इस प्रकार का रहना चाहिए कि स्त्रीधन के अतिरिक्त अन्य किसी माध्यम के द्वारा यह हटाया ही न जा सकता है। इनकी स्थापना के अनुसार पति को यह धन वापस ही करना पड़ेगा, भले ही उसे पत्नी की अनुमति से प्राप्त किया गया है। देवण भट्ट ने इस बात पर भी बल दिया है कि ऐसा धन सामान्य परिस्थितियों में पत्नी की अनुमति के बिना लिया गया है, तो उसे ब्याज-सहित लौटाना पड़ेगा। यदि उसने पत्नी की अनुमति से ऐसे धन को प्राप्त किया है, तथा दूसरा विवाह कर उसने मूल पत्नी की अवहेलना किया है, तो उसे वापस करने के लिए विवश होना पड़ेगा। ऐसा अनुमान लगाया जा सकता है कि पति-परिणीता होने के कारण, पत्नी का पति की सम्पत्ति पर पूर्ण अधिकार होता है, यद्यपि पति से असम्पृक्त रहकर वह ऐसे अधिकार को प्रयोग में नहीं ला सकती है। किन्तु पत्नी की सम्पत्ति (स्त्रीधन) पर पति ऐसे अधिकार को प्रयोग में नहीं ला सकता है। देवण भट्ट की व्यवस्थापना से यह भी अभिव्यंजित हो जाता है कि आपत्काल में स्त्रीधन को केवल पति ही प्रयोग में ला सकता था, परिवार के अन्य किसी सदस्य को यह अधिकार नहीं दिया था।[26] दायभाग में निहित व्यवस्थापना से अभिव्यक्त होता है कि वैधव्य काल में "स्त्रीधन" पर स्त्री का अधिकार और अधिक सबल हो जाता था, तथा सम्बन्धित स्त्री के अतिरिक्त अन्य कोई भी व्यक्ति इसका वैध दावेदार नहीं बन सकता था।[27]

आलोचित कालावधि की व्यवस्थापनाओं में उन विभिन्न प्रकार की सम्पत्ति की श्रेणियों का भी निरूपण मिलता है, जो भिन्न-भिन्न प्रसंगों में प्रतिबन्ध के विषय बन चुके थे। इनमें सर्वप्रथम "सौदायिक स्त्रीधन" का उल्लेख किया जा सकता है, जिस पर स्त्री का अबाधित अधिकार था, जिसे वह किसी भी स्थिति में प्रयोग में ला सकती थी। पति का इस पर सीमित अधिकार था। इसका प्रयोग वह आपत्कालीन विशेष परिस्थितियों में ही कर सकता था।[28] दायभाग की व्यवस्थापना से अभिव्यंजित होता है कि पति के जीवन-

काल में स्त्री का ऐसी सम्पत्ति पर अबाधित अधिकार नहीं होता था, जिसे वह उपहार के रूप में पति से प्राप्त करती थी। पति के दिवंगत होने के उपरान्त भी उसका अबाधित अधिकार केवल चल सम्पत्ति पर ही माना जाता था।[29] ऐसे भेंट उपहार जो कन्या को विवाह के समय अपरिचितों से मिलते हैं, आलोचित कालावधि के व्यवस्थापकों के विवेचन के विषय बनाए गए हैं। दायभाग एवं स्मृतिचन्द्रिका के अनुसार ऐसे धन को "स्त्रीधन" में सम्मिलित नहीं किया जा सकता है, तथा इन्हें पति के नियमन-क्षेत्र से असम्पृक्त नहीं किया जा सकता हैं। तथापि इन पर कौमार्य-अवस्था एवं वैधव्य-काल में स्त्री का अबाधित अधिकार रहता है।[30] इस बिन्दु पर मिताक्षरा मौन है। दायभाग की व्यवस्थापना के अनुसार ऐसी सम्पत्ति भी, जिसे स्त्री अपनी तकनीकी कला द्वारा अर्जित करती है, पति के नियमन क्षेत्र में अन्तर्हित रहती हैं। किन्तु ऐसी सम्पत्ति यदि विधवा स्त्री अपने परिश्रम से अर्जित करती है, तो उस पर उस विधवा का निर्बाधित अधिकार रहता है।[31] इस बिन्दु पर भी मिताक्षरा ने कोई व्यवस्थापना प्रस्तुत नहीं किया है। तत्कालीन व्यवस्थापकों ने इस प्रश्न पर भी अपना विचार प्रस्तुत किया है कि पिता अथवा पति से उत्तराधिकार में उपलब्ध सम्पत्ति को "स्त्रीधन" में अन्तर्हित किया जा सकता है, अथवा नहीं। मिताक्षरा के अनुसार ऐसी सम्पत्ति "स्त्रीधन" में सम्मिलित की जा सकती है। किन्तु सम्बन्धित स्त्री को ऐसी सम्पत्ति के अन्य संक्रमण अथवा हस्तान्तरण का अधिकार था अथवा नहीं, इस बिन्दु पर मिताक्षरा के स्थल मुखरित नहीं हैं। सम्भवतः मिताक्षरा ने उपलक्षणता उस पुरातन व्यवस्थापना को स्वीकार किया है, जिसमें स्त्री को निर्बन्ध उत्तराधिकार को मान्यता नहीं दी गई थी, जिसका अधिवाचन बृहस्पति ने भी किया था, जो स्त्री के साम्पत्तिक अधिकार के सर्वाधिक महत्त्वपूर्ण अधिवाचक थे। पति द्वारा प्रतिश्रुत सम्पत्ति के सन्दर्भ में आलोचित कालावधि में व्यवस्थापना की गई थी। तत्कालीन अधिवाचन के अनुसार पति द्वारा दी गई सम्पत्ति के अतिरिक्त पति के उत्तराधिकारों से वह उस सम्पत्ति को लेने का दावा कर सकती थी, जिसे देने के लिए उसके पति ने वादा किया था। इस सन्दर्भ में कात्यायन को प्रसंगित करते हुए स्मृतिचन्द्रिका में कहा गया है कि सम्बन्धित स्त्री को ऐसी सम्पत्ति मृत पति के उत्तराधिकारी पुत्रों से उस स्थिति में मिल सकती है, जब कि वह पतिकुल में ही रहती है, पितृकुल में रहने की स्थिति में उसे यह अधिकार नहीं मिल सकता है।[32]

उक्त अनेक साक्ष्य-समर्थित विवेचन से प्रतीयमान निष्कर्ष यही निकलता है कि स्त्रीधन पर विधवा का प्रायः निर्बन्ध अधिकार था। वैधव-व्यसन से

आक्रान्त विधवा जो कुछ अपनी तकनीकी कला से अर्जित करती थी अथवा जो कुछ उसे अपरिचितों से भेंट-उपहार के रूप में प्राप्त होता था, उसके प्रयोग-विनियोग में उसका पूर्ण अधिकार बनता था। इसे तत्कालीन अधिकांश व्यवस्थापकों ने "स्त्रीधन" के अन्तर्हित किया था। इसके विपरीत पत्याश्रय में उसके उपलब्ध "स्त्रीधन" पर उसका पति अपने अधिकार का प्रयोग कर सकता था। किस प्रकार की सम्पत्ति और किस सीमा तक उस सम्पत्ति पर स्त्री का अधिकार मान्य था, इसका निश्चय सम्बन्धित सम्पत्ति के स्वरूप एवं प्रकार के आधार पर किया जाता था। ऐसे सम्भावित निष्कर्ष को मानने में कोई आपत्ति नहीं की जा सकती है कि कुछ एक सम्पत्ति पर उसका निर्बन्ध अधिकार माना जाता था, कुछ एक में उसको प्रतिबन्धित कर दिया गया था तथा कुछ एक सम्पत्ति की ऐसी भी कोटि होती थी, जिस पर उसका अधिकार पत्याश्रित स्थिति में ही माना जाता था।[33]

"स्त्रीधन" के उत्तराधिकार के सम्बन्ध में व्यवस्थापकों में मतैक्य का अभाव दिखाई देता है। किन्तु बहुधा मिताक्षरा की व्यवस्थापना को ही अधिक मान्यता प्रदान किया गया है। मिताक्षरा के स्थलों से ऐसा प्रतिभासित होता है कि जिस प्रकार पिता के धन के उत्तराधिकारार्थ पुत्रों की अपेक्षा पुत्र को वरीयता दी जाती थी, उसी प्रकार "स्त्रीधन" के उत्तराधिकार में पुत्र की अपेक्षा पुत्री को वरीयता दी जाती थी।[34] गुरुदास बनर्जी ने इस प्रवृत्ति का मनोवैज्ञानिक दृष्टि से परीक्षण करने का प्रयास किया है। इनके अनुसार इसे माता-पिता के सन्तति-वात्सल्य का व्यावहारिक परिणाम माना जा सकता है। इस प्रवृत्ति को केवल हिन्दू विधि-संहिता तक ही सीमित नहीं मान सकते। अनेक कारणों की प्रक्रिया एवं प्रतिक्रिया के परिणाम में पुत्र को पिता की सम्पत्ति पर निर्वाचित अधिकार मिला था तथा इसके प्रतिकरणार्थ पुत्री को माता के "स्त्रीधन" का अधिकार प्रदान किया गया था।[35] "स्त्रीधन" के उत्तराधिकार के सन्दर्भ में "शुल्क" पर भी तत्कालीन व्यवस्थापकों ने अपना प्रदेशन व्यक्त किया है। इस प्रसंग में गौतम को प्रसंगित करते हुए मिताक्षरा में व्याख्यापित किया गया है कि 'शुल्क" का न्यगमन पहले भाइयों का होता है, उसके बाद ही इसका न्यागमन माता को होता है।[36] इसकी विपरीत व्यवस्था हरदत्त ने प्रख्यापित किया है। इनके अनुसार "शुल्क" के न्यागमन का प्रथम अधिकार माता को है, इसके बाद ही भाइयों का क्रम आता है।[37] मिताक्षरा एवं स्मृतिचन्द्रिका के अनुसार वैपित्रेय एवं माता के अभाव में "शुल्क" का न्यागमन पिता को होता है, तथा इसके बाद पिता के उत्तराधिकारियों को होता है, जिसमें उसके "सपिंड",

"समानोदक" एवं "बन्धु" सम्मिलित किए गए हैं।[38] किन्तु दायभाग में इसकी विपरीत व्यवस्थापना प्रस्तुत की गई है, जिसके अनुसार पिता के बाद "शुल्क" का न्यागमन पति को होता है, पिता के उत्तराधिकारी इसके वैध दावेदार नहीं बन सकते हैं।

आलोचित कालावधि के व्यवस्थापकों ने कुमारी कन्या का सम्पत्ति के उत्तराधिकारी के प्रश्न को विचार-विमर्श का विषय बनाया है। किन्तु इस सन्दर्भ में मिताक्षरा की स्थापना से सभी व्यवस्थापक सहमत प्रतीत होते हैं। इसके अनुसार सामीप्य अनुक्रम में ऐसी सम्पत्ति पहले वैपित्रेय भाइयों को मिलती है, उनके अभाव में माता को मिलती है, माता के अभाव में पिता को मिलती है, पिता के अभाव में पिता के उत्तराधिकारियों की मिलती है, ऐसे उत्तराधिकारियों के अभाव में माता उत्तराधिकारियों को मिलती है।[39]

विवेच्य विषय की प्रासंगिकता की दृष्टि से यहाँ "स्त्रीधन" के उत्तराधिकार के सन्दर्भ में व्यवस्थापकों की पृथक् पृथक् अधिवाचनाओं को उल्लिखित किया जा सकता है। याज्ञवल्क्य को सन्दर्भित करते हुए मिताक्षरा ने व्यवस्थापना की है कि स्त्री की मृत्यु के उपरान्त उसके "स्त्रीधन" पर प्रथमत: पुत्रियों का उत्तराधिकार बनता है।[40] पुत्रियों में भी विवाहित पुत्रियों की अपेक्षा अविवाहित पुत्रियों को प्राथमिकता दी जाती है। विवाहित पुत्रियों में उन पुत्रियों को प्राथमिकता मिलती थी, जिनके लिए भरण-पोषण का कोई आश्रय नहीं था, अथवा जो सन्तति-विहीन होती थी।[41] पुत्रियों के अभाव में पुत्रियों की पुत्रियों को उत्तराधिकार मिलता था। उनके भी अभाव में पुत्री के पुत्र उत्तराधिकारी बनते थे।[42] अपने मन्तव्य को अधिक स्पष्ट करने के लिए विज्ञानेश्वर ने नारद को प्रसंगित किया है।[43] ऐसी स्थिति में जब कि मृत स्त्री के पीछे पुत्र, पुत्री की पुत्री का पुत्र अथवा पुत्र का पुत्र भी नहीं रहता था, तो उस परिस्थिति विशेष में उस स्त्री का पति तथा अन्य सम्बन्धी सम्पत्ति का वैध दावेदार माना जाता था।[44] उत्तराधिकार मिताक्षरा के स्थलों से यह भी स्पष्ट हो जाता है कि "स्त्रीधन" के उत्तराधिकार के निर्णयार्थ विवाह-विधि को भी आधार बनाया जाता था। ऐसा कहा गया है कि यदि सम्बन्धित स्त्री का विवाह उत्कृष्ट विधि, ब्रह्म, दैव, आर्ष तथा प्रजापत्य के अनुसार हुआ है, तो उसके "स्त्रीधन" का उत्तराधिकार पति और पति के वंशधरों को मिलता है। इसके विपरीत यदि उसका विवाह अपकृष्ट विधि (असुर, गन्धर्व, राक्षस एवं पैशाच) के अनुसार हुआ है, तो ऐसी स्थिति में यह उत्तराधिकार पिता एवं पिता के वंशधरों को मिलता है।[45] दायभाग में "स्त्रीधन" के निम्नोक्त चार प्रकारों को परिगणित

किया गया है: शुल्क, यौतक, अन्वाधेयक एवं अयौतक।[46] शुल्क के सम्बन्ध में इसमें मिताक्षरा की समस्तरीय व्याख्यापना अपनाई गई है।[47] स्त्रीधन के यौतक प्रकार के सन्दर्भ में इसमें मनु[48] का अनुसरण किया गया है, अर्थात् वह सम्पत्ति जो उसे विवाह के अवसर पर मिलती है, उत्तराधिकार के रूप में उसकी अविवाहित एवं भ्रातृ-विहीन कन्याओं को मिलती है। अनुक्रमतः इसका न्यागमन सभ्रातक अविवाहित कन्याओं को होता है। ऐसी अविवाहित कन्याओं के अभाव में इसे विवाहित कन्याओं को दिया जाता है, तथा इन सभी प्रकार की कन्याओं के अभाव में इसे पुत्र को दिया जाता है।[49] अन्वाधेयक का तात्पर्य उस धन से था, जो स्त्री को विवाहोपरान्त पतिकुल एवं पिताकुल से प्राप्त होता था। इसमें न्यागमन का अनुक्रम यौतक की ही भाँति चलता था, इस विशेष भिन्नता के साथ कि इसमें विवाहित कन्याओं की अपेक्षा पुत्रों को वरीयता दी जाती थी। स्त्री के सन्तान-विहीनता की स्थिति में इसका न्यागमन अनुक्रमतः भाई, माता एवं पिता को होता था। इन सभी के अभाव में इस पर पति का अधिकार माना जाता था।[50] जहाँ तक अयौतक स्त्रीधन का सम्बन्ध है, इस सन्दर्भ में दायभाग ने मनु, बृहस्पति, शंख-लिखित एवं देवल को प्रसंगित करते हुए, ऐसा व्याख्यापित किया है कि सम्बन्धित "स्त्रीधन" पर पुत्रों एवं अविवाहित पुत्रियों का सम्मिलित अधिकार बनता है, एक के अभाव में दूसरे को यह पृथक् रूप में मिलता है। इन दोनों के अभाव में यह अधिकार सपुत्रिका अथवा पुत्र-सम्भाविनी पुत्री को प्राप्त होता है। पुत्रियों के अभाव में पुत्री के पुत्र को यह अधिकार मिलता है। यदि पुत्री के पुत्रों के पुत्र हैं, तो इस अधिकार के वैध दावेदार वही हो सकते हैं। यदि उक्त कोटि का कोई भी उत्तराधिकारी उपलब्ध नहीं है, तो ऐसी स्थिति में बन्ध्या एवं विधवा पुत्रियों को यह अधिकार मिलता है। चर्चित व्यवस्थापक की स्थापना के अनुसार अनुक्रम वरीयता में इन्हें अन्त में इसलिए रखा गया है, क्योंकि स्वतः अथवा सन्तानों के माध्यम से पिंडोदक क्रिया की स्थिति में ये नहीं होते हैं।[51] इसमें सन्देह नहीं कि स्त्रीधन के उत्तराधिकार पर प्रकाश डालनेवाली आलोचित काल की उक्त व्यवस्थापनाओं में वह स्पष्टता नहीं है, जिसे विवेच्य विषय के यथा तथ्य मूल्यांकन के लिए उपयोगी माना जा सके। इनमें अस्पष्टता और संश्लिष्टता के अतिरिक्त शाखागत भिन्नता की प्रचुरता दिखाई देती है। स्त्रीधन में प्रायः स्त्रियोचित उपकरण सम्मिलित रहते थे, अतएव स्वभावतः इसके उत्तराधिकार के सन्दर्भ में पुरुष दावेदार की अपेक्षा स्त्री दावेदार को वरीयता दी जाती थी। स्त्री दावेदारों में अधिकांशतः अविवाहित पुत्रियाँ ही प्रसंगित की गई हैं।

विवाहित पुत्रियों में भी असमर्थ, अरक्षित एवं अकिंचन पुत्रियों को वरीयता दी गई है। यद्यपि चर्चित व्यवस्थापकों ने पुरातन परम्पराओं के प्रति उदासीनता नहीं दिखाई है, तथापि सम्बन्धित अधिकांश व्यवस्थापनाएँ युगानुकुल प्रवृत्तियों की प्रसूति प्रतीत होती हैं।

ऐसे सुझाव की सार्थकता को स्वीकार करने में कोई आपत्ति नहीं दिखाई देती है कि विधवाओं के उत्तराधिकार से सम्बन्धित आलोचित युग की व्यवस्थापनाओं में सर्वसम्यता की प्रवृत्ति नहीं दिखाई देती है। इस सन्दर्भ में सर्वप्रथम मिताक्षरा की मान्यता का उल्लेख किया जा सकता है। पूर्वकालीन स्तरों पर विधवा का उत्तराधिकार प्रदेशित अवश्य किया गया था, किन्तु उसे केवल भरण-पोषण के लिए व्यवस्था की गई थी। विधवा की इस प्रतिबन्धित स्थिति का सम्भावित कारण यही माना जा सकता है कि अतीत काल में सम्पत्ति का प्रयोजन अधिकांशत: धार्मिक क्रिया का निष्पादन माना जाता था, तथा यह निष्पादन पत्नी अपने पति के साहचर्य में ही कर सकती थी। मिताक्षरा की व्यवस्थापना के अनुसार धार्मिक क्रिया का निष्पादन ही सम्पत्ति का एकमात्र उद्देश्य नहीं है, इसे अन्यथा लोपकारी कार्यों में विन्यस्त किया जा सकता है। इससे प्रतीयमान निष्कर्ष यही निकाला जा सकता है कि विज्ञानेश्वर विधवा को साम्पत्तिक उत्तराधिकार देने के पक्ष में थे।[52] धारेश्वर के अनुसार विधवा को उसी स्थिति में साम्पत्तिक उत्तराधिकार का वैध दावेदार माना जा सकता है, जब कि वह नियोग-क्रिया के लिए कोई आपत्ति नहीं प्रस्तुत करती है। विज्ञानेश्वर ने नियोग-प्रथा का विरोध करते हुए ऐसा कहा है कि यदि नियोग को स्वीकार करनेवाली विधवा को साम्पत्तिक उत्तराधिकार की मान्यता दी जा सकती है, तो ऐसी स्थिति में वरीयता उस विधवा को देनी चाहिए जो मृत पति के प्रति अपनी श्रद्धा एवं भक्ति दिखाते हुए शुचिता सम्मित जीवन बिता रही है। इसके अतिरिक्त विज्ञानेश्वर ने ऐसा भी स्थापित किया है कि नियोग के माध्यम से पुत्रोत्पत्ति की इच्छा प्रकट करनेवाली विधवा का साम्पत्तिक उत्तराधिकार नहीं माना जा सकता है, प्रत्युत इस उत्तराधिकार का वैध दावेदार वह पुत्र है, जो नियोग से उत्पन्न होता है। विज्ञानेश्वर ने वस्तुत: नियोग-प्रथा को जघन्य एवं अनैतिक माना है, अन्यथा वे विधवा के साम्पत्तिक उत्तराधिकार के पक्ष में अपना अधिवाचन करते हैं।[53] चर्चित व्यवस्थापक ने उस विधवा के साम्पत्तिक उत्तराधिकार को मान्यता प्रदान किया है, जिसका पति अपनी मृत्यु के पूर्व सम्मिलित परिवार से अलग हो गया हो। इस सन्दर्भ में इन्होंने याज्ञवल्क्य की प्रामाणिकता को प्रसंगित किया है।[54] वस्तुत: यहाँ विज्ञानेश्वर की व्यवस्था में

अस्पष्टता आ जाती है, क्योंकि याज्ञवल्क्य ने ऐसा भी व्यवस्थापित किया है कि सम्मिलित परिवार से पृथक् रहनेवाले पति की सम्पत्ति की उत्तराधिकारिणी हो सकती है, किन्तु यदि वह परिवार में पुनः सम्मिलित हो जाता है तो मृत पति की उक्त विधवा को साम्पत्तिक उत्तराधिकार नहीं मिल सकता है, इसके दावेदार उस व्यक्ति के पारिवारिक बन्धु-बान्धव बन सकते हैं। इस प्रकार विज्ञानेश्वर ने याज्ञवल्क्य की व्यवस्थापना की पूर्णता पर ध्यान नहीं दिया, उन्होंने केवल इसके एकांश को ही भाषित किया है। इस वैदुष्य-निष्कर्ष के साथ सहमत होने में कोई हानि नहीं दिखाई देती है कि आलोचित कालावधि में विधवा के साम्पत्तिक अधिकार के सम्बन्ध में सर्वाधिक महत्त्वपूर्ण अधिवाचक विज्ञानेश्वर थे। इन्होंने एक मध्यममार्गी व्यवस्था को अधिवाचित कर एक ओर युगानुकूल प्रवृत्तियों का स्वागत किया, तो दूसरी ओर पुरातन व्यवस्था को पूरी तरह उन्मूलित भी नहीं होने दिया था।[55] इनके द्वारा उद्धृत प्रसंगों से अनुमान लगाया जा सकता है कि इन्होंने अपनी व्यवस्थापनाओं का विस्तारीकरण याज्ञवल्क्य, बृहस्पति, बृद्धमनु एवं कात्यायन के अधिवाचनों के आधार पर किया है[56] तथा उन अधिवाचनों से असहमत हैं, जो मनु शंख-लिखित एवं देवल की व्यवस्थापनाओं में दिखाई देती है।[57] पहली कोटि के व्यवस्थापकों ने पुत्र-विहीन पति की विधवा का सम्बन्धित पति की पूरी सम्पत्ति का दावेदार होना वैध घोषित किया है, जब कि दूसरी कोटि के व्यवस्थापकों ने विपरीत मत का प्रतिपादन किया है। आलोचित युग के दूसरे व्यवस्थापक अपरार्क ने भी प्रायः मिताक्षरा की समस्तरीय व्यवस्थापना प्रस्तावित किया है। नियोगप्रथा की भर्त्सना करते हुए, इन्होंने ऐसी स्थापना किया है कि नियोग-जन्य सन्तति प्राप्त करना केवल एक ढोंग ही माना जा सकता है, जिसके माध्यम से विधवा पति की सम्पत्ति को हस्तगत करती थी। वृद्ध मनु की प्रामाणिकता को सन्दर्भित करते हुए अपरार्क ऐसा स्थापित करते हैं कि ऐसी विधवा जो पैतृक सम्पत्ति से सहायता लिए बिना सम्पत्ति का अर्जन करनेवाले पति के प्रति भक्ति-प्रवण रही है, पति के अनुजों के बावजूद मृत पति की पूरी सम्पत्ति की उत्तराधिकारिणी बन सकती है। किन्तु ऐसी स्थिति में जब कि सम्बन्धित विधवा की परपुरुषगामिता की सम्भावना दिखाई दे, तो ऐसी स्थिति में वह सम्पत्ति उसे नहीं मिल सकती है। इसके वैध दावेदार पति के भाई माने जाते हैं। यदि मृत व्यक्ति ने पैतृक सम्पत्ति से असम्पृक्त भाइयों के सहयोग में किसी प्रकार की सम्पत्ति का अर्जन किया है, तो ऐसी स्थिति में सम्पत्ति की वैध दावेदार सम्बन्धित विधवा नहीं, प्रत्युत मृत व्यक्ति के भाई बनते हैं। यदि सम्बन्धित सम्पत्ति पैतृक रही है, तो

इसके वैध दावेदार भाई नहीं अपितु मृत व्यक्ति के माता-पिता होते हैं। पिछली दोनों स्थितियों के प्रस्तुत होने पर मृत व्यक्ति की विधवा को केवल जीवन-यापन के लिए पर्याप्त भरण-पोषण की व्यवस्था की जाती है।[58] तत्कालीन व्यवस्थापक देवण भट्ट के अनुसार पुत्र-विहीन मृत व्यक्ति की विधवा को अचल सम्पत्ति सहित पूरी सम्पत्ति का उत्तराधिकार प्राप्त होता है, किन्तु उसी स्थिति में जब कि वह शुचिता-च्युत नहीं रही है, तथा सम्बन्धित सम्पत्ति को उसके पति ने सम्मिलित परिवार से असम्पृक्त होकर अर्जित किया हो। ऐसी सम्पत्ति प्रयोग को प्रतिबन्धित करते हुए ऐसा कहा गया है कि इसे केवल पति के पारलौकिक समुत्कर्ष में सहायक श्राद्ध-क्रिया, लोकोकारी कार्य एवं दान-क्रिया में ही लगाया जा सकता है।[59] तत्कालीन व्यवस्थापकों में विधवा के पक्ष में प्रतिष्ठापित स्थापनाओं को सर्वाधिक शिथिलीकरण का श्रेय जीमूतवाहन को दिया जा सकता है। इन्होंने सम्बन्धित सम्पत्ति को स्त्रीधन के अन्तर्गत न रखकर सामान्य सम्पत्ति माना है, जिसकी उत्तराधिकारिणी उस स्थिति में भी मानी जा सकती है, जब कि मृत्यु के समय उसका पति सम्मिलित परिवार का सदस्य हो । वस्तुतः जीमूतवाहन ने अपनी उक्त अवधारणा का आधार बृहस्पति की व्यवस्थापना को बनाया था, तथा ऐसा निष्कर्ष निकाला कि पुत्र-विहीन मृत व्यक्ति की अचल एवं सचल दोनों कोटि की सम्पत्ति पर विधवा का अधिकार बनता है। इन्होंने ऐसी दलील दी है कि यदि सम्मिलित परिवार की सम्पत्ति का उत्तराधिकार मृत व्यक्ति के भाइयों को अलग-अलग मिल सकता है, तो सहज रूप में उसकी विधवा पत्नी को सम्पत्ति के उचित अंश का उत्तराधिकार मिल सकता है। इस प्रकार जीमूतवाहन की व्यवस्थापना में विधवा के साम्पत्तिक अधिकार के सन्दर्भ में विज्ञानेश्वर की अपेक्षा अधिक उदारता की प्रवृत्ति दिखाई देती है, जिन्होंने सम्मिलित परिवार के सदस्य के रूप में परलोकगामी होने की स्थिति में उसके साम्पत्तिक उत्तराधिकार की मान्यता विधवा को नहीं दिया था।[60] इस सन्दर्भ में आलोचित कालावधि के व्यवस्थापक मनुस्मृति के भाष्यकर्त्ता कुल्लूक भट्ट की व्यवस्थापना उल्लेखनीय है, जिन्होंने पुत्र-विहीनता की स्थिति में पति के दिवंगत होने पर उसकी विधवा को साम्पत्तिक उत्तराधिकार को दिया जाना वैध माना है। इन्होंने दलील प्रस्तुत किया है कि केवल भरण-पोषण की मान्यता शुचितासम्मित विधवा के लिए नहीं है, अपितु उन विधवाओं के लिए है, जो रखैल हैं अथवा शुचिता से च्युत हो चुकी हैं। इनकी व्यवस्थापना के अनुसार पिता अथवा परिवार के अन्य सदस्य उसी व्यक्ति की सम्पत्ति को पाने के लिए अधिकारी हैं, जिन्होंने अपने पीछे विधवा

अथवा पुत्री को छोड़ रखा है।[61] इस प्रकार विधवा के साम्पत्तिक उत्तराधिकार के सन्दर्भ में आलोचित कालावधि ने द्वैधी मान्यताओं का अनुभव किया था। मिताक्षरा शाखा ने इस अधिकार को प्रतिबन्धित कर दिया था। इसके अनुसार कुछ एक विशेष परिस्थितियों में ही विधवा अपने पुत्र-विहीन पति के दिवंगत होने पर उसकी सम्पत्ति की वैध दावेदार मानी जा सकती थी। किन्तु दायभाग शाखा ने ऐसा कोई प्रतिबन्ध नहीं लगाया था, तथा विधवा को हर परिस्थिति में इस अधिकार का वैध दावेदार घोषित किया गया था। यह भी विचारणीय है कि मिताक्षरा ने भी विधवा को अपने पति की ऐसी सम्पत्ति के निबन्ध अधिकार की मान्यता प्रदान की थी, जिसे उसके पति ने सम्मिलित परिवार से असम्पृक्त होकर स्वयं अर्जित किया हो।

आलोचित युग के व्यवस्थापकों ने विवेच्य विषय के इस महत्त्वपूर्ण पक्ष पर भी विचार किया है कि विधवा को उत्तराधिकार में मिली हुई सम्पत्ति की विन्यास क्रिया अथवा विक्रय-क्रिया पर किस सीमा तक अधिकार प्रदान किया था। दायभाग की व्यवस्थापना से विदित होता है कि अपने जीवन-काल में विधवा को यह अधिकार प्राप्त था कि वह चर्चित सम्पत्ति का प्रयोग स्वेच्छा से कर सकती थी। किन्तु उसे ऐसा अधिकार नहीं दिया गया था, जिसके अनुसार वह उस सम्पत्ति को दान, विक्रय अथवा बन्धक का विषय बना सके। किन्तु वैध आवश्यकता की पूर्ति के लिए उस छूट दी गई थी। वैध आवश्यकता के अनुसार वह सम्पत्ति को दिवंगत पति के पारलौकिक कल्याण के लिए दान, विक्रय एवं बन्धक का विषय बना सकती थी। इसी वैध आवश्यकता में उसका स्वयं का भरण-पोषण, दिवंगत पति के परिवार का भरण-पोषण तथा अविवाहित पुत्रियों का भरण-पोषण सम्मिलित था। इसके अतिरिक्त इसी वैध आवश्यकता में सन्तति-विहीन, आश्रय-विहीन, विधवा पुत्री का भरण-पोषण तथा अविवाहित कन्याओं का व्यय भार भी सम्मिलित माना जाता था।[62] इस सन्दर्भ में देवण भट्ट ने बृहस्पति को प्रसंगित किया है, तथा ऐसा अधिवाचित किया है कि दिवंगत पति की उत्तराधिकार में मिली हुई सम्पत्ति के विक्रय, दान और बन्धक की जो सीमा लगाई गई है, उसका केवल यही तात्पर्य है कि वह ऐसी सम्पत्ति को आपत्तिजनक आचरण वाले व्यक्ति को विक्रय, दान एवं बन्धक का विषय नहीं बना सकती है।[63] इस प्रकार सामान्यतया ऐसा कह सकते हैं कि आलोचित युग के व्यवस्थापकों ने सामान्यतया विधवा के साम्पत्तिक उत्तराधिकार के सम्बन्ध में पूर्ववर्ती युगों की अपेक्षा उदारता की नीति अपनाई थी। प्रतिबन्ध लगाने की प्रवृत्ति का

सर्वथा तिरोभाव नहीं हुआ था। तथापि इसमें शिथिलीकरण के लिए प्रयास अवश्य किया गया था।

सभ्रातृक पुत्रियों के साम्पत्तिक उत्तराधिकार की स्थिति पर भी तत्कालीन व्यवस्थापकों ने अपने विचार प्रकट किए हैं। सामान्य लोकमत के अनुसार इस कोटि की पुत्रियाँ साम्पत्तिक उत्तराधिकार की दावेदार नहीं हो सकती हैं, तथा इसी अवधारणा का प्रतिबिम्बन तत्कालीन व्यवस्थापनाओं में प्राप्त होता है। इस अवधारणा की पृष्ठभूमि में वह विशेष प्रवृत्ति क्रियाशील थी, जिसके अनुसार विवाह संस्कार एक ऐसी प्रक्रिया है, जो कन्या को कुलान्तर में प्रेषित करती है, अतएव उसके अधिकार-क्षेत्र में पति की परिसम्पत्ति अन्तर्हित होती है। व्यावहारिक दृष्टि से सभ्रातृक होने की स्थिति में परिणीता होने के उपरान्त वह दोनों कुलों की सम्पत्ति की देख-रेख नहीं कर सकती थी। कम-से-कम वह पिता की अचल सम्पत्ति के प्राप्तांश की प्रत्यक्ष देख-भाल करना उसके लिए सम्भव नहीं था। अतएव कुछ एक अपवादों को छोड़कर सामान्यतया हिन्दू विधि-व्यवस्था अथवा अन्य साक्ष्यों में इसके प्रमापक उदाहरण नहीं मिलते हैं। मध्यकालीन व्यवस्थापकों में केवल शुक्रनीति ने सभ्रातृक कन्याओं को पिता की सम्पत्ति का अंशाधिकार अधिवाचित किया है।[64] मैसूर के एक 1188 ईस्वी के अभिलेख में किसी एक ऐसे पिता को प्रसंगित किया गया है, जिसने अपने पुत्रियों एवं पुत्रों में समान साम्पत्तिक विभाजन किया था।[65] कथासरित्सागर में वाग्वती और महावंग नामक दो भाई-बहनों का उल्लेख आता है, जिनमें पिता के राज्यांश का समान विभाजन किया गया था।[65क] कुल्लूक भट्ट ने ऐसी व्यवस्थापना किया है कि भाइयों में प्रत्येक को अपनी बहन के विवाह में सम्पत्ति का चतुर्थांश व्यय करना चाहिए।[66] कुल्लूक भट्ट ने इस बात पर भी बल दिया है कि विपतृज भाई के अभाव में बहन के विवाह-व्यय के दायित्व का न्यागमन अनुक्रमतः सहोदर एवं विभातृक भाई को जाता है।[67] समस्तरीय व्याख्यापना देवण भट्ट ने किया है कि यदि बहनों की संख्या अधिक है तो पूरी सम्पत्ति के चतुर्थांश को सभी बहनों में बराबर-बराबर बाँट देना चाहिए।[68] व्यवस्थापकों ने पुत्री के इस अधिकार को प्रतिबन्धित करने का भी प्रयास किया है। इस सम्बन्ध में जीमूतवाहन ने ऐसी व्यवस्थापना किया है कि यदि पैतृक सम्पत्ति बहुत बड़ी नहीं है, तो ऐसी स्थिति में अविवाहिता पुत्री का विवाह चतुर्थांश का व्यय कर सम्पन्न करना चाहिए। यदि वह सम्पत्ति बहुत बड़ी है, तो ऐसी स्थिति में उतना ही अंश व्यय करना चाहिए, जितना विवाह के लिए आवश्यक है।[69] लगभग समस्तरीय व्याख्यापना देवण भट्ट ने भी किया है।

इनके अनुसार यदि पैतृक सम्पत्ति बहुत बड़ी है, तथा पुत्री के विवाह में इसके चतुर्थांश का व्यय करने पर भी अंशावशेष की सम्भावना दिखाई देती है तो इस अवशिष्टांश को सम्बन्धित पुत्री अपने साथ पति के घर नहीं ले जा सकती है।[70] इन्होंने पुनः व्यवस्थापित किया है कि यदि कोई पुत्र-विहीन व्यक्ति पुत्री का विवाह करने के पूर्व ही दिवंगत हो जाता है, तो ऐसी स्थिति में उसकी विधवा के लिए यह आवश्यक हो जाता है कि वह पति की सम्पत्ति के चतुर्थांश से पुत्री का विवाह सम्पन्न करावे।[71] अपरार्क ने ऐसी व्यवस्थापना किया है कि भाइयों एवं बहनों के होने की स्थिति में पिता के दिवंगत होने पर प्रत्येक भाई को अपने अंश का चतुर्थांश अविवाहित बहनों के विवाह में व्यय करना चाहिए।[72] इस सम्बन्ध में विज्ञानेश्वर की व्यवस्थापना ही दिवंगत की सम्पत्ति में पुत्री के अधिकार के सन्दर्भ में सर्वाधिक उदार दिखाई देती है। याज्ञवल्क्य-स्मृति पर अपना भाष्य प्रस्तुत करते हुए चर्चित व्यवस्थापक ने ऐसा घोषित किया है कि यदि किसी दिवंगत व्यक्ति ने अपने पीछे पुत्रों के अतिरिक्त पुत्रियों को भी छोड़ रखा है, तो ऐसी स्थिति में उन्हें उतना चतुर्थांश मिलना चाहिए, जितना कि पुत्र के रूप में उत्पन्न होने पर उन्हें मिल सकता था।[73] अपनी व्यवस्थापना को अधिक स्पष्ट करते हुए विज्ञानेश्वर ने ऐसा भी घोषित किया है कि यदि किसी व्यक्ति ने अपने पीछे पत्नी, पुत्र एवं पुत्री को छोड़ रखा है, तो सर्वप्रथम सम्बन्धित सम्पत्ति को दो मुख्य भागों में विभाजित कर पत्नी और पुत्र को देना चाहिए। इसके बाद पुत्रों को मिली हुई सम्पत्ति को चार भागों में बाँटकर इसका चौथा भाग पुत्री को देना चाहिए विज्ञानेश्वर ने ऐसा भी स्पष्ट कर दिया है कि "चतुर्थांश" को शब्दशः ग्रहण करना उचित नहीं है, पुत्री को उतना ही अंश मिलना चाहिए जितना कि उसके विवाह व्यय के लिए आवश्यक है।[74]

आलोचित कालावधि के व्यवस्थापकों ने भ्रातृ-विहीन पुत्रियों के साम्पत्तिक उत्तराधिकार के प्रश्न पर विशेष विचार किया है। पूर्वकालीन स्तरों के याज्ञवल्क्य, विष्णु एवं बृहस्पति जैसे स्मृतिकारों[75] की व्यवस्थापनाओं के अनुसार साम्पत्तिक उत्तराधिकार के सन्दर्भ में पुत्री का क्रम विधवा के उपरान्त आता है। पूर्व मध्यकाल के प्रथम स्तर (आठवीं शताब्दी ईस्वी से लेकर दसवीं शताब्दी ईस्वी) के व्यवस्थापकों ने उक्त व्यवस्थापना को शब्दशः न ग्रहण कर इसमें शिथिलीकरण लाने का प्रयास किया है। उदाहरण के लिए विश्वरूप ने याज्ञवल्क्य की उस विशेष व्यवस्थापना को सन्दर्भित किया है जिसके अनुसार पुत्र-विहीन व्यक्ति का उत्तराधिकार उसकी पुत्रिका को मिलना चाहिए। विश्वरूप ने उक्त स्मार्त अधिवाचन को भाषित करते हुए घोषित किया है कि

स्मृतिकार ने पुत्रिका शब्द का प्रयोग बहुवचन में किया है, अतएव एक साथ अन्य अनेक पुत्रियों को पुत्रिका का पद देकर उन्हें साम्पत्तिक उत्तराधिकार दिया जा सकता है।[76] मेधातिथि, श्रीकर एवं संग्राहकर ने इस व्यवस्थापना के प्रति अपनी सहमति प्रकट किया है। स्मृतिचन्द्रिका से विदित होता है कि आलोचित कालावधि के व्यवस्थापकों में समस्तरीय विचार धारेश्वर, देवस्वामिन और देवव्रत द्वारा प्रकट किए गए हैं, किन्तु धारेश्वर, देवस्वामिन एवं अपरार्क ने भिन्न मत व्यक्त किया है।[77] अपरार्क ने उन व्यवस्थापकों के प्रति असहमति दिखाई है, जो एक ओर पुत्र-विहीन शब्द सन्दर्भित करते हुए उत्तराधिकार प्राप्त करनेवाली पुत्री के लिए पुत्रिका शब्द का व्यवहार करते हैं। इन्होंने स्पष्टतया घोषित किया है कि पुत्रिका का पिता पुत्र-विहीन नहीं कहा जा सकता है, क्योंकि पुत्रिका शब्द, पुत्र शब्द को अभिव्यक्त करता है। विज्ञानेश्वर ने ऐसा तार्किक उद्घोष किया है कि वस्तुतः पुत्रिका पुत्र है, अतएव उसे भ्रातृ-हीन पुत्री कहकर प्रसंगित नहीं किया जा सकता है। इस सन्दर्भ में दोनों ही व्यवस्थापकों ने स्मृतिकार वसिष्ठ की प्रामाणिकता को प्रसंगित किया। है। विज्ञानेश्वर ने ऐसा भी अधिवाचित किया है कि वस्तुतः पुत्रिका (पुत्र-सम नहीं अपितु) पुत्र है, अतएव उसे भ्रातृविहीन पुत्री की कोटि में नहीं रखा जा सकता है। वसिष्ठ की प्रामाणिकता को प्रसंगित करते हुए ये "औरस" एवं "क्षेत्रज" की ही भाँति "पुत्रिका" को भी पुत्र घोषित करते हुए देवण भट्ट ने ऐसा अधिवाचित किया है कि अन्य दोनों की भाँति पुत्रिका विधवा के जीवन काल में सम्पत्ति की वैध दावेदार मानी जा सकती है। सामान्यतया ऐसा कह सकते हैं कि प्रकारान्तरया चर्चित व्यवस्थापकों ने ऐसा अधिवाचित किया है कि विधवा की अपेक्षा पुत्र-विहीन व्यक्ति की पुत्री को पुत्रिका के रूप में साम्पत्तिक उत्तराधिकार में प्राथमिकता दी जाती है।

उक्त व्यवस्थापनाओं के साथ-ही-साथ प्रसंगानुकूलता की दृष्टि से सम्प्रति उस भ्रातृ-विहीन पुत्री के साम्पत्तिक उत्तराधिकार पर विचार किया जा सकता है, जिसे "पुत्रिका" की कोटि में नहीं रखा गया है। इस सन्दर्भ में विज्ञानेश्वर ने बृहस्पति की प्रामाणिकता को सन्दर्भित करते हुए ऐसा उद्घोष किया है कि पुत्र-विहीनता की स्थिति में दिवंगत होनेवाले पति की सम्पत्ति का उत्तराधिकार उसकी विधवा पत्नी को मिलता है, तदुपरान्त इसका न्यागमन पुत्री को होता है।[78] इसी प्रसंग में विज्ञानेश्वर ने कात्यायन की प्रामाणिकता को भी सन्दर्भित किया है, तथा विधवा को मिलनेवाले उक्त अधिकार को प्रतिबन्धित करते हुए इस बात पर बल दिया है कि विधवा ऐसी सम्पत्ति की उत्तराधिकारिणी

उसी स्थिति में बन सकती है जबकि वह शुचिता-सम्मित पवित्र जीवन व्यतीत कर रही हो, अन्यथा इसका न्यागमन पुत्री को होता है।[79] विज्ञानेश्वर ने ऐसा पुनर्व्यवस्थापित किया है कि अनुक्रमतः अविवाहिता एवं विवाहिता पुत्री में साम्पत्तिक उत्तराधिकार की वैध दावेदार अविवाहिता पुत्री बनती है।[80] चर्चित व्यवस्थापक ने विवाहिता पुत्रियों के भी दो वर्गों का उल्लेख किया है, समृद्धिशाली पुत्री एवं अनाश्रिता पुत्री। ऐसा अधिवाचित किया गया है कि इन दोनों में साम्पत्तिक उत्तराधिकार के लिए अनाश्रिता को प्राथमिकता मिलनी चाहिए।[81] उक्त व्यवस्थापना से किंचित् भिन्न व्यवस्थापना देवण भट्ट ने प्रस्तुत किया है। इनके अनुसार अनुक्रमतः अनाश्रिता विवाहिता पुत्री एवं अविवाहिता पुत्री में साम्पत्तिक उत्तराधिकार का न्यागमन अविवाहिता पुत्री को होता है।[82] आलोचित कालावधि के व्यवस्थापकों में जीमूतवाहन ने सम्पत्तिक उत्तराधिकार की वैधता के निश्चयार्थ सम्बन्धित पुत्री के धर्माचरण अर्हता पर भी बल दिया है। इनके अनुसार वही पुत्री दिवंगत पिता की सम्पत्ति की वैध दावेदार हो सकती है, जो पिता को पिंडादकक्रिया देने की क्षमता रखती हो। ऐसी पुत्री को पुत्रवती होना अथवा भावी पुत्र की उत्पत्ति के लिए सम्भाविनी होना आवश्यक है।[83]

माता का साम्पत्तिक उत्तराधिकार किन अर्थों में एवं किस सीमा तक माना गया था? विवेचित काल के व्यवस्थापकों ने इस विन्दु पर भी विचार किया है। पूर्ववर्ती युग के व्यवस्थापक विश्वरूप ने ऐसी प्रतिष्ठापना किया था कि पुत्र-विहीनता की स्थिति में यदि किसी पुत्र की पत्नी नहीं है, तो ऐसे पुत्र की सम्पत्ति उसकी माता को प्राप्त होती है किन्तु श्रीकर की व्यवस्थापना के अनुसार यह अधिकार माता और पिता दोनों को सम्मिलित रूप में प्राप्त होता है। आलोचित युग के व्यवस्थापक विज्ञानेश्वर ने इससे भिन्न व्यवस्थापना प्रस्तावित किया है। इनके अनुसार अनुक्रमतः ऐसा अधिकार माता को मिलना चाहिए। अपनी व्यवस्थापना की प्रामाणिकता के लिए इन्होंने याज्ञवल्क्य को सन्दर्भित किया है। इन्होंने ऐसा तर्क दिया है कि सम्बन्धित पिता की अनेक पत्नियाँ हो सकती हैं, तथा उनसे उत्पन्न पुत्रों के अनेकता की सम्भावना बनी रहती है। अतएव पिता के सम्बन्ध-आयाम में इन सभी पत्नियों से उत्पन्न पुत्र आ सकते हैं। इसके विपरीत माता के सम्बन्ध-आयाम में केवल उसी का पुत्र आता है। अतएव ऐसी विशेष स्थिति में मृत पुत्र की सम्पत्ति का उत्तराधिकार माता को दिया जाना संगत माना गया है। विज्ञानेश्वर ने इस बात पर भी बल दिया है कि माता की उक्त वैधता का निर्धारक तत्त्व उसकी धार्मिक क्रियाओं

के निष्पादन की क्षमता नहीं है, अपितु गर्भस्थ पुत्र के सम्भरण एवं सम्पोषण की क्षमता है। ऐसी माता के अभाव में सम्बन्धित सम्पत्ति का न्यागमन मृत पुत्र के पिता को जाता है।[84] इससे किंचित् भिन्न व्यवस्थापना धारेश्वर ने किया है। इनके अनुसार माता के अभाव में सम्बन्धित सम्पत्ति पिता को नहीं, प्रत्युत पिता की माता को मिलती है, क्योंकि पिता को मिलने पर ऐसी सम्पत्ति के न्यागमन की सम्भावना ऐसे पुत्रों के लिए बनी रहती है, जो असवर्ण पत्नियों से उत्पन्न हुए हैं।[85] अतएव सामान्यतया यह कह सकते हैं कि धारेश्वर ने हर परिस्थिति में ऐसी सम्पत्ति के उत्तराधिकार के लिए पिता की अपेक्षा माता को ही वरीयता दी है। इस प्रसंग में प्रधानता: बृहस्पति तथा अनुषंगत: मनु की प्रामाणिकता को सन्दर्भित करते हुए अपरार्क ने व्यवस्थापित किया है कि पुत्र-विहीनता एवं पत्नी-विहीनता की स्थिति में किसी व्यक्ति के दिवंगत होने पर उसकी सम्पत्ति का न्यागमन माता को होता है, अथवा माता की अनुमति से विकल्पत: इसका न्यागमन भाइयों को भी हो सकता है।[86] कुल्लूक भट्ट ने मनु के दो श्लोकों में निहित परस्पर भिन्न सम्भावना के सम्भ्रम को सन्तुलित करने का प्रयास किया है। मनुस्मृति के एक श्लोक में कहा गया है कि पुत्र-विहीन मृत पुत्र की सम्पत्ति का उत्तराधिकारी पिता होता है, किन्तु श्लोकान्तर में कहा गया है कि ऐसी सम्पत्ति की उत्तराधिकारिणी माता होती है। दोनों श्लोकों पर अपना भाष्य प्रस्तुत करते हुए कुल्लूक भट्ट ऐसा व्यवस्थापित करते हैं कि पुत्र-विहीन व्यक्ति की विधवा एवं पुत्री के अभाव में उसकी सम्पत्ति के उत्तराधिकारी, माता एवं पिता सम्मिलित रूप में होते हैं।[87] इससे भिन्न व्यवस्थापना प्रस्तुत करते हुए जीमूतवाहन ने ऐसा भाषित किया है कि अनुक्रमत: माता का स्थान पिता के बाद आता है, क्योंकि पुरुष-तत्त्व की अपेक्षा स्त्री-तत्त्व निम्नस्तरीय होता है। इन्होंने इस बात पर भी बल दिया है कि साम्पत्तिक उत्तराधिकार में वरीयता का आधार धार्मिक एवं आध्यात्मिक अर्हता को नहीं बनाया जा सकता है, क्योंकि ऐसी स्थिति में आदरणीयता का स्थान धार्मिक एवं आध्यात्मिक आचार्य को मिलता है, जो माता एवं दोनों की अपेक्षा अधिक आदरणीय है। अतएव धार्मिक उपलब्धियों के आधार पर साम्पत्तिक उत्तराधिकार के लिए माता को वरीयता नहीं दी जा सकती है, उसका स्थान पिता के बाद ही आता है।[87क] लगभग समस्तरीय व्याख्यापना का उद्घोष देवण भट्ट ने किया है। इनके अनुसार पत्नी, पुत्री एवं पुत्री के पुत्र के अभाव में मृत व्यक्ति की सम्पत्ति का न्यागमन अनुक्रमत: पिता और माता को होता है।[88] जिन व्यवस्थापकों ने मातामही के साम्पत्तिक उत्तराधिकार पर अपने मत की प्रतिष्ठापना किया

है, उनमें कुल्लूक भट्ट, धारेश्वर एवं विज्ञानेश्वर उल्लेखनीय हैं। कुल्लूक ने व्यवस्थापित किया है कि यदि माता दिवंगत हो चुकी है, तो ऐसी स्थिति में सम्बन्धित सम्पत्ति का न्यागमन मातामही को होता है, किन्तु ऐसा न्यागमन उसी स्थिति में प्रदेश्य है, जब मृत पुत्र की माता, पत्नी, पिता, भ्राता एवं भ्रातृज भी दिवंगत हो चुके हैं।[89] इस सम्बन्ध में धारेश्वर ने व्यवस्थापित किया है कि पिता की जीवन्त स्थिति में भी यदि माता दिवंगत होती है, तो सम्बन्धित सम्पत्ति का न्यागमन पिता की माता अर्थात् मातामही को होता है, क्योंकि पिता को ऐसी सम्पत्ति का उत्तराधिकार मिलने पर उसके असवर्ण अन्य पत्नियों से उत्पन्न-पुत्रों के पास जाने की आशंका बनी रहती है।[90] मिताक्षरा ने व्यवस्थापित किया है कि भ्रातृ-पुत्र के अभाव में ऐसी सम्पत्ति का न्यागमन "सगोत्र", "सपिंड" एवं "समानोदक" व्यक्तियों को होता है, जिनमें मातामही का स्थान प्रथम पर रखा गया है।[91]

इस प्रकार, यद्यपि सम्बन्धित साक्ष्यों की अनेकार्थता, परस्पर-विरोधी तथा यदा-कदा संश्लिष्ट एवं क्लिष्ट व्यवस्थापनाओं के कारण ऐतिहय एवं यथा तथ्य का सन्निदर्शक निश्चित निष्कर्ष नहीं निकल पाता, तथापि सामान्यतया इनसे यही प्रतिभासित होता है कि आलोचित कालावधि ने स्त्रियों की साम्पत्तिक उत्तराधिकार के क्षेत्र में कही पुरातनता की पुरावृत्ति एवं कहीं-कहीं पारम्परिक सामाजिक धुरी को उद्धेलित करनेवाले परिवर्तन का अनुभव किया था। "स्त्रीधन" के संरूढ़ अतीतकालीन परिभाषा आयाम को विस्तृत होने का सुयोग मिला। इसमें उत्तराधिकार में मिली हुई सम्पत्ति सहित अन्य अनेक सम्पत्ति सम्बोधक उपकरणों को अन्तर्हित किया गया है। इस पर स्त्री के नियन्त्रण-क्षेत्र को विस्तार दिया गया तथा अपेक्षाकृत पति के नियन्त्रण-क्षेत्र को संकुचित किया गया। पत्नी की अनुमति के बिना इसका दुरुपयोग करनेवाला व्यक्ति दंड का भागी भी हो सकता था। पति की सम्पत्ति के उत्तराधिकार के लिए पत्नी को सर्वतः मान्यता प्रदान की गई। "पुत्रिका" के पारिभाषिक शब्दार्थ का तिरोभाव हुआ, तथा सामान्य पुत्री भी साम्पत्तिक उत्तराधिकार की वैध दावेदार घोषित की गई। इसी प्रकार माता के साम्पत्तिक अधिकार की सीमा को विस्तृत किया गया। आलोचित कालावधि ने केन्द्रीय सत्ता के खंड-विखंडन का साक्षात्कार किया, तथा ऐसी स्थिति में स्थानीय परम्पराओं को पनपने का अधिक अवसर मिला। विदेशियों के आक्रमण-संक्रमण के परिणाम में समाज का नैतिक स्तर ह्रासोन्मुख होने लगा, जिसके परिणाम में स्त्रियों ने असुरक्षा का अनुभव किया। अतएव उनके साम्पत्तिक उत्तराधिकार के प्रति व्यवस्थापकों ने सोदार

विचार व्यक्त किया, जिसके सन्निबोधक साक्ष्य तत्कालीन स्मार्त भाष्यकारों की व्यवस्थापनाओं में अनेकशः उपलब्ध होते है।

सन्दर्भ-निर्देश

1. द्रष्टव्य काणे, हिस्ट्री आफ धर्मशास्त्र, भाग 1, पृष्ठ 595.
2. तत्रैव
3. तत्रैव
4. दायभाग (कुल्लूक-सम्पादित), पृष्ठ 382.
5. काणे, तत्रैव, पृष्ठांक 595-598,
6. तत्रैव
7. काणे, तत्रैव, पृष्ठ 746
8. जे.सी. घोष, दि प्रिंसिपुल्स आफ हिन्दू ला, भूमिका पृष्ठ 15.
9. काणे, तत्रैव, पृष्ठांक 607610.
10. तत्रैव
11. मिताक्षरा, 4.1.11.
12. स्मृतिचन्द्रिका, पृष्ठांक 295-297.

12क. काणे, तत्रैव, पृष्ठ 259.

13. दायभाग, 9.2.31 11.1.56.
14. याज्ञवल्क्य, स्मृति, 2.136
15. स्मृतिचन्द्रिका, पृष्ठांक 653-654.
16. याज्ञवल्क्य, 6.135-136 पर मिताक्षरा ।
17. मनुस्मृति 8.416 पर कुल्लूक भट्ट
18. गौतम धर्मसूत्र, 26.19 एवं आपस्तम्ब धर्मसूत्र 2.6.14.1 पर हरदत्त
19. दायभाग, 9.6.11.

19क. याज्ञवल्क्य, 2.143 पर मिताक्षरा।

20. मिताक्षरा, तत्रैव.

20क. दायभाग, 4.1.18.

21. तत्रैव ।
22. स्मृतिचन्द्रिका, पृष्ठ 281.
23. मिताक्षरा, 2.9.33.
24. याज्ञवल्क्य, 2.146 पर मिताक्षरा ।

25. दायभाग, 4.1.20.
26. स्मृतिचन्द्रिका, पृष्ठांक 656, 658
27. दायभाग, 4.1.23
28. स्मृतिचन्द्रिका, पृष्ठांक, 654-655.
29. दायभाग, 4.1.23.
30. स्मृतिचन्द्रिका, तत्रैव दायभाग, तत्रैव
31. दायभाग, 4.1.19.
32. स्मृतिचन्द्रिका, पृष्ठ 656 पर उद्धृत कात्यायन ।
33. गुरुदास बनर्जी, हिन्दू ला आफ मैरेज एंड स्त्रीधन, पृष्ठांक 323-324.
34. याज्ञवल्क्य, 2.117 पर मिताक्षरा
35. गुरुदास बनर्जी, तत्रैव, पृष्ठांक 355-356.
36. याज्ञवल्क्य 2.145 पर मिताक्षरा
37. गौतम धर्मसूत्र, 28.23 पर हरदत्त ।
38. गुरुदास बनर्जी, तत्रैव
38. तत्रैव
39. याज्ञवल्क्य, 2.146 पर मिताक्षरा।
40. याज्ञवल्क्य, 2.114 पर मिताक्षरा ।
41. याज्ञवल्क्य, 2.145 पर मिताक्षरा।
42. मनुस्मृति 9.193 पर कुल्लूक भट्ट।
43. याज्ञवल्क्य, 2.145 पर मिताक्षरा में सन्दर्भित नारद ।
44. याज्ञवल्क्य, 2.145 पर मिताक्षरा।
45. तत्रैव ।
46. दायभाग, अध्याय 4.
47. दायभाग, 4.3.29.
48. मनुस्मृति 9.131.
49. दायभाग, 4.2.22, 25.
50. दायभाग, 4.3.39.
51. तत्रैव, 4.2.1-2; 9.11-12.
52. मिताक्षरा 2.1.22.
53. तत्रैव, 2.1.24; 2.1.15.
54. याज्ञवल्क्य, 2.136 पर मिताक्षरा ।

55. टी. मित्रा, दि ला रिलेटिंग टु हिन्दू विडो, पृष्ठ 132.
56. याज्ञवल्क्य, 2.136 पर मिताक्षरा।
57. याज्ञवल्क्य, 2.117 पर मिताक्षरा।
58. याज्ञवल्क्य, 2.136 पर मिताक्षरा।
59. स्मृतिचन्द्रिका (गंगानाथ झा द्वारा अनूदित) पृष्ठ 676.
60. दायभाग 2.1.23 11.1.3.
61. मनुस्मृति 9.185 पर कुल्लूक भट्ट
62. दायभाग, 11.1, 62-66.
63. स्मृतिचन्द्रिका, पृष्ठ 677.
64. सामान्यतया शुक्रनीति का समय 1300 ईस्वी माना गया है।
65. एपिग्राफिया कार्नटिका, भाग 6, संख्या 26.
65क. कथासरित्सागर, 106 पंचमलंबक, 14 तरंग, श्लोक 139-141
66. याज्ञवल्क्य 2.124 तथा मनुस्मृति 9.118 पर कुल्लूक भट्ट ।
67. मनुस्मृति 9.119 पर कुल्लूक भट्ट ।
68. स्मृतिचन्द्रिका, 4.4.6.
69. दायभाग, 2.2. 36-39.
70. स्मृतिचन्द्रिका, 4.4.6.
71. तत्रैव, 40.1.66.
72. याज्ञवल्क्य, 2.124 पर अपरार्क।
73. याज्ञवल्क्य, 2.124 पर मिताक्षरा ।
74. तत्रैव ।
75. याज्ञवल्क्य-स्मृति, 2.136-137; विष्णुस्मृति, 17.4 बृहस्पतिस्मृति, 25.55-56.
76. याज्ञवल्क्य, 2.136-137 पर विश्वरूप।
77. स्मृतिचन्द्रिका, पृष्ठ 295.
78. मिताक्षरा, 2.2.2.
79. तत्रैव ।
80. तत्रैव ।
81. तत्रैव, 2.2.4.
82. स्मृतिचन्द्रिका, पृष्ठ 663.
83. दायभाग, 9.2.3.
84. याज्ञवल्क्य-स्मृति 2.136-137 पर मिताक्षरा।

85. मनुस्मृति, 9.187 पर धारेश्वर।

86. मनुस्मृति, 9.217 पर अपरार्क।

87. मनुस्मृति, 9.185, 217 पर कुल्लूक भट्ट ।

87क. दायभाग, 11.3.1.

88. स्मृतिचन्द्रिका, पृष्ठ 691.

89. मनुस्मृति, 9.217 पर कुल्लूकभट्ट ।

90. मिताक्षरा, पृष्ठ 729 पर उद्धृत धारेश्वर।

91. मिताक्षरा, 2.5.1

उपसंहार

विगत परिच्छेदों में वैदिक युग से लेकर लगभग 1200 ईस्वी तक स्त्री के साम्पत्तिक उत्तराधिकार का विवेचन करने का जो कुछ भी प्रयास किया गया है, उससे विदित होता है कि भिन्न-भिन्न युगों में विभिन्न परिस्थितियों की प्रेरणा में इसके स्वरूप में परिवर्तन होता रहा है। वैदिक युग में स्त्री की स्थिति समुन्नत थी। उसका सहयोग एवं साहचर्य, विशेषतया धार्मिक क्रियाओं के सम्पादन में, पति के लिए आवश्यक था। गार्हस्थ्य जीवन के सुचारू संचालन के लिए उसके दायित्व का इतना अधिक महत्त्व था कि वह गृहस्वामिनी के समानार्थक शब्दों से विशेषित की जाती थी किन्तु समस्त वैदिक वाङ्मय में कोई भी ऐसी सम्भावना का संकेतक स्थल नहीं मिलता है कि उसके किसी प्रकार के साम्पत्तिक अधिकार की स्वतन्त्र मान्यता दी गई हो। तथापि ऐसी अवधारणा के आधार पर उसके अवनमित स्तर को अनुमानित नहीं किया जा सकता है। वस्तुतः स्वतन्त्र अधिकार अथवा उत्तराधिकार की आवश्यकता का प्रश्न उस समय उठता है, कम-से-कम व्यावहारिकता की दृष्टि से, जब कि सामयिक एवं पारिस्थितिक कारणों से स्त्री की प्रतिष्ठा अथवा उसका अस्तित्व अरक्षित बन बैठता है। उत्तर कालीन वैदिक रचना आपस्तम्ब धर्मसूत्र में कहा गया है कि पति एवं पत्नी में पार्थक्य की सम्भावना नहीं की जा सकती है, क्योंकि विवाहाग्नि के समक्ष ऐसा उद्घोषित किया जाता है कि धार्मिक क्रिया के सम्पादन, आध्यात्मिक उपलब्धियों एवं साम्पत्तिक अर्जन में उनका परस्पर संयोग एवं साहचर्य सदा बना रहेगा। इस प्रकार वैदिक युग में पारिवारिक सम्पत्ति पर पति एवं पत्नी के संयुक्त अधिकार की मान्यता प्रदान की गई थी, जिसमें पत्नी को भरण-पोषण के लिए व्यवस्था रहती थी। यह भी व्यवस्थापित किया गया था कि पत्नी असाधारण व्यय उसी स्थिति में कर सकती थी, जब कि एतदर्थ पति की पूर्ण सहमति रहती हो। कदाचित इसी व्यवस्थापना की निर्वहन-परम्परा की प्रेरणा में स्मार्त व्यवस्थापकों ने ऐसा प्रतिष्ठापित किया कि पति के जीवनकाल में पारिवारिक सम्पत्ति का अंशाधिकार पत्नी को नहीं मिल सकता है। इन स्मार्त व्यवस्थापकों में कुछ

एक वदान्य भी थे, तथा इन्होंने स्त्री के साम्पत्तिक अधिकार के सन्दर्भ में उदारता की नीति अपनायी थी। उदाहरणार्थ याज्ञवल्क्य ने विवाह को संविदा के रूप में ग्रहण किया था, तथा ऐसी स्थिति में जब कि अवैधानिक रूप में पति दूसरा विवाह कर लेता था, तब पहली पत्नी को पति की सम्पत्ति के तृतीयांश की व्यवस्थापना किया गया था। किन्तु तत्कालीन साक्ष्यों से पता चलता है कि याज्ञवल्क्य की इस व्यवस्थापना को समाज में सार्वजनीन मान्यता नहीं मिली थी, तथा व्यवस्थापकों में भी अधिकांश ने इसके प्रति अपनी सहमति नहीं व्यक्त किया था। पूर्वमध्यकाल के प्रथम स्तर पर स्त्रियों के साम्पत्तिक अधिकार की दिशा में पतन के स्पष्ट लक्षण दिखाई देते हैं। पत्नी के अधिकार काफी हद तक सीमित एवं प्रतिबन्धित कर दिए गए थे। तथापि उसके भरण-पोषण के अधिकार की परम्परा अभी चल रही थी; तथा इसके अतिरिक्त उसके साम्पत्तिक अधिकार की स्थिति ऐसी परिस्थितियों में सुरक्षित रहती थी, जब कि उसका पति अकारण अवैधानिक रूप में दूसरा विवाह कर लेता था। पूर्वमध्यकाल के द्वितीय स्तर पर जीमूतवाहन, देवण भट्ट, आदि व्यवस्थापकों ने स्त्री के साम्पत्तिक उत्तराधिकार पर लगाए गए प्रतिबन्धों में शिथिलीकरण लाने का प्रयास अवश्य किया था, जिसके आधार पर ऐसा सम्भावित निष्कर्ष निकालने में कोई आपत्ति नहीं दिखाई देती है कि इस युग में स्त्री की सम्पत्तिविषयक स्थिति पहले की अपेक्षा उन्नमित स्तर को प्राप्त थी। ऐसे व्यवस्थापकों को निरूपित किया जा सकता है, जिन्होंने स्त्री के साम्पत्तिक उत्तराधिकार पर पति के नियन्त्रण-आयाम को सीमित अथवा शून्यीकृत करने का प्रयास किया था। किन्तु किस सीमा तक इस कोटि के व्यवस्थापकों को सामाजिक अथवा सार्वजनीन मान्यता मिली थी, इस जिज्ञासा का सन्तोषजनक उत्तर नहीं मिल पाता है। क्योंकि विज्ञानेश्वर जैसे तत्कालीन स्मार्त व्यवस्थापक की स्थापना ऐसी सम्भावना को सन्दिग्ध बना देती है कि पति की स्वीकृति अथवा अनुमति के बिना स्त्री को पारिवारिक सम्पत्ति को व्यय करने का अधिकार कथमपि वैध माना जाता था। इनकी व्यवस्थापना से ऐसा भी प्रतिभासित होने लगता है कि पत्नी को साम्पत्तिक अंशाधिकार का मिलना पूर्णतः पति की अनुमति पर आधारित था।

विगत परिच्छेदों में स्त्रीधन के विषय में जो विमर्शित किया गया है उससे ऐसा अभिव्यक्त होता है कि विकास के विभिन्न स्तरों पर स्त्रीधन की परिभाषा एवं अर्थव्याप्ति में विस्तरीकरण एवं परिवर्तन होता रहा है, तथा समय-समय पर स्मार्त व्यवस्थापकों ने इसे पारिस्थितिक कारणों एवं मान्यताओं की

प्रेरणा में इसे व्याख्यापित एवं पुनर्व्याख्यापित करने का प्रयास किया है। यदि प्रारम्भिक स्मार्त व्यवस्थापकों ने इसके अन्तर्गत कुछ एक निर्धारित उपकरणों को सम्मिलित कर इसकी परिभाषा को सीमित परिधि में अन्तर्भूत किया, तो आगे चलकर सातवीं शताब्दी ईस्वी के उपरान्त इसके आयाम को विस्तार देने का प्रयास किया। यदि प्रारम्भ से इसकी स्थिति का आकलन किया जाए तो प्रतीत होगा कि यद्यपि तैत्तिरीय संहिता जैसे (उत्तर) वैदिक ग्रन्थ में स्त्रीधन को प्रसंगित करते हुए, इस पर स्त्री का स्वाम्य उद्घोषित किया गया है, तथापि इसके अध्ययन से ऐसी जिज्ञासा का समाधान नहीं हो पाता कि इसके स्त्री द्वारा प्रयोग-विनियोग की स्थिति क्या थी? प्रारम्भिक व्यवस्थापकों में मनु की व्यवस्थापना से प्रतिभासित होता है कि इन्होंने "स्त्रीधन" पर स्त्री के पूर्ण अधिकार को नहीं स्वीकार किया था। इन्होंने ऐसी अवधारणा की भी कोई सुस्पष्ट प्रतिष्ठापना नहीं किया था, जिससे ऐसी सम्भावना की प्रतीति हो सके कि आपत्कालीन परिस्थितियों में उसका प्रयोग सम्बन्धित स्त्री का पति कर सकता था। कौटिलीय व्यवस्थापना में पति द्वारा पत्नी के स्त्रीधन के प्रयोग विनियोग का निर्धारक तत्त्व वैवाहिक विधि मानी गई है। ऐसा अधिकार उसी पति को दिया गया है, जिसका विवाह सम्बन्धित स्त्री से विवाह के प्रख्यापित प्रथम चार विधियों के अनुसार सम्पन्न हुआ हो। अन्यथा स्थिति में शेष चार विधियों से सम्पन्न विवाह की स्थिति में ऐसा अधिकार नहीं दिया गया था। मनु के उत्तरवर्त्ती स्मृतिकारों ने इस तथ्य को विचार-विमर्श का विषय बनाया है कि स्त्री के "स्त्रीधन" प्रयोग में लाने के बाद इसे प्रत्यावर्तित किया जाना चाहिए अथवा नहीं? याज्ञवल्क्य ने व्यवस्थापित किया है कि "स्त्रीधन" को आपात्कालीन परिस्थिति में प्रयुक्त करने के उपरान्त इसे प्रत्यावर्तित करना कोई आवश्यक नहीं है। किन्तु कात्यायन के अनुसार वचनबद्धता की स्थिति में इसे प्रत्यावर्तित करना अपेक्षित है। यह भी उल्लेखनीय है कि प्रारम्भिक स्तरों पर "स्त्रीधन" में केवल चल सम्पत्ति ही अन्तर्हित थी, किन्तु शनैः शनैः इसमें अचल सम्पत्ति के अन्तर्भावित होने के व्यवस्थापना-परक साक्ष्य मिलने लगते हैं। सातवीं एवं आठवीं शताब्दी ईस्वी के स्मार्त व्यवस्थापकों ने इस महत्त्वपूर्ण पहलू को विवेचन का विषय बनाया कि अचल सम्पत्ति पर स्त्री का स्वास्य माना जा सकता है, अथवा नहीं। अधिकांश व्यवस्थापकों ने इसके प्रति अपनी असहमति व्यक्त की थी, तथा ऐसी स्थापना प्रस्तुत किया था कि "स्त्रीधन" में अचल सम्पत्ति की केवल अन्तर्भावना हो सकती है, उसके स्वाम्य का अधिकार स्त्री को नहीं मिल सकता है। पूर्व मध्यकाल के अन्तिम चरण के

विज्ञानेश्वर एवं जीमूतवाहन जैसे विश्रुत स्मार्त व्यवस्थापकों ने "स्त्रीधन" की अन्य संक्रामिता के सन्दर्भ में परस्पर भिन्न व्यवस्थापना को व्यक्त किया था। विज्ञानेश्वर के अनुसार आपात्कालीन परिस्थितियों में पति ऐसे धन का प्रयोग-विनियोग कर सकता था कि जिसे हर हालत में प्रत्यावर्तित करना आवश्यक है, यद्यपि इसके प्रयोग विनियोग के लिए उसे अपनी पत्नी की पूर्वानुमति मिल चुकी हो किन्तु जीमूतवाहन की व्यवस्थापना के अनुसार स्त्रीधन के सभी अंश, भले ही उनका सम्बन्ध स्त्री द्वारा तकनीकी कला से अर्जित धन से हो अथवा उस धन से हो जो उसे विवाह के अवसर पर अपरिचितों से मिला होता है, पति नियन्त्रण क्षेत्र में आता है। उसे वह बिना पत्नी की पूर्वानुमति के अनापत्काल में ला सकता है, तथा इसे प्रत्यावर्तित करने के लिए उसे बाध्य नहीं किया जा सकता है। जहाँ तक स्त्रीधन के उत्तराधिकार का प्रश्न है, प्रारम्भ से इसके न्यागमन की व्यवस्था पुत्रियों के लिए की गई थी। गौतम जैसे प्रारम्भिक धर्मसूत्रकार ने ऐसी व्यवस्थापना किया था कि स्त्रीधन का न्यागमन पहले पुत्रियों के लिए होता है, पुत्रियों में भी अविवाहिता पुत्रियों को वरीयता दी जाती है, तथा विवाहिता पुत्रियों में भी साधन सम्पन्न पुत्रियों की अपेक्षा अनाश्रितों को वरीयता दी जाती है। मनु की व्यवस्थापना में इस बात पर बल दिया गया है कि स्त्रीधन का बराबर-बराबर बँटवारा पुत्रियों और पुत्रों में होता है। सन्तानविहीनता की स्थिति में मृत स्त्री का "स्त्रीधन" का न्यागमन पति को होता है, किन्तु उसी स्थिति में जब कि उसका विवाह प्रथम पाँच विधियों के अनुसार सम्पन्न हुआ हो। अन्यथा अन्तिम तीन विधियों के अनुसार सम्पन्न होने की स्थिति में ऐसे स्त्रीधन का न्यागमन माता-पिता को होता है। मनु के उपरान्त याज्ञवल्क्य, विष्णु एवं नारद जैसे स्मृतिकारों ने पुत्री के साम्पत्तिक अधिकार पर अपेक्षाकृत अधिक वदान्य नीति प्रदर्शित करते हुए ऐसी स्थापना किया कि पुत्री "स्त्रीधन" की एकमात्र उत्तराधिकारिणी है। पुत्री के अभाव में इसका न्यागमन पुत्री की सन्तानों को होता है, तथा उनके अभाव में इसका प्रत्यावर्तन उद्गम स्रोत को होता है। अवान्तरकालीन पूर्वमध्य-युग के स्मार्त व्यवस्थापकों के एक वर्ग (दायभाग) ने "स्त्रीधन" को पुत्र एवं पुत्री में विभाजित करने की व्यवस्था किया, किन्तु दूसरे वर्ग ने इसके न्यागमन एवं उत्तराधिकार का आधार स्त्रीधन के प्रकार को निश्चित किया। इस प्रकार, यदि सभी व्यवस्थापकों की अवधारणाओं का समवेत रूप में परिशीलन किया जाए तो प्रतीत होगा कि प्रत्येक युग ने "स्त्रीधन" के सन्दर्भ में संकुचीकरण, सीमाबद्धता एवं आयाम-विस्तार का अनुभव किया था।

जहाँ तक पुत्री के सामान्य साम्पत्तिक अधिकार का प्रश्न है, प्राचीन एवं पूर्वमध्यकालीन स्मार्त व्यवस्थापकों ने सभ्रातृक एवं भ्रातृ-विहीन पुत्री की दृष्टि से इस पहलू को विमर्शित करने का प्रयास किया है। प्रारम्भिक व्यवस्थापकों ने ऐसी स्थापना किया है कि यदि पिता के परलोकगामी होने के स्तर पर कोई पुत्री अविवाहिता स्थिति में है, तो उसके भरण-पोषण की व्यवस्था दिवंगत पिता की सम्पत्ति से होनी चाहिए। ऐसी भी व्यवस्थापना की गई कि यदि इस कार्य के सम्पादनार्थ पैतृक सम्पत्ति नहीं है, तो ऐसी स्थिति में भाइयों की परिसम्पत्ति के आवश्यक अंश से अविवाहिता पुत्री का विवाह सम्पन्न होना चाहिए। सम्भवतः पारिस्थितिक आरोह-अवरोह की विशिष्टता का आकलन करने के उपरान्त मनु तथा अन्य स्मृतिकारों ने भाइयों के लिए ऐसी अनिवार्यता का उद्घोष किया है, जिसके अनुसार प्रत्येक भाई को अपनी सम्पत्ति का चतुर्थांश बहन के विवाह में व्यय करना चाहिए। पूर्वमध्यकाल के व्यवस्थापकों ने भी लगभग इसकी समस्तरीय स्थापना का उद्घोष किया है। देवल की स्थापना के अनुसार अविवाहिता कन्या के विवाह-सम्पादनार्थ पैतृक सम्पत्ति का अंश व्यय करना चाहिए। असहाय एवं मेधातिथि की व्यवस्थापनाओं में लगभग मनु की व्यवस्थापना की अनुकृति मिलती है। इनके अनुसार दिवंगत पिता की सम्पत्ति का तीन चौथाई अंश पुत्र को मिलना चाहिए, तथा चौथाई अंश पर पुत्री के अधिकार की वैधता रहती है। विश्वरूप ने व्यवस्थापना किया है कि यदि पिता ने पुत्री के विवाह के लिए साम्पत्तिक अंश की पृथक् व्यवस्था न किया हो, तो ऐसी स्थिति में उस पुत्री के भाइयों को इसके लिए अपने साम्पत्तिक अंश का चतुर्थांश व्यय करना चाहिए। भारूचि की व्यवस्थापना के अनुसार अविवाहिता कन्या के विवाहार्थ सम्पत्ति के अंश को सीमाबद्ध नहीं करना चाहिए, अपितु इसके लिए जितना अपेक्षित हो उतना व्यय करना चाहिए। लगभग इसी व्यवस्थापना का उद्घोष विज्ञानेश्वर ने भी किया है, इसके लिए "चतुर्थांश" व्यवस्था को शब्दशः ग्रहण करना अपेक्षित नहीं है। जीमूतवाहन की व्यवस्थापना के अनुसार यदि पैतृक सम्पत्ति की सीमा संकुचित है, तो ऐसी स्थिति में अविवाहिता कन्या को "चतुर्थांश" मिलना चाहिए, अन्यथा विस्तृत होने की स्थिति में वह उतने अंश की अधिकारिणी है, जितना विवाह के व्ययार्थ अपेक्षित है। इन सभी व्यवस्थापनाओं को यदि समवेत रूप में समीक्षित किया जाए तो ऐसा प्रतीत होगा कि सभ्रातृक कन्या को पैतृक सम्पत्ति के अंश पर उतनी सीमा तक अधिकार माना गया था, जितना उसके विवाह के व्ययार्थ आवश्यक था। इसको अधिकांश व्यवस्थापकों ने चतुर्थांश तक

सीमाबद्ध किया था, किन्तु कुछ एक व्यवस्थापकों ने इसे नियत अथवा सीमित करना उचित नहीं समझा था। सन्दर्भित व्यवस्थापनाओं से ऐसा भी प्रतिभासित होता है कि सभ्रातृक कन्याओं को केवल विवाह-सम्पादनार्थ सम्बन्ध अथवा निर्बन्ध साम्पत्तिक अंश मिलता था, अन्यथा सामान्य दृष्टि से कुलान्तर में पैतृक सम्पत्ति की संक्रामिता के भय के कारण इसमें पुत्री के अंशाधिकार की मान्यता नहीं दी गई थी। जहाँ तक भ्रातृ-विहीन पुत्री का सम्बन्ध है, प्रारम्भिक व्यवस्थापकों ने ऐसा प्रतिष्ठापित किया कि "पुत्रिका" के रूप में पुत्री पुत्र के समान है, अतएव दिवंगत पिता की सम्पत्ति की वैध उत्तराधिकारिणी भी है। ऐसे प्रारम्भिक व्यवस्थापकों में धर्मसूत्रकार आपस्तम्ब का उल्लेख सविशेष किया जा सकता है जिन्होंने "पुत्रिका" को पिता की सम्पत्ति की वैध उत्तराधिकारिणी घोषित किया है, यद्यपि इनकी व्यवस्थापन में सुस्पष्ट पक्षधरता की प्रवृत्ति नहीं दिखाई देती है। मनु ने अपनी व्यवस्थापना में इस बात पर बल दिया कि भ्रातृ-विहीन कन्या पैतृक सम्पत्ति की सम्बन्धित सपिंडों की अपेक्षाकृत अधिक वरीय उत्तराधिकारिणी होती है। मनु के उत्तरवर्ती याज्ञवल्क्य, बृहस्पति एवं नारद जैसे स्मृतिकारों ने भ्रातृ-विहीन कन्या का सशक्त अधिवाचन करते हुए, ऐसी स्थापना किया कि विधवा के उपरान्त वह पिता की सम्पत्ति की उत्तराधिकारिणी उसी हद तक हो सकती है, जितना कि एक पुत्र का होना चाहिए। इसी सन्दर्भ में कात्यायन जैसे स्मृतिकार ने ऐसी व्यवस्थापना किया कि पिता की सम्पत्ति में भ्रातृ-विहीन अविवाहिता पुत्री को विवाहिता पुत्री की अपेक्षा अधिक वरीयता मिलनी चाहिए। आगे चलकर विज्ञानेश्वर ने भ्रातृ-विहीन कन्या को पैतृक सम्पत्ति की निर्द्वन्द्व उत्तराधिकारिणी घोषित किया, तथा इसके साथ-ही-साथ अविवाहिता को विवाहिता की अपेक्षा वरीयता दिया, अनाश्रिता विवाहिता को साधन-सम्पन्ना की अपेक्षा वरीयता दिया। जीमूतवाहन एवं देवण भट्ट जैसे उत्तराकालीन व्यवस्थापकों के अनुसार यदि कोई भ्रातृविहीन पुत्री बन्ध्या है, तो वह पैतृक सम्पत्ति की वैध उत्तराधिकारिणी नहीं मानी जा सकती है, क्योंकि ऐसी स्थिति में परलोकगामी पिता की पिंडोदकक्रिया की सम्भावना धूमिल बन जाती है। इस प्रकार सामान्यतया यही व्यवस्थापित किया गया था कि भ्रातृ-विहीन पुत्री यदि पुत्रवती है तो पिता की सम्पत्ति का उत्तराधिकार उसे मिल सकता है। युगानुकूल पारिस्थितिक प्रवृत्तियों की प्रेरणा में स्मार्त व्यवस्थापकों ने अपनी अवधारणाओं में फेर-बदल अवश्य किया था, किन्तु सामान्यतया पैतृक सम्पत्ति में भ्रातृ-विहीन पुत्री के अधिकार को मान्यता प्रदान की गई थी।

जहाँ तक विधवा का प्रश्न है, प्रारम्भिक व्यवस्थापकों ने उसे मृत पति की सम्पत्ति के उत्तराधिकार की मान्यता नहीं प्रदान किया था। अधिकांश धर्मसूत्रकारों की व्यवस्थापना में इसी आशय के संकेतक साक्ष्य मिलते हैं। यहाँ तक कि कौटिल्य के अर्थशास्त्र में भी समस्तरीय व्यवस्थापना पर बल दिया गया है। इन व्यवस्थापकों ने विधवा के लिए केवल भरण-पोषण के लिए प्रदेश्य किया है, जिसे वह मृत व्यक्ति के सम्पत्ति के अंश से प्राप्त कर सकती थी। इस सन्दर्भ में केवल गौतम ही ऐसे धर्मसूत्रकार थे, जिनकी शालीन व्यवस्थापना के अनुसार विधवा मृत पति के सपिंड व्यक्तियों के साथ सम्बन्धित सम्पत्ति की सह-उत्तराधिकारिणी बन सकती थी। इसी बीच नियोग-प्रथा की विरोधात्मक प्रवृत्तियों का प्रादुर्भाव हुआ, तथा व्यवस्थापकों के एक वर्ग ने अनैतिक सिद्ध करने के अतिरिक्त पारिवारिक सन्तुलन के लिए घातक घोषित किया। अल्पतः इन विरोधात्मक प्रवृत्तियों का पूर्वाभास बौधायन, आपस्तम्ब एवं मनु की व्यवस्थापनाओं में मिलने लगा था, किन्तु अनल्पतः इसके सुस्पष्ट निदर्शन प्रथम शताब्दी ईस्वी से मिलने लगते हैं। अनुवर्ती व्यवस्थापनाओं पर उक्त अवधारणा ने स्वीकृति-परक एवं प्रतिक्रिया-परक, दोनों ही रूपों में प्रभावित किया। व्यवस्थापकों के दो वर्ग सामने आए। याज्ञवल्क्य, विष्णु और बृहस्पति जैसे प्रथम वर्ग के व्यवस्थापकों ने ऐसा अधिवाचित किया कि पुत्र-विहीनता की स्थिति में पति के दिवंगत होने पर पति की सम्पत्ति पर विधवा पत्नी का उत्तराधिकार बनता है। वैदिक एवं स्मार्त सन्दर्भों की प्रामाणिकता प्रस्तुत करते हुए ऐसा भी अधिवाचित किया गया कि पारिवारिक सम्पत्ति पर पति एवं पत्नी, दोनों का ही संयुक्त रूप में अधिकार होता है, अतएव एक के अभाव में दूसरा ऐसी सम्पत्ति का पृथक् रूप में वैध अधिकारी है। इसी वर्ग में सम्मिलित वृद्ध मनु जैसे व्यवस्थापक ने घोषित किया कि विधवा पत्नी अपने पति की सम्पत्ति इसलिए उत्तराधिकार में प्राप्त कर सकती है, क्योंकि वह अपने पति के लिए पिंडोदकक्रिया सम्पन्न करती है। इसी वर्ग में सम्मिलित प्रजापति ने घोषित किया कि परिवार के अन्य वरिष्ठ पुरुष एवं स्त्री सदस्यों के बावजूद मृत व्यक्ति की विधवा पत्नी को अचल एवं सचल दोनों ही प्रकार की सम्पत्ति उत्तराधिकार में प्राप्त होती है। दूसरे वर्ग के व्यवस्थापकों में पहले क्रम पर नारद को रखा जा सकता है। नारद ने ऐसी सशक्त अधिवाचना किया है कि यदि कोई व्यक्ति पुत्रविहीनता की स्थिति में दिवंगत होता है, अथवा संन्यासी बन जाता है तो ऐसी स्थिति में "स्त्रीधन" को छोड़कर “जो विधवा पत्नी को ही मिल सकता है।" उस व्यक्ति की सम्पत्ति (पुत्र एवं पुत्री) के अभाव में उसी

कुल के किसी अन्य व्यक्ति अथवा सवर्ण व्यक्ति एवं राजा को अनुक्रमिक रूप में मिलती है। इस वर्ग के दूसरे व्यवस्थापक कात्यायन हैं, जिन्होंने मृत व्यक्ति की सम्पत्ति के उत्तराधिकारियों में उसकी विधवा पत्नी को अभिसूचित किया नहीं है। इनके अनुसार ऐसे पुत्र विहीन मृत व्यक्ति की सम्पत्ति का न्यागमन अनुक्रमत: उसके पिता, भ्राता, माता तथा अन्तत: पितामही को होता है। किन्तु इसके साथ ही इन्होंने ऐसी भी व्यवस्थापना किया है, जिसके अनुसार वह विधवा जिसने परिवार के वरिष्ठ व्यक्तियों के साथ शुचिता एवं आज्ञा-परकता का व्यवहार किया है, मृत पति की सम्पत्ति की उत्तराधिकारिणी बन सकती है। उक्त दोनों अवधारणाओं के अतिरिक्त, एक तीसरे प्रकार की प्रदेशात्मक अवधारणा सम्भावित मान्यता की विषय बन रही थी। इसके अनुसार तीन वैकल्पिक स्थितियाँ प्रस्तावित की गई थीं, जो इस प्रकार हैं : यह तो विधवा को मृत व्यक्ति के सम्पत्ति की एक निश्चित धनराशि उत्तराधिकृत की जाती थी, अथवा उसे मृत व्यक्ति की चल सम्पत्ति का उत्तराधिकार दिया जाता था, अथवा उसे मृत व्यक्ति के भाइयों के अभाव में अस्थगित उत्तराधिकारिणी मान लिया जाता था। पूर्वमध्यकाल के प्रथम स्तर पर विधवा के साम्पत्तिक उत्तराधिकार की स्थिति काफी अवनमित स्थिति को पहुँच जाती थी। देवल की सूची में विधवा उत्तराधिकारिणी का उल्लेख नहीं मिलता है। मेधातिथि ने उसे केवल भरण-पोषण का अधिकार दिया है। विश्वरूप ने पुत्र-विहीन विधवा को साम्पत्तिक उत्तराधिकार की मान्यता उसी स्थिति में दिया है, जब कि वह पति की मृत्यु के अवसर पर गर्भवती हो अथवा जब कि वह नियोग के लिए सहमत हो। समस्तरीय व्यवस्थापना स्मृति संग्रहकार ने प्रस्तुत किया है। पूर्वमध्यकाल के द्वितीय स्तर पर विधवा के साम्पत्तिक उत्तराधिकार की दिशा में सुधारवादी पुनर्व्यवस्थापना के तत्त्व दृष्टिगोचर होने लगते हैं। विज्ञानेश्वर ने ऐसा घोषित किया कि यदि विधवा शुचिता सम्मित जीवन-यापन कर रही है, तथा यदि उसका पति मृत्यु के पूर्व ही सम्मिलित परिवार से असम्पृक्त हो चुका है, तो ऐसी स्थिति में वह मृत पति की अशेष सम्पत्ति का उत्तराधिकार प्राप्त कर सकती है। यहाँ तक कि चर्चित व्यवस्थापक ने "स्त्रीधन" को भी उत्तराधिकार-द्योतक सम्पत्ति में सम्मिलित कर लिया अपेक्षाकृत अधिक उदारता की संज्ञापक एवं पुरातन मान्यता की समुद्धेलक व्यवस्थापना के सम्प्रवर्त्तक जीमूतवाहन सिद्ध हुए। इनके अनुसार पति की सम्पत्ति पर पत्नी का जो वर्चस्व विवाह के अवसर पर बनता है, उसकी क्रियाशीलता को पति के मृत्यूपरान्त बाधित करने का अधिकार किसी भी सत्ता को नहीं है। उसका

पति अपनी मृत्यु के समय सम्मिलित परिवार से पृथक् हुआ हो अथवा नहीं, ऐसी अवधारणा को इन्होंने कोई भी स्थान नहीं दिया है। इन व्यवस्थापकों ने विधवा द्वारा उत्तराधिकृत सम्पत्ति की अन्य संक्रामिता के प्रश्न पर विचार किया है। पूर्वकालीन व्यवस्थापकों ने विधवा को इसका पूरा अधिकार दिया था, किन्तु बृहस्पति, कात्यायन एवं जीमूतवाहन जैसे व्यवस्थापक इसके पक्ष में नहीं थे। अल्पसंख्यक ऐसे भी उत्तरकालीन व्यवस्थापक थे, जिन्होंने विधवा को ऐसे अधिकार को अवश्य मान्यता प्रदान की थी। जिसके अनुसार वह सचल सम्पत्ति को धार्मिक अनुदान के लिए अन्यसंक्रामिता की अधिकारिणी थी अथवा पति के भाइयों एवं अन्य सम्बन्धियों की अनुमति से ऐसा करना प्रदेश्य माना गया था।

आलोचित कालावधि के व्यवस्थापकों ने माता के साम्पत्तिक अधिकार के सन्दर्भ में अपनी व्यवस्थापनाओं को प्रस्तुत किया है। मनु की व्यवस्थापना के अनुसार यदि कोई पुत्र सन्तति-विहीनता की स्थिति में दिवंगत होता है, तो उसकी सम्पत्ति की अधिकारिणी उस पुत्र की माता बनती है। ऐसी माता के अभाव में चर्चित सम्पत्ति का न्यागमन उस पुत्र की पितामही को होता है। मनु की उक्त व्यवस्थापना को भाषित करते हुए कुल्लूक भट्ट ने ऐसा घोषित किया है कि सम्बन्धित माता को उसी स्थिति में यह उत्तराधिकार मिलता है, जब कि मृत पुत्र की विधवा एवं उसकी पुत्रियाँ न हों। याज्ञवल्क्य ने ऐसी माता की उत्तराधिकारिता को अनुक्रमतः पुत्री के उपरान्त रखा है। बृहस्पति ने उसका क्रम सम्बन्धित पत्नी एवं पुरुष सन्तति के बाद माना है। विष्णु के अनुसार उसे पुरुष सन्ततियों, विधवा और पुत्री के बाद रखा है। विश्वरूप एवं विज्ञानेश्वर ने ऐसे साम्पत्तिक उत्तराधिकार में सम्बन्धित माता को वरीयता प्रदान किया है। जीमूतवाहन एवं देवण भट्ट ने ऐसे सन्दर्भ में माता की अपेक्षा पिता को अधिकृत दावेदार माना है। कुल्लूक भट्ट की व्यवस्थापना के अनुसार ऐसी सम्पत्ति पर माता एवं पिता संयुक्त रूप में उत्तराधिकारी होते हैं। इन व्यवस्थापकों की घोषणाओं से यह भी सुव्यक्त हो जाता है कि पारिवारिक सम्पत्ति पर पितामही का उत्तराधिकार भी वैध माना गया था किन्तु व्यवहारतः उसका क्रम कभी आता था अथवा नहीं, यह सन्दिग्ध है। यह सन्दिग्धता इस दृष्टि से भी सुपुष्ट हो जाती है, क्योंकि अनुक्रमतः वह अन्य अनेक उत्तराधिकारियों के उपरान्त अभिसूचित थी।

उपसंहार-विषयक प्रस्तुत परिच्छेद के समापनविन्दु के पूर्व ऐसी सहज जिज्ञासा प्रस्तावित की जा सकती है कि आलोचित कालावधि से सम्बन्धित

साक्ष्य स्त्रियों के साम्पत्तिक अधिकार के विकास के प्रश्न का समाधान किस सीमा तक कर पाते हैं? विगत परिच्छेदों में चर्चित तथ्यों से इतना तो अवश्य अभिव्यक्त हो जाता है कि युग-युगान्त में इसमें बदलाव के तत्त्व अवश्य क्रियाशील रहे हैं। राजनीतिक उथल-पुथल, सामाजिक सुधारों की उन्नायक प्रवृत्तियाँ, वर्णाश्रम धर्म नियमक संघटक, जातियों एवं प्रजातियों की सुसम अथवा विषम मान्यताएँ, विजातियों के आक्रमण एवं संक्रमण, स्त्री-शिक्षा का उन्नमन अथवा अवनमन जैसे अनेक तत्त्वों की प्रेरणा में इसके स्वरूप का निर्धारण एवं नियमन होता रहा है। विभिन्न समय-सापेक्ष स्तरों से प्रतीत होता है कि स्त्री के साम्पत्तिक अधिकार आयामक के विस्तारार्थ अनुकूल परिस्थितियाँ अवश्य थीं। विभिन्न व्यवस्थापकों की मान्यताओं में यदि मूलभूत एकरूपता दिखाई देती है, तो अनेकशः इनमें मान्यता-विषयक विषमताएँ भी दिखाई देती हैं। सम्भवतः इसका कारण क्षेत्रीय प्रथाओं का प्रभाव ही माना जा सकता है। ऐसा सुस्पष्ट हो जाता है कि उत्तर भारत की अपेक्षा दक्षिण भारत में व्यवस्थापक स्त्री के साम्पत्तिक उत्तराधिकार के सन्दर्भ में अपेक्षाकृत अधिक वदान्य प्रतीत होते हैं। उदाहरण के लिए गौतम विधवा को सपिंडों के साथ-साथ एवं उन्हीं के समान मृत पति की सम्पत्ति का स्वाम्य घोषित किया था। इसी वदान्य विचारधारा की अभिव्यक्ति याज्ञवल्क्य की व्यवस्थापना में दिखाई देती है। विज्ञानेश्वर ने मृत पति की सम्पत्ति पर उसकी विधवा पत्नी का निर्वाचित अधिकार घोषित करते हुए इसमें स्त्रीधन को भी अन्तर्हित किया। ऐसी सम्भावना प्रस्तावित की गई है कि पूर्व मध्यकाल के अन्तिम स्तर में स्त्री के साम्पत्तिक अधिकार के आयाम में जो बढ़ोतरी हुई, इसे इस्लामी धर्म प्रचलित "मेहर" की प्रथा से प्रेरणा मिली थी। ऐसी अवधारणा में आकर्षण अवश्य दिखाई देता है, किन्तु इसे वस्तुनिष्ठता के सन्निकर्ष में रखने में कठिनाई दिखाई देती है। वस्तुतः पारिस्थितिक परिवेश की प्रेरणा प्रत्येक देश और संस्कृति की मूलतया समस्तरीय ताना-बाना को समक्षीकृत करती है। ऐसी स्थिति में दोनों में अनुकृत एवं अनुकारी सम्बन्ध स्थापित करना ऐतिहासिक मापदंडों के साथ अन्याय करना होगा। प्राचीन विश्व की संस्कृतियों के तत्त्वों में ऐसी मूलभूत समानताएँ अनेकधा दृष्टिगोचर होती हैं। उदाहरण के लिए प्राचीन बेबीलोन में शुल्क-देय विवाहविधि प्रचलित थी। परिणीता कन्या को वर की ओर से शुल्क से सम्बन्धित जो धनराशि मिलती थी, उस पर कन्या का अधिकार माना जाता था। प्राचीन मिस्र में सम्पत्ति पर स्त्री का अधिकार माना जाता था, तथा अनुक्रमतः इसका न्यागमन पुत्री को होता था। मनु की सुविदित घोषणा "स्त्री

स्वतन्त्र्यम् नार्हति" की समस्तरीय मान्यता प्राचीन यूनानी विचारधारा में दिखाई देती है, जिसके अनुसार स्त्री को किसी स्थिति में भी स्वतन्त्र नहीं रहने देना चाहिए। यदि उसका पिता जीवित नहीं है, तो ऐसी स्थिति में उसका निकटतम सम्बन्धी पुरुष उसकी रक्षा करता है। ऐसा व्यक्ति विवाह-पर्यन्त उसकी रक्षा करता रहता है। विवाहोपरान्त उसकी रक्षा उसका पति करता है। पति की मृत्यु के उपरान्त उसके विधवा होने की स्थिति में उसकी रक्षा पुत्र करता है। प्राचीन रोमन संस्कृति स्त्री में के साम्पत्तिक अधिकार के दो स्तर दिखाई देते हैं। पहले स्तर पर स्त्री को जो कुछ सम्पत्ति उसके विवाह के अवसर पर मिलती थी, अथवा जो कुछ सम्पत्ति वह विवाहोपरान्त अर्जित करती थी, उस पर उसके पति का पूर्ण वर्चस्व रहता था। किन्तु दूसरे स्तर पर पति के नियन्त्रण से पत्नी की सम्पित्त को मुक्त कर दिया गया था। उस सम्पत्ति पर स्वतन्त्र रूप से पत्नी का ही स्वाम्य रहता था। इन उदाहरणों से यह स्पष्ट है कि पत्नी के साम्पत्तिक अधिकार के जो कुछ प्रमाण प्राचीन हिन्दू सामाजिक व्यवस्था में मिलते हैं, उनकी कहीं-कहीं समानता अन्य संस्कृतियों के समानता की कोटि में रखी जा सकती है। विश्वसनीय साक्ष्यों के अभाव में इसे किसी अन्य संस्कृति से प्रभावित नहीं माना जा सकता है। अतएव ऐसी स्थिति में यही निष्कर्ष निकलता है कि पूर्वमध्यकाल में स्त्री के साम्पत्तिक अधिकार के आयाम में जो विस्तार हुआ, उसकी पृष्ठभूमि में दैशिक अथवा क्षेत्रीय मान्यताओं की क्रियाशीलता को ही स्वीकार किया जा सकता है।

जहाँ तक स्त्री के साम्पत्तिक अधिकार से सम्बन्धित भारतीय मान्यता के विकास की मौलिक समस्या का प्रश्न है, इस सन्दर्भ में यह ध्यातव्य है कि सामाजिक प्रतिमान एवं तत्सम्पृक्त संस्मरणशीलता सुदीर्घकालीन समयावधि की अपेक्षा रखती है। यद्यपि विगत अनुच्छेदों में प्रायः वेदोत्तरकालीन स्तर से लेकर लगभग 1200 ईस्वी तक की स्थिति को समीक्षित करने का प्रयास किया गया है, तथापि यह निर्विवाद रूप में स्पष्ट हो जाता है कि वेदोत्तरकालीन परिस्थितियों में जिन मान्यताओं का विकास हुआ था, वे सर्वथा वैदिक काल की मान्यताओं से सर्वथा पृथक् नहीं मानी जा सकती हैं। यह सही है कि वैदिक काल में स्त्री हर प्रकार से पति की सहचरी अथवा सहधर्मिणी मानी जाती थी, अतएव ऐसी स्थिति में आर्थिक स्तर पर उसकी स्वतन्त्र स्थिति नहीं थी, और इस प्रकार उसके साम्पत्तिक अधिकारों को परिकल्पित भी नहीं किया गया था। किन्तु वैदिक कालीन उक्त सामान्य स्थिति के कुछ एक अपवाद भी थे, जिसके परिणाम में स्त्रियों के साम्पत्तिक अधिकारों की आवश्यकता का अनुभव किया

गया। इसके परिणाम में स्मार्त व्यवस्थापनाएँ प्रकाश में आईं, जिनमें ऐसे अधिकारों के स्वरूप का विवेचन किया गया तथा इनसे सम्बन्धित नियमों एवं प्रायोजनों की व्यवस्था की गई। वस्तुतः इनका पूर्वाभास वैदिक ग्रन्थों में कहीं-कहीं अवश्य मिलता है। जैसा कि परिच्छेदान्तर में प्रसंगित किया गया है ऐसे सन्दर्भों में ऋग्वेद का विवाह-सूक्त सर्वाधिक महत्त्वपूर्ण माना जाता है, जिसकी पुनरावृत्ति मैत्रायणीयसंहिता, काठक-संहिता तथा तैत्तिरीय ब्राह्मण जैसी उत्तर वैदिक काल की रचनाओं में भी हुई है। चर्चित सूक्त में "सूर्याः वहतुः" शब्द का तात्पर्य नवोढा वधू को मिलनेवाले उपहारों से माना गया है। ऐसे उपहारों को पत्नी की उस विशेष सम्पत्ति का पुरोगामी मानने में कोई हानि नहीं दिखाई देती है, जिसे उत्तरकालीन स्तरों पर स्त्रीधन की संज्ञा प्रदान की गई। इसी प्रकार तैत्तिरीय संहिता में "पारीणह्य" शब्द का प्रयोग हुआ है, जिसका "स्वाम्य-सम्बन्ध" पत्नी से माना गया है। इस सन्दर्भ में जैमिनी एवं शबरस्वामिन् के भाष्यों के आधार पर यह कहा जा सकता है कि वैदिक काल में स्त्रियों को कुछ व्यक्तिगत सम्पत्ति रखने का अधिकार मिला था। चर्चित परिच्छेद में यह भी दिखाने का प्रयास किया गया है कि भारतीय वैदिक समाज को सर्वांशतः विश्व की अन्य प्राचीन पितृसत्तात्मक संस्कृतियों का समस्तरीय नहीं माना जा सकता है। इसे केवल आपाततः पितृसत्तात्मक मान सकते हैं, अभिव्यक्तः यह मातृसत्तोन्मुख पितृसत्तात्मक समाज था। इसमें दम्पति एवं दाम्पत्य-जीवन की प्रधानता थी, जिसकी धुरी मातृप्रधान थी, तथा जिसकी विस्तारक परिधि की क्रियाशीलता पितृसत्ता पर आधारित थी। प्रस्तुत शोध-प्रबन्ध में यह भी दिखाया जा चुका है कि स्त्रियों के सन्दर्भ में साम्पत्य अधिकार एक ऐसा रोचक किन्तु संश्लिष्ट विषय है, जिसके लिए वैदिक ग्रन्थों में एकार्थ-बोधक सूचना नहीं मिलती। उदाहरण के लिए तैत्तिरीय संहिता के एक प्रसंग में कहा गया है कि स्त्रियाँ किसी भी स्थिति में सम्पत्ति की उत्तराधिकारिणी नहीं बन सकती हैं, किन्तु जैसा कि प्रस्तुत अनुच्छेद में ऊपर यह दिखाया जा चुका है कि इसी संहिता में प्रसंगित "पारिणह्य" शब्द "स्त्रीधन" का प्राक्तन रूप प्रतीत होता है, जिस पर स्त्री का पूर्ण वर्चस्व माना जाता था। परिच्छेदान्तर में यह भी दिखाया जा चुका है कि स्त्री के साम्पत्तिक अधिकारों की जो कुछ उसके कुछ एक महत्त्वपूर्ण निदर्शन वैदिक वाङ्मय में, विशेषतया ऋग्वेद में प्राप्त होते हैं। वैदिक वाङ्मय की मूल रचना ऋग्वेद संहिता है, जिसका आयाम अतीव विस्तृत है। इसमें ऐसे भी आर्ष स्थल समावेशित हैं, जो आर्यों की उस मान्यता का परिचय प्रस्तुत करते हैं जब कि उनका संक्रमण भारत में नहीं हुआ था।

ऐसे स्थल क्या वस्तुतः भारतीय समाज की रूप रेखा प्रस्तुत करते हैं, इसमें सन्देह है। ऐसी सम्भावना की जा सकती है कि इन आर्ष तत्त्वों का टकराव उन तत्त्वों के साथ हुआ था, जिनका उद्भव एवं उन्नयन भारतीय परिवेश में हुआ था। इस विशेषता के कारण कभी-कभी ऐसे ऋग्वेद की स्थलों की अभिव्यंजना स्पष्ट नहीं हो पाती। ऐसे स्थलों की जैसी व्याख्या निरुक्त अथवा स्मार्त ग्रन्थों में हुई है, उसका सम्बन्ध ऋग्वैदिक समाज से स्थापित करने में कठिनाई प्रतीत होती है। यह भी दिखाया जा चुका है कि विवेच्य विषय के अनुशीलन की दृष्टि से पूरे वैदिक वाङ्मय में तीन विशेष पक्ष निःसृत मिलते हैं। इनमें पहला है सामरिक पक्ष, जिससे प्रतिभासित पक्ष पितृप्रधान है, जिसमें स्त्रियों के योगदान का प्रश्न ही नहीं उठता है, तथा परिणामतः इनमें स्त्रियों की अवनमित स्थिति अंकित हुई है। ऐसे परिवेश में उनके साम्पत्तिक अधिकारों की तो बात ही दूर रही, वे स्वयं सम्पत्ति मानी जाती थीं, तथा इनके क्रय-विक्रय की क्रिया सम्पन्न होती थी। दूसरा है आनुष्ठानिक पक्ष, जो अल्पविकसिकत एवं अतिविकसित रूप में पूरे वैदिक युग से सम्बन्धित है, जब कि ऐसी अवधारणा का प्रकाशन हुआ कि याज्ञिक क्रियाएँ उसी स्थिति में पूर्ण मानी जाती हैं, जब कि इसमें पत्नी का साहचर्य रहे। इसी परिवेश में आपाततः एवं अभिव्यक्ततः स्त्रियों के साम्पत्तिक अधिकारों को, कुछ एक विशेष परिस्थितियों में मान्यता प्रदान की गई। तीसरा है बौद्धिक पक्ष, जिसका स्वल्पांकन ऋग्वेद में, किन्तु सम्पूर्णांकन उपनिषदों में प्राप्त होता है। सम्बन्धित परिवेश में ब्रह्मवादिनी, मन्त्र-द्रष्ट्री अथवा मन्त्र रचना में कुशल कन्याओं के उल्लेखनीय उदाहरण उपालब्ध होते हैं, जिनकी समुन्नत स्थिति के विषय में सहज अनुमान लगाया जा सकता है। ऐसा कन्याओं को न केवल पुत्र-सम अथवा पुत्र-कल्प माना जाता था, प्रत्युत इन्हें पुत्र की ही मान्यता दी जाती थी। वस्तुतः वैदिक युग में स्त्रियों के साम्पत्तिक अधिकारों की मान्यता अथवा अमान्यता की पृष्ठभूमि में इसी पक्षत्रय की क्रियाशीलता विद्यमान थी। वैदिक युग के उपरान्त श्रौत परम्परा को स्मार्त-पौराणिक अथवा स्मार्त-महाकाव्यीय परम्परा में सन्निवेशित करने के लिए जो कुछ प्रयास किया जा रहा था, उनमें पारिस्थितिक संश्लेषों, संक्रमणों एवं आक्रमणों के कारण अवरोधक स्थिति बन चुकी थी। स्त्रियों की श्रदेय एवं सम्मानजनक स्थिति या तो पुरातनता की विषय बन चुकी थी अथवा उसमें केवल आदर्श के आवरणसापेक्षे लयन के लक्षण रह गए थे। स्त्रियों का बाल्यकाल में परिणय-बद्ध किया जाना, उनकी आध्यात्मिक एवं शैक्षणिक उपलब्धियों को उपेक्षित किया जाना, उनके जन्म की मांगलिकता को धूमिल

बनाया जाना तथा परिणामतः उनके अधिकारों के आयाम एवं परिसर को संकुचित, संकीर्ण एवं सीमित किया जाना, अंशतः उक्त सामाजिक उद्वेलन का परिणाम माना जा सकता है। इसके अतिरिक्त लगभग 200 ईसा पूर्व में कन्याओं को शिक्षा-सुअवसर से वंचित कर अल्पावस्था में उन्हें परिणय-बद्ध किया जाता था, उनकी सामान्य स्थिति अवनमित हो चुकी थी, तथा उनके धार्मिक प्राधिकार शनैः-शनैः तिरोभाविता की ओर अग्रसारित हो रहे थे। ऐसी स्थिति में अल्टेकर के ऐसे सुविचारित प्रस्ताव को स्वीकार करने में कोई हानि नहीं दिखाई देती है कि इन पारिस्थितिक प्रवृत्तियों का कन्या के साम्पत्तिक अधिकार पर प्रतिकूल प्रभाव पड़ा था। स्मार्त-पौराणिक अथवा स्मार्त-महाकाव्यीय परम्परा के उपरान्त स्त्रियों के साम्पत्तिक उत्तराधिकार के सन्दर्भ में उस विशेष स्तर का क्रम आता है, जिसकी अवधि 600 ईसा पूर्व से 100 ईस्वी तक मानी जाती है, तथा जिसमें धर्म-शास्त्रीय एवं अर्थशास्त्रीय परम्परा का प्रभाव परिलक्षित होता है। आलोचित कालावधि में पहली बार माता के साम्पत्तिक अधिकार की परिकल्पना की गई थी। पति की मृत्यु के उपरान्त उसी को पुत्रों की प्रतिरक्षिका के रूप में स्वीकार किया गया था, पैतृक सम्पत्ति को उसके नियन्त्रण-आयाम में अन्तर्हित किया गया था। ऐसी व्यवस्थापना प्रस्तुत की गई जिसके अनुसार जब तक माता और पिता दोनों ही जीवित हैं, पुत्र-गण पैतृक सम्पत्ति का आपस में बँटवारा नहीं कर सकते हैं। अर्थात् प्रकारान्तरतया विधवा होने की स्थिति में पति की सम्पत्ति पर पत्नी के ही अधिकार को मान्यता प्रदान की गई, तथा उसके दिवंगत होने पर ही पुत्र-गण पैतृक सम्पत्ति पर अपना दावा घोषित कर सकते हैं। ऐसा भी व्यवस्थापित किया गया कि पुत्र की सन्तान-विहीनता की स्थिति में दिवंगत होने पर उसकी सम्पत्ति की उत्तराधिकारिणी माता होती है, तथा माता के अभाव में उस पर पितामही का अधिकार बनता है। इस युग की एक महत्त्वपूर्ण विशेषता रही है कि इसमें धर्मशास्त्रीय एवं अर्थशास्त्रीय व्यवस्था में सामाजिक प्रथाओं को प्रामाणिक रूप में अन्तर्भूत किया गया तथा उन्हें संगृहीत कर (विधि) संहिता का रूप प्रदान किया है। इसमें सन्देह नहीं कि पूर्ववर्ती (विशेषतया वैदिक) युग की तुलना में आलोचित कालावधि ने स्त्रियों की सामान्य स्थिति के अवनमन का अनुभव किया, तथापि उसके साम्पत्तिक अधिकार के सन्दर्भ में उन्नमन के प्रमाण प्राप्त होते हैं। वैदिक युग के "परिणाह्य" की तुलना में इस युग के "स्त्रीधन" की अवधारणा के क्षेत्र में विस्तार हुआ। "पुत्रिका" की अवधारणा के सन्दर्भ में न केवल नैरन्तर्य के लक्षण मिलते हैं, अपितु इसके दृढ़ीकरण के प्रमाण भी उपलब्ध होते

हैं। कुछ एक व्यवस्थापकों ने "पुत्रिका" को न केवल भावी उत्तराधिकारी पुत्र की प्रतिरक्षिका ही घोषित किया, अपितु उसे पैतृक सम्पत्ति की उत्तराधिकारिणी के साथ-साथ पैतृक पिंडोदकक्रिया के लिए भी सक्षम घोषित किया। यद्यपि विधवा के सन्दर्भ में अनुदार विचार प्रकट किए गए हैं, तथापि नियोग के माध्यम से प्रकारान्तरतया उसके साम्पत्तिक अधिकार को पूर्ण मान्यता प्रदान की गई। सर्वाधिक उन्नमन के प्रमाण माता की स्थिति के सन्दर्भ में मिलते हैं। सामाजिक एवं पारिवारिक परिवेश में उसे न केवल सम्मानित स्थान ही मिला था, अपितु वह विधवा होने पर पुत्रों के साथ-ही-साथ पति की सम्पत्ति की प्रतिक्षिका भी बनी, तथा पुत्र-विहीन मृत पुत्र की सम्पत्ति को भी उसके अधिकृत किया गया। स्त्रियों के साम्पत्तिक उत्तराधिकार के विकास सन्दर्भ में जो चतुर्थ स्तर आता है, उसे अध्ययन की सुविधा की दृष्टि से क्लासिकी युग की संज्ञा प्रदान करते हैं, तथा इसका संवर्तनकाल लगभग द्वितीय शताब्दी ईस्वी से सातवीं शताब्दी ईस्वी तक माना जाता है। आलोचित कालावधि के व्यवस्थापकों ने स्त्रियों के साम्पत्तिक अधिकार के सन्दर्भ में पूर्ववर्ती व्यवस्थापकों की अपेक्षा अधिक वदान्य-नीति का परिचय प्रस्तुत किया। तत्कालीन कुछ एक रूढ़िवादी व्यवस्थापकों को छोड़कर, सामान्यतया इनकी प्रवृत्ति उदार है। इनकी व्यवस्थापनाओं से यह सुव्यक्त हो जाता है कि प्राचीन भारत में पहली बार पति की सम्पत्ति में पत्नी को पुत्रों के बराबर अंश मिलने लगा था। स्त्रीधन के आयाम में पहले की अपेक्षा अधिक विस्तार हुआ। इसमें पितृकुल से मिले हुए भेंट उपहार के अतिरिक्त पतिकुल से मिली हुई सम्पत्ति भी समाहित हुई, जिसमें विशेष परिस्थितियों की प्रेरणा में कभी-कभी अचल सम्पत्ति को भी समाहित किया गया। मूलतया इन व्यवस्थापनाओं का प्रस्तुतीकरण की अधिवाचनाओं में दिखाई देती है, जो दक्षिण भारत के निवासी थे। किन्तु शीघ्र ही इन्हें अन्य स्मृतिकारों की व्यवस्थापनाओं में अन्तर्भूत किया गया, जिसके आधार पर इनकी लोकप्रियता एवं प्रचलनशीलता का अनुमान लगाया जा सकता है। स्त्री के साम्पत्तिक अधिकार के विकास से सम्बन्धित अगला स्तर है पूर्वमध्यकाल। समीक्षण-सुविधा की दृष्टि से इसके दो स्तर माने जा सकते हैं, एक तो पूर्वमध्यकाल का प्रथम। स्तर, तथा दूसरा पूर्वमध्यकाल का दूसरा स्तर प्रथम स्तर की संवर्तन-अवधि लगभग सातवीं शताब्दी ईस्वी से 1000 ईस्वी तक मानी जा सकती है। सम्बन्धित व्यवस्थापनाओं के परीक्षणोपरान्त यही प्रतीत होता है कि आलोचित युग में स्त्री के साम्पत्तिक अधिकार की वास्तविक स्थिति क्या थी, इसके संकेतक परस्पर समस्तरीय साक्ष्य नहीं मिलते

हैं। यदि अधिकांश साक्ष्य इसके अवनमन का बोध कराते हैं तो स्वल्पांशत: ऐसे भी साक्ष्य हैं, जो उन्नमन का परिचय प्रस्तुत करते हैं। "प्राधान्येनैव व्यपदेशा: भवन्ति" जैसी उक्ति की संज्ञापना के अनुसार यह कह सकते हैं कि सामान्यतया अतीत युगों की अपेक्षा आलोचित अवान्तर युग में स्थिति ह्रासोन्मुखी बन बैठी थी। यद्यपि देवल जैसे उदारचेता स्मार्त व्यवस्थापक ने स्त्रीधन के आयाम को विस्ताररित करने का प्रयास किया था, तथापि आपात्कालीन एवं अन्य परिस्थितियों में ऐसे धन का प्रयोग कर सकता था। इस प्रकार "स्त्रीधन" भी स्त्री के पास सर्वथा सुरक्षित था, ऐसी सम्भावना के साथ प्रश्नवाचक चिह्न लग जाता है। इसी प्रकार पहले के विपरीत इस युग में "पुत्रिका" ही सम्पत्ति की वैध दावेदार बन सकती थी, सामान्य पुत्री नहीं, अपितु अपने भाइयों की सहभागिता में ही। इस प्रकार सामान्यतया विधवा को पति की सम्पत्ति का मिलना उसी स्थिति में सम्भव था, जब कि वह नियोग की शरण लेती थी। यह अधिकार भी वस्तुत: उसे नहीं मिलता था, अपितु इसके उत्तराधिकारी नियोग-जन्य पुत्र अथवा पुत्रिका ही होते थे। माता के साम्पत्तिक अधिकार को सुरक्षित करने का प्रयास केवल विश्वरूप ने किया है, अन्य व्यवस्थापकों ने इसे कहाँ तक मान्यता दी थी, इसके प्रमापक साक्ष्य नहीं मिलते हैं। पूर्वमध्यकाल के दूसरे स्तर की कालावधि लगभग 1000 ईस्वी से लेकर 1200 ईस्वी तक मानी जा सकती है। प्रस्तुत स्तर से सम्बन्धित साक्ष्यों की अनेकार्थता, परस्पर विरोधी तथा यदा-कदा संश्लिष्ट एवं क्लिष्ट व्यवस्थापना के कारण ऐतिह्य एवं यथातथ्य का सन्निदर्शक निश्चित निष्कर्ष नहीं निकल पाता, तथापि सामान्यतया इनसे यही प्रतिभासित होता है कि आलोचित कालावधि में स्त्रियों के साम्पत्तिक उत्तराधिकार के सन्दर्भ में कहीं पुरातनता की पुनरावृत्ति एवं कही-कहीं पारम्परिक सामाजिक धुरी को उद्वेलित करनेवाले परिवर्तन का अनुभव किया था। "स्त्रीधन" की संरूढ़ अतीतकालीन परिभाषा-आयाम को विस्तृत होने का सुयोग मिला। इसमें उत्तराधिकार में मिली हुई सम्पत्ति-सहित अन्य अनेक सम्पत्ति-सम्बोधक उपकरणों को अन्तर्हित किया गया। इस पर स्त्री के स्वाम्य एवं नियन्त्रण-क्षेत्र को विस्तार दिया गया, तथा अपेक्षाकृत पति के नियन्त्रण-क्षेत्र को संकुचित किया गया। पत्नी की अनुमति के बिना इसका (दुर) उपभोग करनेवाला व्यक्ति दंड का भागी भी हो सकता था। पति की सम्पत्ति के उत्तराधिकार के लिए पत्नी को सर्वत: मान्यता प्रदान की गई। "पुत्रिका" के पारिभाषिक शब्दार्थ का तिरोभाव हुआ, तथा सामान्य पुत्री भी साम्पत्तिक उत्तराधिकार की वैध दावेदार घोषित की गई। इसी

प्रकार माता के साम्पत्तिक अधिकार की सीमा को भी विस्तृत किया गया। आलोचित कालावधि ने केन्द्रीय सत्ता के खंड-विखंडन का साक्षात्कार किया, तथा ऐसी स्थिति में स्थानीय परम्पराओं को पनपने का अधिक अवसर मिला। विदेशियों के आक्रमण-संक्रमण के परिणाम में समाज का नैतिक स्तर ह्रासोन्मुख होने लगा, जिसके परिणाम में स्त्रियों ने असुरक्षा का अनुभव का अनुभव किया। अतएव उनके साम्पत्तिक उत्तराधिकार के प्रति व्यवस्थापकों ने सोदार विचार व्यक्त किया, जिसके सन्निबोधक साक्ष्य तत्कालीन स्मार्त भाष्यकारों की व्यवस्थापनाओं में अनेकश: उपलब्ध होते हैं। उल्लेखनीय है कि पौराणिक प्रकरणों की समीक्षा से यह स्पष्ट होता है कि साक्ष्यान्तरों की तुलना में स्त्रियों के प्रति पुराणों के विचार अधिकांशत: उदार हैं। कन्या, भार्या एवं माता के रूप में सम्मानित स्थान दिया गया है। वस्तुत: पौराणिक दृष्टिकोण के मूल में उन्हें द्विविध भावनाएँ क्रियाशील हैं :—प्रथम, प्रवृत्ति एवं द्वितीय, निवृत्ति। जहाँ कहीं प्रवृत्तिमूलक भावना की प्रधानता है और गृहस्थ-आश्रम को महत्त्वपूर्ण बताया गया है, वहाँ स्त्रियों के प्रति उच्च विचार प्रस्तुत किए गए हैं। किन्तु जहाँ निवृत्ति मार्ग की प्रमुखता है तथा सांसारिक जीवन के प्रति उदासीनता प्रकट की गई है, वहाँ स्त्रियों के प्रति अनुदार विचार व्यक्त किए गए हैं। जहाँ विरोधात्मक उद्धरण मिलते हैं, वहाँ पात्र और परिस्थिति की विशिष्टता को ही इसका कारण माना जा सकता है। पुराणों का यही दृष्टिकोण स्त्रियों के साम्पत्तिक अधिकारों के निश्चयन में भी क्रियाशील थे।

सन्दर्भिका

मूलग्रन्थ

1. अभिज्ञानशकुन्तलम्—सतीश चन्द्र वसु द्वारा सम्पादित, वाराणसी, 1897
2. अभिज्ञानशकुन्तलम्—एम०आर० काले द्वारा सम्पादित, बम्बई, 1961.
3. अथर्ववेद—आर. रॉथ तथा डब्ल्यू.डी. ह्विटनी द्वारा सम्पादित, बर्लिन, 1924
4. अग्निपुराण—पंचानन तर्करत्न द्वारा बंगवासी प्रेस कलकत्ता द्वारा प्रकाशित
5. अंगुत्तर निकाय—मारिस द्वारा सम्पादित, पालि टेक्स्ट सोसाइटी लन्दन, 1883 1900.
6. अहर्बुध्न्य संहिता—एम०डी० रामानुजाचार्य द्वारा सम्पादित, अझार, मद्रास, 1916.
7. अमरकोश—बी० झलकीकर द्वारा सम्पादित, बम्बई 1907.
8. अर्थशास्त्र—आर. शमशात्री द्वारा सम्पादित, मैसूर, 1967
9. आर०पी० कांगले द्वारा सम्पादित, बम्बई, 1960.
10. अष्टादश स्मृति—मिहिरचन्द्र द्वारा सम्पादित, अलीगढ़, 1891.
11. अष्टाध्यायी—एस०सी० बसु द्वारा सम्पादित, वाराणसी, 1962.
12. अर्थववेद—आर० राथ तथा डब्ल्यू० डी० ह्विटनी द्वारा सम्पादित, बर्लिन, 1924.
13. ऐतरेय ब्राह्मण—हरिनारायण आप्टे द्वारा सम्पादित, आनन्दाश्रय संस्कृत सिरीज, पूना, 1932.
14. आपस्तम्ब धर्मसूत्र—जार्ज बूलर द्वारा अनूदित, सेक्रेड बुक्स आफ दि ईस्ट, भाग 2, आक्सफोर्ड, 1897.
15. आपस्तम्ब धर्मसूत्र—हलस्यनाथ शास्त्री द्वारा सम्पादित एवं प्रकाशित, कुंभकोणम्, 1895
16. आश्वलायन गृह्यसूत्र—म०म० गणपतिशास्त्री द्वारा सम्पादित, त्रिवेन्द्रम् 1923.
17. बृहद्धर्म पुराण—म०म० हरप्रसादशास्त्री द्वारा सम्पादित, बिबलोथेका इंडिका, कलकत्ता, 1897..
18. ब्रह्मपुराण—पंचानन तर्करत्न द्वारा सम्पादित, बंगवासी प्रेस कलकत्ता द्वारा प्रकाशित, वि०सं० 1316

19. ब्रह्मपुराण हरिनारायण आप्टे द्वारा सम्पादित, आनन्दाश्रम संस्कृत सिरीज, पूना, 1895.
20. बृहदारण्यक उपनिषद् (शंकरभाष्य सहित)— हरिनारायण आप्टे द्वारा सम्पादित, पूना, 1914.
21. ब्रह्मांडपुराण—खेमराज श्रीकृष्ण दास द्वारा प्रकाशित, वेंकटेश्वर प्रेस, बम्बई।
22. बृहन्नारदीय पुराण—पंचानन तर्करत्न द्वारा सम्पादित, बंगवासी प्रेस द्वारा प्रकाशित, कलकत्ता वि०सं० 1316.
23. बृहस्पति-स्मृति—यौली द्वारा अनूदित, सेक्रेड बुक्स आफ दि ईस्ट, भाग 33, आक्सफोर्ड, 1896.
24. बृहस्पति-स्मृति—यौली द्वारा अनूदित, सेक्रेड बुक्स आफ दि ईस्ट, भाग 28, आक्सफोर्ड, 1889.
25. बृहत्संहिता—कर्न द्वारा सम्पादित, बिबलोथेका इंडिका, कलकत्ता, 1865.
26. ब्रह्मसूत्र (भास्कराचार्य भाष्य सहित)—विन्ध्येश्वरी प्रसाद द्विवेदी द्वारा सम्पादित, वाराणसी, 1915.
27. ब्रह्मसूत्र (शंकरभाष्य सहित)—रामनारायण विद्यारत्न द्वारा सम्पादित, एशियाटिक सोसाइटी आफ बंगाल द्वारा सम्पादित, कलकत्ता, 1863.
28. ब्रह्मवैवर्तपुराण—जीवानन्द विद्यासागर द्वारा सम्पादित, कलकत्ता, 1988.
29. बौधायन धर्मसूत्र जार्ज बूलर द्वारा अनूदित, सेक्रेड बुक्स आफ दि ईस्ट, भाग 14. आक्सफोर्ड, 1882.
30. बौधायन धर्मसूत्र—एल० श्रीनिवासाचार्य द्वारा सम्पादित, मैसूर, 1907.
31. बुद्धचरित—ई.बी० कावेल द्वारा सम्पादित आक्सफोर्ड, 1863.
32. भविष्यपुराण—खेमराज श्रीकृष्णदास द्वारा प्रकाशित, वेंकटेश्वर प्रेस बम्बई, भागवत पुराण—पंचानन तर्करत्न द्वारा सम्पादित, बंगवासी प्रेस कलकत्ता द्वारा प्रकाशित
33. भास नाटक चक्र—सी. आर. देवधर द्वारा सम्पादित, पूना वि०सं० 1315.
34. छान्दोग्य उपनिषद्ह—हरिनारायण आप्टे द्वारा प्रकाशित, आनन्दाश्रम संस्कृत सिरीज़, पूना, 1913.
35. चारुदत्त—म.म. गणपति शास्त्री द्वारा सम्पादित, त्रिवेन्द्रम, 1914.
36. देवीभागवत पंचानन वर्करत्न द्वारा सम्पादित, बंगवासी प्रेस द्वारा प्रकशित कलकत्ता, वि०सं० 1832 तथा कमल कृष्ण स्मृतिभूषण द्वारा सम्पादित एवं एशियाटिक सोसाइटी, बंगाल द्वारा प्रकाशित, कलकत्ता, 1912.
37. दशकुमारचरित—काले द्वारा सम्पादित, बम्बई, 1996.
38. दिव्यावदान—ई.बी० कावेल एवं आर०ए० नील द्वारा सम्पादित, कैम्ब्रिज, 1886.
39. दायभाग—जीवानन्द विद्यासागर द्वारा सम्पादित, कलकत्ता, 1893.

40. दायभाग—एच०टी० कोलबुक द्वारा अनूदित, कलकत्ता, 1868.
41. गरुड़ पुराण—क्षेमराज श्रीकृष्ण दास प्रकाशित, बम्बई 1906.
42. गोपथ ब्राह्मण—कलकत्ता, 1872.
43. गौतम धर्मसूत्र (हरदत्त भाष्य-सहित)—हरिनारायण आप्टे द्वारा सम्पादित आनन्दाश्रम संस्कृत सीरीज़, पूना, 1910.
44. गौतम धर्मसूत्र—जर्ज बूलर द्वारा अनूदित, सेक्रेड बुक्स आफ दि ईस्ट, भाग 2, आक्सफोर्ड, 1897.
45. हर्षचरित—ए.ए. फूरहर द्वारा सम्पादित, बम्बई, 1909.
46. हरिवंश (नीलकंठभाष्य-सहित)—पंचानन तर्करत्न द्वारा सम्पादित, बंगवासी प्रेस कलकत्ता द्वारा प्रकाशित, वि०सं० 1312.
47. हारीत सहित—पंचानन तर्करत्न द्वारा सम्पादित, बंगवासी प्रेस कलकत्ता द्वारा प्रकाशित, वि०सं० 1316.
48. जातक—वी. फासबोल द्वारा सम्पादित, लन्दन, 1877-97.
49. जयाख्य संहिता—एंबर कृष्णामाचार्य द्वारा सम्पादित, गायकवाड़ ओरियंटल सीरीज, भाग 54, बड़ौदा, 1931.
50. काव्य मीमांसा—सी. डी. दलाल द्वारा सम्पादित, बड़ौदा, 1917.
51. कथा सरित्सागर—दुर्गा प्रसाद द्वारा सम्पादित, बम्बई, 19201
52. कादम्बरी—मथुरा नाथ शास्त्री द्वारा सम्पादित, निर्णयसागर प्रेस, बम्बई, 1988
53. काव्यप्रकाश—हरदत्त शर्मा द्वारा सम्पादित, पूना, 1935.
54. कामसूत्र— काशी संस्कृत सिरीज़, वाराणसी, 1929 के० आर० आयंगर द्वारा अनूदित, लाहौर 1921.
55. कालिका पुराण, बम्बई, शकाब्द, 1829
56. कूर्मपुराण—पंचानन तर्करत्न द्वारा सम्पादित, बंगवासी प्रेस कलकत्ता द्वारा प्रकाशित, वि०सं० 1332.
57. कुमार सम्भव—भारद्वाज गंगाधर शास्त्री द्वारा सम्पादित, वाराणसी
58. कात्यायन स्मृतिसारोद्धार—पी०वी० काणे द्वारा सम्पादित, पूना, 1933.
59. कात्यायन श्रौत सूत्र—लन्दन, 1855.
60. लिंग पुराण—जीवानन्द विद्यासागर द्वारा सम्पादित, कलकत्ता, 1885.
61. महाभाष्य—एफ. कीलहार्न द्वारा सम्पादित, बम्बई ।
62. महाभारत (नीलकंठभाष्य-सहित)—पंचानन तर्करत्न द्वारा सम्पादित, बंगवासी प्रेस कलकत्ता द्वारा प्रकाशित, शकाब्द 1826-1830.

63. मत्स्य पुराण—पं. तरणीश झा द्वारा सम्पादित, इलाहाबाद, 1988
64. महावग्ग—विनय टेक्स्ट्स, भाग, एच० ओल्टेन्बर्ग द्वारा सम्पादित, 1879-80.
65. मालविकाग्निमित्रम् —स. कृष्ण राव द्वारा सम्पादित, मद्रास, 1930.
66. मज्झिम निकाय—पालि टेक्स्ट सोसाइटी, लन्दन, 1888-1925.
67. मुद्राराक्षस—आर. के. ध्रुव द्वारा तम्पाडते, पूना, 1930.
68. मानव धर्मशास्त्र (भाष्य-सहित)—बी०एन० मांडलिक द्वारा सम्पादित, बम्बई, 1886.
69. मानसार—पी.के. आचार्य द्वारा सम्पादित, आक्सफोर्ड
70. मनुस्मृति (कुल्लूक महाभाष्य-सहित)—पंचानन तर्करत्न द्वारा सम्पादित, बंगवासी, प्रेस कलकत्ता द्वारा प्रकाशित, वि०सं० 1320.
71. मनुस्मृति (मेधातिथि भाष्य सहित)—गंगानाथ झा द्वारा सम्पादित, एशियाटिक सोसाइटी बंगाल द्वारा प्रकाशित, कलकत्ता, 1932.
72. मनुस्मृति (मेधातिथि भाष्य सहित)—गंगानाथ झा द्वारा अनूदित, इलाहाबाद, 1932-39.
73. मनुस्मृति—जार्ज बूलर द्वारा अनूदित, सेक्रेड बुक्स आफ दि ईस्ट, भाग 25, आक्सफोर्ड, 1886.
74. मृच्छकटिकम—आर.डी. करमाकर द्वारा सम्पादित द्वितीय संस्करण, 1950.
75. मार्कंडेय पुराण—पंचानन तर्करत्न द्वारा सम्पादित, बंगवासी प्रेस कलकत्ता द्वारा प्रकाशित, वि०सं० 1316.
76. नवसहसांक चरित—वामन शास्त्री द्वारा सम्पादित, बम्बई, 1895.
77. नारदस्मृति (असहायभाष्य सहित)—यौली द्वारा सम्पादित, कलकत्ता, 1885.
78. नारदस्मृति—यौली द्वारा अनूदित, ऐक्रेड बुक्स आफ दि ईस्ट, भाग 28, आक्सफोर्ड, 1889.
79. नारदीयपुराण—खेमराज श्रीकृष्णदास द्वारा प्रकाशित, वेंकटेश्वर प्रेस, बम्बई नैषधीय चरित—म.म.पं. शिवदत्त द्वारा सम्पादित, बम्बई, 1907.
80. पद्मपुराण—हरिनारायण आप्टे द्वारा सम्पादित, आनन्दाश्रम संस्कृत सिरीज़, पूना, 1893.
81. प्रायश्चित्त प्रकरण—गिरीशचन्द्र वेदान्ततीर्थ द्वारा सम्पादित तथा वरेन्द्र रिसर्च सोसाइटी, राजशाही द्वारा प्रकाशित, कलकत्ता, 1927.
82. पराशरस्मृति—के०के० भट्टाचार्य द्वारा अनूदित, कलकत्ता, 1887.
83. पराशरस्मृति (माध्वाचार्य)—भाष्य सहित-वामन शास्त्री द्वारा सम्पादित, बाम्बे संस्कृत—सिरीज, बम्बई, सिरीज बम्बई 1893-1911.
84. प्रायश्चित्त विवेक—जीवानन्द विद्यासागर द्वारा सम्पादित, कलकत्ता, 1927.

85. ऋग्वेद (सायणभाष्य सहित)—पी० पिटरसन द्वारा अनूदित, बम्बई, 1905.
86. राजतरंगिणी—दुर्गा प्रसाद द्वारा सम्पादित, कलकत्ता, सं. 1984.
87. रघुवंश—शंकर पंडित द्वारा सम्पादित, गवर्नमेंट सेन्ट्रल बुक डिपो द्वारा प्रकाशित, 1897.
88. शिवपुराण—पंचानन तर्करत्न द्वारा सम्पादित, बंगवासी प्रेस कलकत्ता द्वारा प्रकाशित, वि०सं० 1314.
89. स्कन्दपुराण—बंगवासी प्रेस कलकत्ता द्वारा प्रकाशित, वि०सं० 1318,
90. स्मृतिचन्द्रिका—एल० श्रीनिवासाचार्य द्वारा सम्पादित, मैसूर, 1914-21.
91. स्मृतितत्त्व—जीवानन्द विद्यासागर द्वारा सम्पादित।
92. शतपथ ब्राह्मण—जे० इगलिंग द्वारा अनूदित, सेक्रेड बुक्स आफ दि ईस्ट, भाग 21, 26, 41, 43, 44, आक्सफोर्ड, 1882-1900.
93. शतपथ ब्राह्मण—ए, बेवर द्वारा सम्पादित, 1924.
94. संयुक्तनिकाय—पालि टेक्स्ट सोसाइटी, लन्दन, 1884-1904.
95. तैत्तिरीय आरण्यक (सायणाचार्य भाष्यससहित)—हरिनारायण आप्टे द्वारा सम्पादित, आनन्दाश्रम संस्कृत सिरीज़ पूना, 1898.
96. तैत्तिरीय संहिता—कलकत्ता, 1854
97. उशनससंहिता—पंचानन तर्करत्न द्वारा सम्पादित, बंगवासी प्रेस कलकत्ता द्वारा प्रकाशित, वि०सं० 1316.
98. उत्तररामचरित—पी०वी० काणे द्वारा सम्पादित, बम्बई, 1929.
99. वामनपुराण—पंचानन तर्करत्न द्वारा सम्पादित, बंगवासी प्रेस कलकत्ता द्वारा प्रकाशित वि.स. 1314.
100. वराहपुराण—पंचानन तर्करत्न द्वारा सम्पादित, बंगवासी प्रेस कलकत्ता द्वारा प्रकाशित, वि.स. 1313.
101. वसिष्ठ धर्मसूत्र—जार्ज बूलर द्वारा अनूदित, सेक्रेड बुक्स आफ दि ईस्ट, भाग आक्सफोर्ड, 1882.
102. वायुपुराण—हरिनारायण आप्टे द्वारा सम्पादित, पूना, 1905.
103. विष्णुपुराण—पंचानन तर्करत्न द्वारा सम्पादित, बंगवासी प्रेस कलकत्ता द्वारा प्रकाशित, वि.स. 1331.
104. विष्णुधर्मोत्तर पुराण—पंचानन तर्करत्न द्वारा सम्पादित, बंगवासी प्रेस कलकत्ता द्वारा प्रकाशित, वि०सं० 1316.
105. विष्णुधर्मसूत्र—यौली द्वारा अनूदित, सेक्रेड बुक्स आफ दि ईस्ट, भाग 7, आक्सफोर्ड, 1880.

106. याज्ञवल्क्य-स्मृति (मिताक्षरा भाष्यसहित)—जे०आ० घरपोरे द्वारा सम्पादित, बम्बई, त्रिवेन्द्रम 1922.

107. याज्ञवल्क्य-स्मृति (विश्वरूपभाष्यसहित)—टी० गणपतिशास्त्री द्वारा सम्पादित, 1938.

108. याज्ञवल्क्य-स्मृति (अपरार्कभाष्यसहित)—हरिनारायण आप्टे द्वारा सम्पादित आनन्दाश्रम संस्कृत सिरीज़, पूना, 1903-1904.

109. याज्ञवल्क्य-स्मृति (मिताक्षराभाष्यादेव)—वासुदेव पण सीकर, लक्ष्मण पर द्वारा सम्पादित बम्बई, 1926.

आधुनिक शोध ग्रन्थ

1. Agrawal, V.S., Matsya Purana—A Study, All India Kashiraj Trust, Varanasi, 1963.
2. Agrawal, V.S.,Vamana Purana—A Study, Varanasi, 1964.
3. Agrawal, V.S., India as known to Panini, Lucknow, 1953.
4. Ali, S.M., The Geography of Puranas, New Delhi, 1966.
5. Aiyangar, K.V.R., Some Aspects of Hindu View of Life, Baroda, 1952.
6. Aiyangar, K.V.R., Aspects of the Social and Political System of Manusmriti, Lucknow, 1949.
7. Altekar, A.S., The Position of women in Hindu Civilization. Delhi, 1962. Education in Ancient India.
8. Apte, V.M., Social and Religious Life in Grihyasutras, Ahmedabad. 1939.
9. Baig, Tara Ali, Women in India, 1958.
10. Banerjee, G.D., Hindu Law of Marriage and Stridhana, Calcutta, 1923.
11. Banerjee, K.V., Studies in the Dharmasastra of Manu, Delhi, 1980.
12. Banerjee, K.V., Manu and Modern Times, Hindutva Publications, New Delhi, 1975.
13. Banerjee, S.C., Dharmasutras—A Study in their Origin and Development, Calcutta, 1962.
14. Basham, A.L., The Wonder that was India, London, 1954.
15. Basu, M.N., Outlines of Hindu Law, Calcutta, 1962.
16. Beaman, G.B., On the Sources of the Dharmasastras of Manu and Yajnavalkya, Leipzig, 1894.

17. Betai, R.S.,—A Reconstruction of the Original Interpretations of the Manusmriti, Ahmedabad, 1970.
18. Bhandarkar, R.G., Lectures on the Ancient History of India on the Period from 650-320 B.C., Calcutta, 1918.
19. Bhargava, P. L., India in the Vedic Age, Lucknow, 1956.
20. Bhattacharya, J.N., Commentaries on Hindu Law Inheritance, Succession Partition etc., Calcutta, 1993.
21. Bhattacharya, J.N., A Brief Synopsis of a Series of Lectures on the Interpretation in Hindu Law with Special reference to the Mimansa Aphorism as applied to Hindu Law, Calcutta, 1898.
22. Chakravarti, H.L., Elements of Hindu Law. Calcutta, 1954.
23. Chaudhri, Rup Lal., Hindu women's Right to Property (Past and Present), Calcutta, 1961.
24. Chaudhri, Jatindra Bimal; The Position of Women in Vedic Ritual, Calcutta, 1956.
25. Dange, Sadashiv, A. Encyclopaedia of Puranic Beliefs and Practices, Volumes I-V, New Delhi, 1990.
26. Derrett, J.D.M., Hindu Law, Past & Present, Calcutta, 1957.
27. Dikshit, R., Women in Sanskrit Drama, Delhi, 1964.
28. Das, A. P., The Status of Indian Women, Delhi, 1979.
29. Das, R.M., Women in Manu and his seven commentaries, Varanasi, 1962.
30. Datta, B.N., Hindu Law of Inheritance; An Anthropoligical Study, Calcutta, 1957.
31. Datta, B.N., Studies in Indian Social Polity, Calcutta, 1944.
32. Davies, J.L. A History of Women
33. Dikshit, V.R.R. Matsya Purana-A Study, Madras; Purana Index, Madras : Some Aspects of Vayu Purana, Madras
34. Ehrenfels, B.O.R., Mother Right in India, London, 1941. Gopal, L., The Economic Life of Northern India, Varanasi, 1965.
35. Ghosh, Balkrishna, Hindu Ideal Life, Calcutta, 1947.
36. Ghosh, J.C., The Principles of Hindu Law, Calcutta, 1903.

37. Ghoshal, U.N. Beginnings A Indian Historiography & Other Essays.
38. Gujarati, B.S., Women of East and West, Lahore, 1944.
39. Gupta, S.V., Hindu Law of Adoption, Maintenance, Minority and Customs, Calcutta, 1940.
40. Gyani, S.D. Agni Purana—A Study, Varanasi, 1965.
41. Hopkins, E.W., The Great Epic of India, Second Edition, Calcutta, 1969.
42. Horner, I.B., Women Under primitive Buddhism, Varanasi, 1955.
43. Jolly, J. Hindu Law and Custom, Calcutta, 1928.
44. Hazra, R.C., Studies in the Puranic Records on Hindu Rites and Customs, Second Edition, Delhi, 1975.
45. Hazra, R.C., Studies in the Upapuranas, Vol. 1, Calcutta, 1960.
46. Hazra, R.C., Studies in the Upapuranas, Vol. 2, Calcutta, 1963.
47. Jha, Ganganath, Hindu Law in its Sources, Allahabad, 1930.
48. Jayal Shakambari, Status of women in the Epices, Delhi, 1964.
49. Jayaswal, K.P., Manu & Yajnavalkya, Calcutta, 1930.
50. Kane, P.V., History of Dharmasastra, 5 Volumes : Bhandarkar oriental Institute Poona, 1930.
51. Kangley, R.P., The Kautilya Arthasastra - A Study, Bombay, 1965.
52. Kapadia, K.M., Marriage and Family in India, Oxford, 1958.
53. Keith, A.B., A History of Sanskrit Literature, Oxford, 1953.
54. Kidwai, S.M.H., Women Different Social and Religious Laws, Delhi, 1976.
55. Kirfel, W. Das Purana Panchalaksana, Boam, 1927.
56. Kosambi, D.D., An Introduction to the study of Indian History, Bombay, 1956.
57. Kosambi, D.D., The Culture & Civilization of Ancient India, London, 1965.
58. Macdonell, A.A., Vedic Index
59. Macdonell, A.A., A History of Sanskrit Literature, London, 1925 India's Past.
60. Mankad, D.R., Puranic Cronilogy

61. Mukerjee, Sandhya, Some Aspects of Social Life in Ancient India, Allahabad, 1976.
62. Negi, J.S., Some Indological studies, Allahabad, 1966.
63. Pande, G.C., Studies in the origins of Buḍdhism, Allahabad, 1957.
64. Pargiter, F.E., Ancient Indian Historical Tradition, Oxford, 1922.
65. Pargiter, F.E., The Purana Text of the Dynastics of the Kali Age Second Edition, Varanasi, 1962.
66. Patil, D.R., Cultural History from the Vayu Purana, Poona, 1956
67. Pathak, V.S., Ancient Historians of India, Bombay, 1966.
68. Prabhu, P.H., Hindu Social Organisation, Bombay, 1963.
69. Pradhan, S.N., Chronology of Ancient India, Calcutta, 1927.
70. Pusalkar, A.D., Bhasa-A Study, Studies in the Epics and Puranas, Bombay, 1955.
71. Roy, M.N., Studies in Ancient Indian History and Culture, Allahabad, 1969.
72. Roy, U.N. (Udai Narain), Pracina Bharata Men Nagara tatha Nagara Jivana, Allahabad, 1965.
73. Roy, S.N., Historical and Cultural Study in the Puranas, Allahabad, 1978.
74. Roy, S.N. (Siddheshwari Narain), Essays on Purana Tradition, Allahabad, 2007.
75. Roy Aparna., Women in Purana Tradition, Allahabad, 2004.
76. Shastri, Shakuntala Rao, Women in the Sacred Law.
77. Shastri, S. Rao., Women in the Vedic Age, Bombay.
78. Sircar, D.C., Select Inscriptions, Vol. 1, Calcutta, 1963.
79. Upadhyaya, B.S., Women in Rigveda.
80. Vishnoi, Savita, Economic Status of Women in Ancient India.
81. Winternitz, M., A History of Indian Literature, Vol. 1, Translated into English from the original... by Mrs. S. Ketkar, Calcutta, 1927.
82. Westermarck, A History of Human Marriage
83. Wollstonecraft., The Rights of Woman

84. Yadava, B.N.S., Society and Culture in Northern India, Allahabad, 1973.
85. अग्नेलाल : अश्वघोष कालीन भारत, लखनऊ, 1973.
86. अग्निहोत्री, प्रभुदयाल : पतंजलि कालीन भारत, पटना, 1963.
87. अग्रवाल, वासुदेवशरण : मार्कंडेय पुराण एक सांस्कृतिक अध्ययन, इलाहाबाद 1961 हर्ष चरित एक सांस्कृतिक अध्ययन, द्वितीय संस्करण, पटना, 1964.
88. अवस्थी, अवध बिहारी लाल : गरुड़ पुराण एक अध्ययन, लखनऊ, 1968.
89. अवस्थी, शशि : प्राचीन भारतीय समाज, द्वि.सं., पटना, 1993.
90. आचार्य दीपंकर : कौटिल्य कालीन भारत, लखनऊ, 1968.
91. भवालकर, बनयाला : महाभारत में नारी, सागर, 1964.
92. भट्टाचार्य, सुखमय : महाभारत कालीन समाज (अनुवादिका पुष्पा जैन), इलाहाबाद, 1966.
93. भट्टाचार्य, रामशंकर : इतिहास पुराण का अनुशीलन, वाराणसी, 1963.
94. अग्नि पुराणस्य विषयानुक्रमणी, वाराणसी, 1903.
95. पुराणस्थ वैदिक सामग्री का अनुशीलन, इलाहाबाद, 1995.
96. दिवाकर, रघुवीरशरण : प्राचीन भारतीय संस्कृति में नारी का स्थान, मुरादाबाद, 1950.
97. द्विवेदी, वाचस्पति : कथासारित्सागर एक सांस्कृतिक अध्ययन, पटना, 1977.
98. दुबे, सत्यमित्र : मनु की समाज व्यवस्था, कलकत्ता, 1964.
99. गुप्ता, सुरेन्द्रनाथ : वैदिक कालीन भारत, इलाहाबाद वि.सं. 2017.
100. गोयल, प्रीतिप्रभा : हिन्दू विवाह मीमांसा, रूपायन संस्थान, बोरुन्दा 1976.
101. गैरोला, वाचस्पति : वैदिक साहित्य और संस्कृति, इलाहाबाद 1970.
102. घाटे : ऋग्वेद पर व्याख्यानमाला, संस्कृत विभाग, दिल्ली विश्वविद्यालय 1976.
103. घिल्डियाल अच्युतानन्द एवं श्रीमती गोदावरी : प्राचीन भारतीय स्मृतिकार एवं नारी, वाराणसी, 1974.
104. जैन, कोमल चन्द्र : बौद्ध और जैन आगमों में नारी जीवन, सोहन लाल जैन धर्म प्रचारक समिति, अमृतसर, 1967.
105. जीन, जगदीशचन्द्र : जैन आगम साहित्य में भारतीय समाज, वाराणसी, 1965.
106. प्राकृत साहित्य का इतिहास, वाराणसी 1961.
107. काणे, पी.बी. : धर्मशास्त्र का इतिहास (अनुवादक अर्जुन चौबे काश्यप) भाग 1-5, तृतीय संस्करण, हिन्दी समिति, 1982.
108. कीथ, ए.बी. : संस्कृत साहित्य का इतिहास (हिन्दी अनुवाद), डि. सं., वाराणसी, 1967

109. कुजूर स्वास्तिका : वैदिक एवं धर्मशास्त्रीय साहित्य में नारी, वाराणसी, 1982.
110. कुमार, हर्ष : अग्नि पुराण का ऐतिहासिक अध्ययन, पटना, 2002.
111. कृष्ण लाल : गृह्य मन्त्र और उनका विनियोग, नई दिल्ली, 1970.
112. लखनपाल चन्द्रावती : स्त्रियों की स्थिति, इ.सं., देहरादून, 1957.
113. लाला, सन्तराम : अल्बेरुनी का भारत, इलाहाबाद, 1917.
114. लाहा, विमल चरण : प्राचीन भारत का ऐतिहासिक भूगोल (हिन्दी अनुवाद), लखनऊ, 1972.
115. मिराशी बी.वी. : सातवाहनों और पश्चिमी क्षत्रपों का इतिहास और अभिलेख, लखनऊ, 1982.
116. मिश्र, जयशंकर : प्राचीन भारत का सामाजिक इतिहास, पटना, 1974.
117. मिश्र, उर्मिला प्रकाश : प्राचीन भारत में नारी, द्वि.सं., भोपाल, 2002.
118. ओझा, गौरीशंकर हीराचन्द्र : मध्यकालीन भारतीय संस्कृति, इलाहाबाद, 1951.
119. पाठक, सर्वानन्द : विष्णुपुराण का भारत, वाराणसी, 1967.
120. पांडेय गोविन्द चन्द्र : बौद्ध धर्म के विकास का इतिहास, लखनऊ, 1957.
121. पांडेय, राजबली : हिन्दू संस्कार, वाराणसी, 1978.
122. पांडेय, श्यामलाल : शुक्र की राजनीति, लखनऊ, वि०सं०, 2009.
123. पांडेय, वीणापति : हरिवंश पुराण का सांस्कृतिक विवेचन, लखनऊ, 1960.
124. पराशर, चिरंजीलाल : नारी और समाज, गाजियाबाद, 1961.
125. राय, सिद्देश्वरी नारायण : पौराणिक धर्म एवं समाज, इलाहाबाद, 1968.
126. राय, एस.एन., पुराण परिशीलन, इलाहाबाद, 2008.
127. राय, उदय नारायण : गुप्त राजवंश तथा उसका युग, द्वितीय वृहत् संस्करण, इलाहाबाद, 1983.
128. राव, विजय बहादुर : उत्तर वैदिक समाज और संस्कृति, वाराणसी, 1966.
129. सिंह, केशव प्रसाद : प्राचीन भारत में सम्पत्ति का उत्तराधिकार और विभाजन सम्बन्धी कानून, अयोध्या, 1988.
130. सिंह, मदन मोहन : बुद्ध कालीन समाज एवं धर्म, पटना, 1972.
131. सम्पूर्णानन्द : हिन्दू विवाह में कन्यादान का स्थान, भारतीय ज्ञान पीठ काशी, द्वि.सं. 1956.
132. स्वामी विवेकानन्द : भारतीय नारी, प्र. सं. श्री रामकृष्ण आश्रम, नागपुर
133. सूर्यकान्त : वैदिक देवशास्त्र (ए.ए. मैक्डोनेल के वैदिक माइयोलॉजी का हिन्दी रूपान्तरण) दिल्ली, 1961.

134. वैदिक धर्म और दर्शन (ए.बी. कीथ, रेलिजिन एंड फिलोसफी ऑफ द वेदाज एंड उपनिषदाज का हिन्दी रूपान्तरण), वाराणसी, 1963.

135. सिद्धान्तात्वंकार, सत्यव्रत : संस्कार चन्द्रिका (संस्कार - विधि की वैज्ञानिक व्याख्या) दिल्ली, 1977.

136. शास्त्री, नेमिचन्द्र : आदिपुराण में प्रतिपादित भारत, वाराणसी, 1968.

137. शास्त्री, शिवराज : ऋग्वेदकाल में पारिवारिक सम्बन्ध, मेरठ, 1962.

138. शुक्ल, देवीदत्त : महाभारत मीमांसा, इंडियन प्रेस मिलिटेड, प्रयाग

139. शुक्ल, हीरालाल : मुद्राराक्षस का सांस्कृतिक अनुशीलन, नागपुर, 1979.

140. ठाकुर, लक्ष्मीदत्त : प्रमुख स्मृतियों का अध्ययन, लखनऊ, 1965.

141. त्रिपाठी, चन्द्रबली : भारतीय समाज में नारी आदशों का विकास, प्र.सं. 1936.

142. त्रिपाठी, शम्भू रत्न : विवाह और समाज (वेस्टमार्क के मैरिज का हिन्दी अनुवाद), कानपुर, 1965.

143. त्रिपाठी हवलदार : बौद्ध धर्म और विहार, पटना, 1960.

144. तिवारी देवी प्रसाद : प्राचीन भारत में विधवाएँ, लखनऊ, 1994.

145. त्रिवेदी, मातृदत्त : अथर्ववेद एक साहित्यिक अध्ययन, होशियारपुर, 1973.

146. उपाध्याय बलदेव : वैदिक साहित्य और संस्कृति, वाराणसी, 1973.

147. पुराण विमर्श, वाराणसी, 1978.

148. उपाध्याय, भगवतशरण : कालिदास का भारत, वाराणसी

149. उपाध्याय, गंगा प्रसाद : विधवा विवाह मीमांसा, इलाहाबाद, 1926.

150. विद्यालंकार, कैलाशचन्द्र : पितृपूजा (आर्य पूजा पद्धति में उद्भव और विकास), दिल्ली, 1976.

151. विद्यालंकार, सत्यकेतु : प्राचीन भारतीय इतिहास का वैदिक युग, मसूरी, 1979.

152. वेदालंकार, प्रशान्त कुमार : वैदिक साहित्य में नारी, नई दिल्ली, 1964.

153. वेदालंकार, हरिदत्त : हिन्दू विवाह का संक्षिप्त इतिहास, लखनऊ, 1970.

154. व्यास, शान्तिकुमार नानूराम : रामायण कालीन समाज, नई दिल्ली, 1958.

155. विनियोगी, मोहनलाल महतो : जातक कालीन भारतीय संस्कृति, पटना, 1958.

156. याजदानी, जी. : दकन का प्राचीन इतिहास, दिल्ली, 1977.

157. यादव, झिनकू : जैन धर्म की ऐतिहासिक रूपरेखा, दिल्ली, 1981.

158. अनुसन्धान पत्रिकाएँ

159. Ancient India.

160. Annals of Bhandarkar Oriental Institute, Poona.

161. Annual Report of Archaeological Survey of India.
162. Bulletin of the School of Oriental and African Studies, University of London.
163. Epigraphia Indica.
164. Indian Antiguary.
165. Indian Culture.
166. Indian Historical Quarterly.
167. Journal of Andhra Historical Society.
168. Indian Historical Review.
169. Journal of the Bihar and Orissa Research Society.
170. Journal of the Bihar Research Society.
171. Journal of the Department of Letters, Calcutta University.
172. Journal of Ganganatha Jha Research Institute.
173. Journal of Indian History.
174. Journal of the Numismatic Society of India.
175. Journal of the Royal Asiatic Society of Great Britain and Ireland.
176. Journal of the Royal Asiatic Society. Bombay Branch.
177. Journal of Oriental Institute, Baroda.
178. Journal of the Royal Asiatic Society of Bengal.
179. Journal of the U.P. Historical Society.
180. Memoirs of Archaeological Survey of India.
181. Journal of Allahabad University.
182. Poona Orientalist.
183. Puratattva.
184. Puranam.

●●●